实用采访教程

高宇巍　王玉娇　阎庚耀　主　编

中国纺织出版社有限公司

内 容 提 要

本书是一本介绍新闻采访基本知识和技巧的教材。本书共分为八章，主要涵盖记者的职业要求、实用采访的基本要求、新闻采写特点、采访策划、采访方式与技巧、语言采访、现场报道采访和新闻采访的拍摄与后期制作等内容。每一章都提供了相关的思考题，以便读者进行学习总结和思考。本书内容丰富、实用性强，既适合新手学习掌握采访基本技能，也适合有一定经验的记者深入学习、提高自身采访水平。旨在帮助读者掌握采访的基本技能和方法，提高其采访的质量和效率。

图书在版编目(CIP)数据

实用采访教程 / 高宇巍，王玉娇，阎庚耀主编. -- 北京：中国纺织出版社有限公司，2023.4

ISBN 978-7-5229-0490-0

Ⅰ. ①实… Ⅱ. ①高… ②王… ③阎… Ⅲ. ①新闻采访—教材 Ⅳ. ①G212.1

中国国家版本馆 CIP 数据核字(2023)第 070467 号

责任编辑：张 宏　　责任校对：高 涵　　责任印制：储志伟

中国纺织出版社有限公司出版发行
地址：北京市朝阳区百子湾东里 A407 号楼　邮政编码：100124
销售电话：010—67004422　传真：010—87155801
http://www.c-textilep.com
中国纺织出版社天猫旗舰店
官方微博 http://weibo.com/2119887771
天津千鹤文化传播有限公司印刷　各地新华书店经销
2023 年 4 月第 1 版第 1 次印刷
开本：787×1092　1/16　印张：12
字数：242 千字　定价：98.00 元

凡购本书，如有缺页、倒页、脱页，由本社图书营销中心调换

前　言

新闻采访是信息有效传递过程中不可或缺的重要阶段，能够使新闻资源在社会舆论中得以快速、准确传播，这就需要在采访过程中应用科学合理的采访技巧，实现事半功倍的效果。尤其随着新技术的发展，新闻媒体多元化的竞争加剧，各类媒体之间为了争夺新闻资源不断推陈出新，这对新闻记者的采访功力提出了更高要求。俗话说"打铁还需自身硬"，作为一名记者，在采访中要实现新闻价值的最大化，挖掘更具影响力的新闻点，挖掘新闻背后的新闻，必须不断提升采访能力，讲究采访技巧，才能取得采访活动的全面成功，为做出一个高质量的新闻作品奠定坚实基础。

接到采访任务后，对采访的人物和事件进行深入充分的了解，是全面做好采访工作的前提和基础，并制订详细的采访计划，做到胸中有数、有条不紊。有的放矢地开展好采访工作，提高采访工作的效率和质量。记者利用自己的知识面和新闻眼，积极主动地评判采访人物的性格特点和事件发生的基本流程，从而更好地把握现场交流的节奏和变化，避免使采访陷入表面化和片面化，从广度和深度两个方面深入对接，取得较好的采访效果。

在到达采访现场后，记者要亲切自然地与对方打招呼，给采访对象以谦和有礼的第一印象。每个人都有不同的性格脾气，要顺应采访对象的心理需求，打消对方的戒备，记者要主动放下架子，善于站在采访对象的角度寻找一些共同话题，增强彼此的信任。通过自己的语言、表情、动作，向采访对象释放正能量。在与采访对象的沟通上，有时候一个微笑，一句温暖体贴的话语，都可能迅速拉近彼此之间的距离，成为无话不谈的朋友，我们的采访就很容易成功了。

人与人之间的交流是双向的，只有那些能引起双方共鸣的话题，才能拉近人际距离。记者在平时要善于积累各方面的知识，往往在这个时候就能派上用场。当记者与采访对象越聊话题越多、越聊观点越一致，这时候采访对象就会完全放松下来，没有了心理戒备，记者提问的每个问题他都会积极回答，甚至一些相关信息也会自然地说出来，大大丰富了采访信息。记者一定要真诚地对待采访对象，不要耍小聪明、不懂装懂，要善于倾听，遇到某一方面的专家时，要像个小学生似的谦虚请教，给采访对象以充分尊重。

一次成功的新闻采访，要做好采访前的充分准备，要有详尽周密的采访计划，要有随机应变的能力，要有良好的新闻素养，这些都是做好各项采访工作的前提和基础。一次成功的采访要达到完成一次采访、做出一条好新闻、引起受众关注的目的。本书围绕采访的整个流程进行深入讲解与分析,从记者的职业要求、实用采访的基本要求、新闻采写特点、采访策划、采访方式与技巧、语言采访、现场报道采访、新闻采访的拍摄与后期制作等方面详细讲解电视采访的各个环节,并且深入讲解语言性采访以及电视连线采访报道等现代电视媒介极具特点的采访形式。

编者
2022 年 11 月

目 录

第一章 记者的职业要求 ··· 1
  第一节 记者的正义感 ··· 1
  第二节 记者的使命感 ··· 3
  第三节 记者的责任心 ··· 5
  第四节 记者的自律与他律 ··· 8
  第五节 记者的自身修养 ·· 15
  思考题 ·· 19

第二章 实用采访的基本要求 ··· 21
  第一节 对采访的要求 ··· 21
  第二节 对记者的素质要求 ··· 29
  第三节 "讲故事"的能力 ··· 35
  思考题 ·· 40

第三章 新闻采写特点 ··· 41
  第一节 电视新闻采访的特点 ·· 41
  第二节 新媒体采访的特点 ··· 49

第三节　不同媒介新闻解说词的撰写……52

思考题……59

第四章　采访策划……61

第一节　新闻线索的来源（记者与消息源）……61

第二节　选取新闻价值（绝对价值与相对价值）……69

第三节　确定选题角度……79

第四节　选择有价值的采访对象……84

思考题……91

第五章　采访方式与技巧……93

第一节　采访方式……93

第二节　采访技巧……101

第三节　融媒体报道采访方式的变革……112

思考题……119

第六章　语言采访……121

第一节　设计采访提纲……121

第二节　正面提问法……123

第三节　"开放式"与"闭合式"提问……124

第四节　采访中的追问与留白……127

思考题……132

第七章　现场报道采访 ·· 133

第一节　现场采访的特点与作用 ································ 133

第二节　现场观察与细节刻画 ···································· 136

第三节　现场采访技巧（包括连线采访）······················· 141

思考题 ··· 149

第八章　新闻采访的拍摄与后期制作 ···················· 151

第一节　新闻采访中的声画艺术 ································ 151

第二节　新闻后期制作的注意事项 ····························· 168

思考题 ··· 177

参考文献 ··· 179

第一章　记者的职业要求

第一节　记者的正义感

众所周知,"真实是新闻报道的生命"。如果把新闻比作一栋高大建筑,真实就是支撑身躯的钢筋混凝土,可以想象,没有了真实的支撑,无论多么华丽的外表,都会在顷刻间轰然倒地,灰飞烟灭。同时,真实也是一个记者的生命。一个炮制虚假新闻的记者,他的记者生命也会随之消失。一个有正义感的记者,采访新闻一定会追根溯源,把新闻真实地、正确地呈现给读者。相反,一个缺少正义感的记者,遇到问题敷衍了事、草草收场,甚至为了蝇头小利颠倒黑白、替人说话,为了个人利益出卖新闻的生命。"坚持不懈;公正;知识面广;进取心;勇敢;富有同情心。"这是美国著名的新闻理论家麦尔文·门彻在《新闻报道与写作》中提到的记者的素质。他将坚持不懈、公正摆在最前面,而没有正义感,这两点就无从谈起。可见,一颗公正、正义的心对记者是多么重要。

一、正义感的基本内涵

正义感作为一种道德情感活动,它总是指向包含一定利益关系或价值意义的人、事件、行为、观念或关系。

从指向来看,首先,正义感表现为社会成员对生活中的社会制度的评价与态度。正义感应来自社会的正义原则及制度,"正义是社会制度的首要价值,就像真理是思想体系的首要价值一样"。社会的基本政治、经济制度能解决社会对个人权利义务的分配问题,在整个正义体系中占据关键地位。在约翰·罗尔斯看来,制度正义优先于个人正义。制度正义能为社会成员提供和创造一个相对公正的社会环境,引导整个社会稳定有序地发展;而且由于社会主要制度会对社会成员产生极大的影响,因而制度正义能有力地保障个人实现自己的人生理想而获得幸福。约翰·罗尔斯认为,正义感无非就是个人对社会制度产生原则性认同,它引导社会成员接受公正的制度,使人产生一种为建立公正的制度和因正义要求改革现有制度而工作的愿望。

其次,正义感表现为人们对正义行为和非正义行为的评价和态度。正义感作为人的一种道德情感,总是在一定情境中产生的。当人们看到路人勇斗穷凶极恶的歹徒时,内心会情不自禁地对路人的正义行为产生一种强烈的赞赏和钦佩之情。而当人们面对歹徒为非作歹的行为时，就会表示极度的义愤和不满。在现实社会生活中，当道德主体参与制止非正义行为的道德活动时，其内心的正义感得到了顺畅发挥，对正义的道德需要获得了极大满足。因此，正义感只有在正义行为的实践中才能得到高度体现。

一般来说，道德承担主体有个体和群体之分，正义感由此可划分为个体正义感和社会正义感。个体正义感是个体依据社会正义原则对特定利益关系做出评价时产生的，是对生活中的社会公正制度的一种稳定又持久的原则性认同感和敬重感。一个极富正义感的人，不仅能尊重由社会基本结构和制度所确定的正义原则，对他人的正义行为持肯定性的赞赏态度，对不义行为有强烈的义愤情感，而且有维护正义、制止不义行为的意识倾向。人不只是单个的存在物，还是一切社会关系的总和。社会群体在社会生活中对正义具有共同的道德需求。社会正义感是社会群体在相互交往中为维护制度正义和行为公正而产生的共同的情感体验。作为群体情感的社会正义感，"不仅是有序社会的情感支柱，也是社会集体生活得以可能的心理基础，它是社会道德生活的主旋律和情感导向，也是惩治邪恶的强大精神武器"。

个体正义感和社会正义感是相互促进的。个体正义感是社会正义感产生的基础和来源，当社会成员不断增强个体正义感，彼此产生正义情感互动并形成正义情感共鸣时，社会正义感就会日益增强。同时，社会正义感能够强化个体正义感。在一个充满社会正义感的群体中，个人也是极富同情心和正义感的；而在一个是非颠倒、黑白混淆的社会群体中，主体的道德潜能受到压抑，高尚的正义情感就难以体现。正义感的凸显，不仅是指个体正义感的外化，而且意味着整个社会正义精神的弘扬和勃发。我们只有从个体道德、政治目标、社会制度等不同角度实现正义精神，才能使正义感在广阔的社会现实生活中真正突显出来。

二、强化正义感的现实意义

什么样的人才是合格的记者？在这个问题上人们早就达成了共识，那就是社会的守望者、信息的传播者、文化的传承者。显而易见，社会期待记者成为能够守望这个社会，当人们遇到危险时，新闻记者要能及时地发现并提醒人们，帮助人们采取适当的应对策略。普利策曾有一句名言："倘若一个国家是一条航行在大海上的船，新闻记者就是站在船头的瞭望者。他要在一望无际的海面上观察一切，审视海上的不测风云和浅滩暗礁，及时发出警告。"

当好社会的守望者，与记者的业务能力关系并不大，更重要的是，记者心中的正义感和对这个社会的责任感。对新闻教育界来说，正义感的培养意义重大。

（一）社会呼唤正义的声音

正义感是居于人的内心，并通过教育或培养的方式逐渐形成的一种高尚道德情感。它能让人明辨真假美丑，区分是非善恶，坚定正确方向，能使人们内在的生命力充分展现。它是一种感性直觉，能体现人们之间的关系，具有无畏的精神和巨大的力量，也是一种高尚的道德境界，同时也是社会主义社会实践的一个重要目标。当今中国社会的浮躁气氛日益严重，许多社会道德问题浮出水面，值得人们深思。究其原因，大可归结为正义感的缺失。运行多年的市场经济虽然极大地丰富了人们的物质生活水平，但贫富差距的拉大，加之各种外来文化的不断渗入，使许多人的价值观变得扭曲，人与人之间变得冷漠无情，对金钱和权力无比贪婪地追逐。

比社会风气更加缺乏正义感的是当今的网络舆论。德国学者诺埃勒·诺依曼的"沉默的螺旋"假说启示我们，在网络这个匿名传播环境下，个人的话语权被极度扩大，但"从众心理"依然起着作用，网民通过转帖、跟帖等促成网络舆论的形成，稍不适应便会呈现"群体极化"的倾向。这种"群体极化"的倾向常常表现为网民大规模的网络围观和网络暴力行为。此时，内心责任感与正义感的削弱成为网民最为强烈的心理变化。这些"网络暴民"往往在真实生活中是安分守法"顺民"，即使心中有对社会的不满情绪，也会埋藏在心底。但隐藏在群体中，压抑在人们内心深处的怨气得到肆无忌惮地宣泄，原本就脆弱的社会道德约束变得荡然无存。

浏览微博，各大网站的论坛、跟帖，不难发现，网络舆论往往并非站在正义的立场，发出正义的声音。这些缺乏正义感的言论并不仅停留在网络世界之中，它们会在潜移默化中影响人们对于社会的正确认识，甚至延伸至现实社会中，引发群体性事件，对于社会的安定和谐造成恶劣影响。

（二）媒体需要正义的立场

在信息爆炸的时代，媒体扮演着越发重要的角色，因此，秉持正义的立场是媒体义不容辞的社会责任。面对正义感缺失的网络舆论，媒体应摆正自己的立场，认清自己肩上的责任，对网络舆论进行正确引导。所谓"社会守望者"，正是要求媒体扛起社会正义的大旗，不断指引人们远离黑暗，走向光明。

当我们仔细审视社会的众多矛盾，却发现过激网络舆论的根源往往在于媒体的报道。遵循新闻真实性的报道固然没错，但许多媒体人为了获得更高的点击率，更强的传播效果，在操作过程中会加入个人的主观色彩，刻意煽动民众的愤怒情绪。例如，日益尖锐的医患矛盾总是会占领各大媒体的头版头条，但不管事件的本来面貌如何，记者的口吻大多清一色地偏向患者，把医生描述为见钱眼开、视患者生命于不顾的人。这样的做法自然是为了迎合网络舆论的论调，也迎合了人们心中对于看病难、看病贵的不满。

媒体不仅需要发出真实的声音，更需要站在正义立场。当媒体人的心中缺乏正义感时，迷失的不仅是新闻报道中的真相，更是全社会前进的方向。

第二节　记者的使命感

随着经济的发展、时代的进步，媒体也进入一个新的阶段，在新时代的召唤下，新闻工作者将承担更大的使命，其在社会上扮演的角色也会更真实，那就要求他们必须在做工作时贴近百姓生活，用自己手中的话筒更多地反映百姓的喜怒哀乐。只有真正做到了真实的媒体人，才有可能更好地做好一个新闻工作者，从而更好地平衡工作和社会生活这两个方面。

一、记者的角色与使命

目前，我国的新闻传播行业规模越来越大，正逐步走向产业化和专业化，同时其关注的领域越来越广，从而引起社会各界人士的关注。新闻工作者由其从事行业的特殊性，就决定其必须忠于党和国家人民，还要在社会上能引起一种正义感，只有具备以上的历史使命感，才能确保新闻工作者忠心于自己的事业，从而更好地完成职业中的具体任务，才可以以自身的坚韧与勇气纠正社会中的不良风气。对于社会各界人士而言，新闻工作者每天是报道不同的新闻事件，但是，我们从更深层次去考虑，正是新闻工作者辛勤的劳动，每天曝光这些社会问题，才能使国家各方面的政策及时做出调整，并逐渐走向合理化，进而促进我国整个社会走向文明化。所以，以新闻工作为理想职业的人，就一定要对新闻事业充满敬畏，怀揣着对整个国家和社会人民的责任感来做自己的工作，以便更好地完成新闻记者这个职业的崇高使命，同时这些也是选择新闻工作者最基本的条件和要求。

一个新闻工作者要想把工作做完美，就必须从工作细微之处着手。既要从日常使用的新闻设备着手，又要从新闻采访的具体内容处仔细推敲，对工作的认真负责能够使一个记者迅速转变成对社会有使命感的人。凡是以这种使命感为激励对象的新闻工作者，经过一段时间的努力，必将能够成长为更加专业、更能被群众所接受的人。因此，从事新闻工作的人员，要时刻谨记自身所担负的使命，站在老百姓的角度去思考问题，多暴露一些不合理的事情，只有这样做，才能一方面使群众更加信任媒体的作用和力量；另一方面通过对某些问题的暴露，促使国家的某些政策更加完善，更能体现老百姓的利益。

二、记者的使命要求

我们党历来高度重视舆论宣传工作，作为新闻舆论工作主力军的广大记者，必须明晰新时代记者的使命。

坚持正确的政治方向，就是要在思想上和行动上，与党中央保持高度一致，这是新时代记者的核心使命，也是新时代新闻舆论工作的根本要求。广大记者一定要深刻理解马克思主义新闻观，充分认识新闻舆论具有鲜明阶级性的特征，坚守党的立场、坚守人民的立场，在舆论环境错综复杂的新时代，时刻保持清醒的头脑，树立政治意识、大局意识、核心意识、看齐意识，以坚实的党性原则，无条件地体现党的意志，反映党的主张，维护党中央权威，真正做到全面准确地宣传党的方针政策，弘扬正能量，唱响主旋律，为国家建设和社会进步凝心聚力，提供思想舆论保证。

坚持正确的舆论导向，做引领时代的新闻工作者，是新时代记者的根本任务。社会的稳定发展离不开良好的舆论环境，在当前信息多样、文化多元的社会中，各种声音、各种思潮良莠不齐，一些负面的甚至是反动的言论时有出现，严重影响了人们的思想，干扰了正常的社会秩序，影响了社会的和谐稳定。新时代的记者必须坚持正确的舆论导向，站在意识形态的高度，提高自身的政治觉悟和甄别能力，在大是大非的问题面前，在方向原则问题面前，不妥协、不退让、不失语、不乱语，旗帜鲜明地深入宣传全国各族人民为实现"两个一百年"奋斗目标、实现中华民族伟大复兴中国梦进行的奋斗和取得的成就，牢牢站稳舆论的制高点，掌握舆论话语权。

坚持正确的新闻志向，就是要做业务精湛的新闻工作者，这是新时代记者的立身之本。当前传媒市场竞争激烈，以数字技术和网络技术为支撑的新媒体快速发展，记者的工作内容在扩大，工作要求在提高。因此，必须树立和坚持正确的新闻志向，主动加强业务学习，增加知识储备，丰厚文化底蕴，切实在提升自身业务素养上动脑筋，在提升自身专业能力上下功夫，从采访、编辑、写作等各个环节精益求精，创新完善，努力创作出更多政治正确、思想深刻、品质优良、反响出众的作品，经得起人民的检验，经得起时代的考验。

坚持正确的工作取向，就是要以端正的态度、踏实的作风投入记者工作之中。当前记者工作任务繁重，同时又面临社会上诸多的诱惑考验，如果为名所动，为利所迷，那必然无法胜任工作，甚至僭越底限，出现违法违规行为。新时代的记者，一定要做到淡泊名利，真正静下心、俯下身，时刻把党的重托放在心上，把人民装在心中，恪守职业道德，遵守法律规范，勤勤恳恳，兢兢业业，了解真实情况，抒发真实情感，真正走进基层，走进民众，让作品更具亲和力、更具影响力。

第三节　记者的责任心

记者要有强烈的社会责任感，这是由新闻工作的性质和功能所决定的。新闻工作是党的整个事业的重要组成部分，是党和人民的喉舌，它通过上情下达、下情上达，加强党和群众之间的联系，是党和群众之间的桥梁和纽带。新闻工作关乎正确的舆论引导，关乎真实地反映人民的心声，关乎社会的发展和稳定。新闻记者要有强烈的社会责任感，这是当前新闻队伍建设的迫切需要。新闻队伍从总体上看来是好的，但也存在极个别的害群之马。个别人在当前的改革大潮中，是非不清，方向不明，社会责任感缺失，其所作所为，给新闻工作带来了负面效应。有的人把新闻工作当作捞取私利的工具和手段，见钱眼开、唯利是图；有的人为了追求"轰动效益"，迎合低级趣味，不顾社会影响；更有甚者，无视新闻工作最基本的要求，炮制假新闻，造成了恶劣的社会影响。

一、记者在实际中应履行的社会责任

新闻传播者把人们不知道的掩映于"暗处"的新闻事件传送给了人们，为人们提供着

无尽的信息；但同时也要看到，他并不是普照大地的阳光，而只是一束"探照灯"样的光束，"探照灯"照在什么地方，照在什么事件上，是需要人来操作的。所以，新闻传播又总是充满着人的主观选择。新闻传播者还是新闻受众的服务者。他是为接受者而生存，同时他的所作所为也都是为了满足接受者的需要。无论是新闻信息的选择者，还是新闻受众的服务者，这些都表明，新闻传播者不仅有相当大的自由权和主动权，同时也肩负着极大的社会责任。因为，权利和责任向来是联系在一起的，有多么大的权利，就会有多么大的责任，而不负责任的行为，就是在滥用权利。如果说所有职业都有其道德规范，都要考虑对社会所承担的责任，那么，新闻职业尤为如此。因为它本身就是一个完全为他的、为社会的、与广大公众切身利益密切相关的职业。因此，严肃正直的新闻传播者或新闻传播组织，当他或他们决定以传播为终身职业时，都不得不认真思考自己应该担负的使命和职责。

（一）对从事的职业负责

任何职业都需要有敬业精神，但仅仅以一般的敬业精神对待新闻传播这个职业是不够的。一个职业传播者对本职业所担负的责任，就是要有献身精神。因为"这个职业关系社会太大，不是普通一个吃饭的事情"。它不但要与各种人打交道，而且有相当大的风险，因此，要做一个真正的新闻工作者，"做一个顶天立地的记者，非有高度的牺牲精神不为功"。只抱着混碗饭吃，或图虚名、出风头的动机，不仅做不好工作，关键时刻还会忘记自身的职责，使新闻工作蒙受损失。

（二）对新闻报道负责

春秋时期，齐国右卿崔杼杀害了齐庄公，崔杼命令太史以得传染病而死来记载齐庄公之死。太史不从，直书崔杼弑君，崔杼怒而杀之。又命太史的弟弟改写，不从，又杀之；又命二弟改写，又不从，又杀之。最后轮到三弟，依然据事直书。他们认为这是史官的职责，失职求生，不如死去。史官这种忠于事实的做法，对于新闻记者有着很大的影响。所以，我国已故的新闻工作者任白涛在《应用新闻学》中这样写道："笔可焚而良心不可夺，身可死而事实不可改。"诚实坦荡，不说假话，这是一个职业传播者在处理新闻时所应持有的态度和必须承担的责任。新闻的本质在于真实，真实的根本在于传播者自身要光明磊落。这就是要求"一方面，凡是真理要求我们说，要求我们写的，就不顾一切地说，不顾一切地写；凡是人民心里所想说、所认为应当写的，就决不放弃、决不迟疑地给说出来、写出来。另一方面，凡不合真实和违反民意的东西，就不管有多大的强力在后面紧迫或在前面诱惑着，我们也必须有勇气、有毅力把它抛弃，绝不轻着一字"。一句话，"有是有，无是无，白是白，黑是黑，不容有丝毫的假借，也不容有丝毫的含糊"。

（三）对社会负责

对社会负责，首先要求记者要遵纪守法。新闻传播者有权监督社会中的各种不法行为，却无权凌驾或超越法律和社会一般道德规范之上而为所欲为，因为一个违法乱纪的人很难让他为社会承担什么责任。作为新闻传播者的遵纪守法包括两个方面：一要以正当的手段获取新闻；二要在报道内容上不可与法律相悖。对社会负责的另一方面是记者做人要正派，要坚持原则。新闻传播者在实际工作中会遭受种种社会压力，但在任何时候都要坚持"富贵不能淫，威武不能屈，贫贱不能移"，在任何环境下，都要做到不唯上、不唯书、不唯钱，只唯真。如果没有正直的品性，没有坚持原则的勇气，就难以完成记者的职责，更无从谈起对社会负责。所以，一代报人邵飘萍把"品性"作为衡量一个记者资格的第一要素。

（四）对接受者负责

首先，要尊重接受者。尊重是道德价值的基础，也是新闻传播者完成服务任务的基础。要在言谈举止中求平等，在字词句章中求公正。任何盛气凌人、趾高气扬的工作作风非但不足取，而且会败坏新闻职业的声誉。另外，尊重接受者也是尊重自己，尊重自己的工作。因为，接受者只有在受到尊重的情况下，才会相信记者，才会读你的文章，看你的节目，领会其中的思想，思考其中的问题；否则，好文章也会被弃置一边，好节目也难以收到最佳的效果。

其次，注重传播效果是对接受者最大的尊重。受众接受或需要新闻，本意就是于己有益。离开"有益"二字而津津乐道，夸夸其谈，从根本上就是对公众的不尊重。然而，读者的需要也有正当和不正当之分，健康与非健康之别，不能不加区别地提倡"适销对路"，一概满足。因此，在考虑报道吸引人的同时，更要考虑如何有益于人，不能因片面追求可读性而有害于读者，尤其是有害于青少年。可见，一名新闻记者只有真正担负起自己的神圣使命，其人格才会发出强大的感召力，这时，他能与社会自然融为一体，并成为社会上形形色色的人的心灵沟通的桥梁。

二、强化责任感的现实意义

（一）社会责任感贯穿新闻产生的整个过程

从新闻产生的过程，我们可以清晰地看到，传播者——记者在新闻产生的每个环节都在起着相当重要的作用。这个作用发挥得好，事实信息便可以顺利较好地转化成新闻；这个作用发挥得不好，由信息到新闻的转化就会出问题。而衡量这个作用好与坏的标准就是记者的社会责任，它好比是一支永不失效的指南针，让记者身处荒漠也不会迷失方向；它更像一把永不生锈的尺子，在现实社会的沟壑当中，帮助记者判断是非曲直；其实社会责任的真正身份还是武器，有了它记者可以更加勇敢地面对困难、揭露邪恶、弘扬正气。

在新闻产生的过程中，记者作用的发挥是连续不间断的，所以作为衡量标准的社会责任也必将随着记者行为而贯穿新闻产生的全部过程。任何主观的、人为的阻断都将对新闻的产生带来消极的作用，并最终在新闻作品当中暴露无遗。社会责任感连续性的另外一个含义是记者个体到新闻媒体的连续。记者的采访写作只完成了新闻产生的一部分，一条新闻要想与读者或观众见面还需后期人员的编辑处理，而缺少社会责任感的后期编辑工作，很难避免不出问题。可见，新闻记者的社会责任绝不是一句空话，不能停留在文章中，不能停留在报告里，更不能停留在记者感情的一时冲动上，而应该上升到理性的思考，上升到对记者人格的评价，上升到踏踏实实的具体行动中。

（二）社会责任要求新闻记者具有良好的素养和正直的品格

新闻报道是一个集政治、经济、文化、社会群体素质为一体的系统工程，其中，参与传播活动的记者是承上启下和连接社会各阶层的关键和主体。作为中国特色社会主义国家的新闻记者，坚持正面舆论导向为主，充当"喉舌"角色的定位是永远不能动摇的。

从新闻媒体讲政治的原则而论，记者必须建立坚持正面舆论导向为主，维护安定团结，帮忙不添乱的思想基础，无论个人有什么看法和想法，绝不能悖逆讲政治这个原则；否则，将会给国家和社会带来极大危害。从职业特点来认知，记者是新闻媒体的中介，是沟通传播媒体与社会和受众之间的桥梁。因此，他有着特殊的行业要求和客观规律，如传播者自身的业务素质，决定他能否准确快捷、高质量地采写出受众欢迎的新闻稿件。这不仅关乎着记者个人的成就，也关乎着媒体的形象，更关乎着社会公众的需要。从记者的社会属性着眼，记者是社会的重要组成部分，社会这个庞大的躯体赋予新闻记者大众化的人格和生命的灵魂。因此，新闻记者应植根于普通的百姓之中，他的报道应贴近实际、贴近生活、贴近群众。记者的工作的确有其特殊性，正因如此，构筑记者健康的人格力量，在新闻事业中才显得更为重要。

从社会属性来看，记者的工作只是社会分工与其他人不同罢了，此外，没有什么优越感，更没有什么特权。只要保持了这种平常人的心态，那就不会陷入特权思想的误区，记者的人格才能得以完善，才能以良好的形象去完成社会主义新闻媒体的传播任务，也才能在历史进程中散发记者更多的光和热。

第四节　记者的自律与他律

一、记者的自律

（一）记者自律的概念

记者的自律，就是记者个人的自觉，记者对自我的要求和规范。记者自律，是新闻行业自律中的源头，也是新闻领域溯本清源的重要环节。它要求记者在新闻专业理念、新闻职业修养以及新闻道德方面进行自我要求，也是新闻记者发自内心愿意秉承新闻的理念和新闻的规范要求。

按照新闻的特点以及新闻记者的职业特点，记者自律即记者按照职业要求进行自我规范、自我约束、自我管理，即在新闻专业理念、新闻职业修养以及新闻道德方面进行自我要求。

（二）本真地做人

1. 坚守对人的本质认同

记者的工作需要与采访对象接触，最终输出的新闻报道是传递给受众。采访报道过程，就是记者个人品质的输出。所以，对人的本质认同，是记者在采访报道过程中，至关重要的意识。

近年来，国家对新闻工作者明确提出"三贴近"的要求，要求新闻工作者做到贴近实际、贴近生活、贴近群众。如何做到三贴近，如何发现发掘实际工作、生活以及老百姓所面临的困难和问题，这也需要记者具备"对人的本质认同"的意识，它是记者自律中的重要内容，发挥着至关重要的作用。

（1）对采访对象的一种情怀

对人的本质认同，就是对老百姓生活和工作的留意及留心。它有助于提升记者对新闻事件的敏锐度和判断力。新闻事件一般隐藏在老百姓的工作和生活之中，是一种忽隐忽现的状态，这就需要记者能够体察民意，从老百姓的实际生活中捕捉和感知那些潜移默化的新动向和新变化。这也是为什么有些记者可以采访到有价值的新闻事件，而有些记者却发现不了的根本原因。

对人的本质认同，也表现为在采访过程中对采访对象的真诚、尊重和体恤之心。人物的内心世界不是轻而易举能够挖掘到的。在记者了解事实、调查真相的过程中，对采访对象的态度以及交流的方式，决定着记者能否使采访对象敞开心扉、吐露真言，也决定了记者挖掘新闻价值深浅的能力。

（2）新闻作品可读性的保证

对人的本质认同，是记者在写作过程中受众意识的强化，如何从受众角度展示新闻人物或新闻事件，如何通过新闻作品把内在的价值和感染力传递出去，如何引起受众的共鸣或思考。

有了这种思考，记者在写作过程中才能获得一种指引力，从而增强文章的针对性、贴近性，也容易实现新闻报道的可读性。

（3）记者职业素养的基础

记者的职业修养依靠平时工作的积累，在采访、写作过程中不断学习、领悟和转化，从而不断提升职业素养。而这个过程需要记者有一份赤子情怀，这就是"对人的本质认同"。

它是拉开记者之间区别的基础点。为什么有些记者矫揉造作，有些记者坦诚真实？为什么有些记者的报道让人看了振奋和感动，有些报道人们则反应平平？为什么同样一个新闻事件或新闻人物，有些记者就可以做出颇具影响力的报道，而有些记者却无法做到。

2. 具备耀眼的个人品质

无论处在哪个阶段的记者，都会面临实际工作中的挑战和阻碍。闪耀的个人品质，是他们克服和应对困难的坚强盾牌。这些品质中包括：智慧、魄力、真诚、坚韧、勇气、献身精神等人性中闪亮的成分。

3. 保持积极向上的人生

常立思进之志,不断进取。记者的职责,不单单是简单采访、写作和报道。记者职业的神圣之处在于,担负着社会监督者和历史记录的功能。尤其对于发展中国家来说,它也是国家前进和发展不可或缺的力量。作为这股力量重要的组成部分,记者需要常立思进之志,不断进取。

常怀思过之心,不断反思。记者在职业生涯中,并非一帆风顺。只有常怀思过之心,不断反思和斟酌,才能克服"瓶颈",不断突破和超越。

(三)通达地做事

1. 高度的社会责任感

社会责任感,是记者与国家同呼吸、共命运的一种情怀,是在社会前进过程中面临诸多考验时的一种担当。

新闻记者在中国的历史进程中,起到了至关重要的推动作用。通过记者,展现了中华民族的厚度、力度和开放度,也让世界看到了一个大国能给予人民、给予世界的物质和精神力量。此外,具体到个体来说,每个大记者身上也可以看到这份情怀和担当。

2. 透彻的历史眼光

历史眼光,是一种智慧。它可以使记者在新闻采访报道中,懂得如何选取和挖掘具有更大价值和意义的题材;它能够使记者增添一份记录历史和见证历史的责任感及使命感,指引记者在对待新闻事件中,如何做到客观、理性和平衡。这种历史眼光,也是成就记者大格局不可或缺的重要因素。

3. 大局的把握

(1)中国国情下的舆论导向

不同于西方独立的新闻模式,中国的新闻事业依附于国家,担负着国家舆论宣传的功能。对于记者来说,掌握舆论导向就需要有大局意识、政治意识,知道国家的重要政策、路线和方针,明确现阶段的发展任务,知道一些政策与国外的关联度以及国外会有哪些相关的动静。了解大局,才能掌握正确的舆论导向,通过新闻工作推动国家政治、经济、文化等各方面的有序良好发展。

(2)舆论导向与新闻自由的平衡

如何看待新闻自由,范敬宜先生曾说过:绝对的自由是没有的,这世上的人,都是生活在一定的框框里面,比如说,房子就是一个限制,如果不要这个框框,那只有冻死。我们的新闻有我们的要求,但这并不限制新闻工作的创造性。就算有框框,也要提高水平,提高了水平,照样能很好地发挥。

4. 职业的高度热爱

记者职业,是一份艰辛和充满挑战的工作,需要一直保持备战和"战斗"的状态。如何支撑一个记者能够勇往直前、坚持走下去?其中,最大的动力则是来自内在的力量

——内心的热爱。那些把记者职业当作一个饭碗的人，是不会做长久的。而那些活跃在新闻战线上的耀眼的记者身上，无不散发着对记者职业的高度热爱。

二、记者的他律

记者作为公众话语权的代言人，一旦出事，他所服务的媒体的声誉就会遭受严重损害，即媒体的公信力受损，影响公众对媒体的信任。如何防患于未然，将那些不规范的行为和事件控制在萌芽状态？新闻管理、记者队伍的建设和媒体经营和管理的不断改善，则成为规范记者日常行为规范的重要途径。

（一）新闻的管理

1. 新闻的产生与制作

（1）采访环节

新闻采访是新闻工作者为了报道新闻而进行的对客观事实的调查研究活动，采访的流程主要包括：寻找并获得新闻线索、对新闻线索分析判断、采集事实材料。

（2）写作环节

新闻采访是写作的先决条件。新闻写作的主要流程包括对事实材料进行分类、提炼新闻主题、构思新闻框架、继续深入采访、撰写新闻稿件。新闻写作也直接影响到新闻采访，主要表现在两个方面：新闻主题影响采访方向；新闻体裁影响采访的广度和深度。

（3）编辑环节

新闻编辑环节，是新闻写作整个过程的内核，包括新闻主题选取、报道的策划、采访问题的拟定以及采访对象的选取等。根据责任范围，编辑包括总编辑、编辑部主任、主编、新闻编辑及校对等。

2. 加强采编制度的建设

（1）采访环节的规范

采访环节涉及采访对象、新闻素材、消息源等，为确保采访真实、采访的信息有价值，也为避免潜在的错误，需要记者注意以下事项。

①深入现场。深入现场不仅能够保障获取第一手资料，也可确保新闻真实性。同时，在现场通过观察和体会，还能捕捉到有价值的新闻事实。

②采访对象的把握。采访对象的真实性、代表性等信息，需要记者在采访时注意把握和核实，这是构成新闻真实的重要因素。此外，对于有争议的新闻题材，需要采访多方不同的观点，力求新闻事实的全面、平衡和客观。

③保存好采访记录。对于采访记录，如录音或字面记录需要做好留底保存，需要采访对象签字的也尽量不要缺少，这是规避后续可能因报道引起某些不必要纠纷的保障。

（2）写作环节规范

语言的表述。写作时以客观事实为主，多用直接引语，多用动词，少用形容词、副词等过多感情色彩的词汇。

消息源的交代。消息源的权威性、准确性、可靠性是决定新闻作品真实性的一个关键点，历年评出的一些假新闻中，很多都是消息源出了问题，最后导致假新闻的产生。

事实的核实。对于采访对象的姓名和职位、新闻事件的发生时间和发生地点以及所涉及的相关事实的内容，都需要记者在写作时进行再一次核实，避免出现差错。有些内容不确定时，有必要联系采访对象进行补充或确认。

材料的平衡。不管是有争议的新闻事件，还是一般的新闻事件，都要在篇幅上保持适当平衡，反映各方的观点和态度。记者采访、写作环节是决定新闻作品成败的关键，所以要加强记者在这个环节上的操作规范。

（3）审稿把关制度

新闻从素材到成品，需要采访、写作、编辑、校对等一系列岗位的配合。这些岗位虽然担任各自不同的职位要求，但也有一个共同的目标，就是生产出有价值的新闻作品。共同的目标决定了新闻作品的质量与这些岗位密不可分，整个链条中的岗位都承担着核实把关的职责。把关需要事实的把关、个体真实与整体真实的把关以及大政方针上的把关。

记者把关。记者把关，主要是针对前期的采访、写作方面的把关。要确定新闻线索的新闻价值、新闻事件的典型意义、采访对象的选择，在写作过程中相关事实的平衡、表述的方式、结构的安排等。

编辑把关。编辑把关，主要是对新闻生产过程的核实，包括在选题策划时，要考虑是否符合国家政策、是否涉及国家机密或涉及采访对象的隐私、在采访中是否会面临风险以及如何回避、如何应对等；在稿件编辑方面，需要把关新闻标题与正文的匹配度、新闻语言到位与否、正文中文字的正误等。编辑工作是对新闻选题到新闻写作整个过程的把关。

校对把关。校对的把关有更为细节性的把关，主要针对新闻标题、正文等文字、语言、表述方面准确度的核实以及相关专业术语的把关。

领导把关。领导层面的把关，主要是对于新闻报道在大政方针、舆论导向以及新闻报道可能产生的负面影响等方面的权衡和度量，避免新闻事件出现方向性的错误。

责任追究制度。对于那些违反职业操作规范的记者，要给予相应的处罚，以避免这种不负责的工作态度在媒体内容滋生和延伸。

只有媒体严格地把关，才可以将不合格的报道过滤，也避免那些投机取巧的记者有可乘之机，即使侥幸没被发现，但终将为自己的行为承担相应的责任。加强媒体内部的管理，是杜绝许多记者不良行为的法宝，也是保证记者职业素养和道德的良好的屏障。

（二）记者队伍的建设

人力资源是在组织内外能够为组织所利用，为组织发展做出贡献的人员的总和。一个组织生存和发展的四大资源为人力资源、财力资源、物质资源和信息资源，人力资源称作是"第一资源"。

传媒人力资源除了再生性、能动性和时效性等人力资源的基本特点外，还具有自己的特色，即一是专业素养高；二是以信息传播为主体；三是社会效用大；四是富于职业魅力。

1. 重视记者队伍的成长

（1）开展专项教育活动

对于重大新闻事件、典型人物，或者新闻前沿的书籍或新锐观点，可以开展专项教育活动，让记者带着思考看待这些事件、人物和观点，从而在领悟中提升职业能力。

比如，对世博会这种大型的、持续时间较久的国际性事务，在报道中有哪些经验和心得，又有哪些不足之处，对以后类似事件的报道应该如何扬长避短，从而做得更加专业化、职业化。

（2）建立典型案例库

建立典型案例数据库，包括正面的、反面的。这样可促进记者平时的自主学习，作为一个参考、提醒，在借鉴中提升业务能力。这种方式成本最低、耗时较少、效果也较高，媒体不用专门安排时间开展培训，记者可以根据需要随时打开数据库，随时获取指导信息。

可按责任媒体进行归类。在案例库中，可分为本单位和外单位的案例。本单位的案例，有助于记者了解所在媒体的制度演变的来龙去脉。媒体中有些制度的制定也是源于实际中的一些教训所设立的。对于不了解情况的记者或上岗不久的记者，如果不知道这些案例，就无法意识到媒体相关制度背后的意义和价值，也无法从思想上加深对制度的理解和执行。

按问题类型进行归类。根据问题类型建立案例库，有助于记者有针对性地了解特定事件以及辨析事件的共同性，或者找出容易导致此类错误的薄弱环节。此案例库可以根据记者违规情况进行分类，比如，受贿事件、假新闻以及记者权利受到侵犯事件等类别。

按影响程度进行归类。也可按影响程度进行分类，有些记者的违规行为影响面较小，只是对记者本人或采访对象或所在媒体带来某种程度的影响。而有些案例，则会影响到媒体的公信力、影响到新闻行业的社会评价、影响到记者的整体职业形象。因此，可根据案例的影响程度归类案例库的信息。

（3）建立职业倦怠干预机制

在组织内部建立专门的部门，成立独立的干预部门，部门成员可以由不同性别、不同年资、不同部门的人员组成。在各部门设有相应的联络员或宣传员，以便展开工作。部门成员和联络员需要掌握学习有关职业倦怠以及其他相关心理学方面的知识。

通过工会部门来干预员工职业倦怠。工会的社会职能体现为"维护、建设、参与、教育"四个方面。工会参与管理，可以使维护职工群众具体利益的基本主张通过民主渠道体现于国家的政策、法律和各项决策中，可以从制度上保障职工的精神文化权利。工会的教育职能有助于提高职工队伍整体素质。

媒体机构一般都设立工会部门。媒体可根据实际情况，通过延伸工会部门的职责，来实现员工职业倦怠的干预。

2.建设媒体自己的"名记者工程"

对于社会公众来说,他们可能知道某些新闻报道,但不一定知道记者是谁。各媒体应该有意识地推动媒体内部的"名记者工程",这也是一种品牌宣传,是通过"人"的方式拉近与受众之间的距离,增进与受众的沟通。这也是现代媒体提升竞争力的必要手段。"名记者工程"就如同一个媒体内部的光荣榜,这个光荣榜的范围要从媒体延伸到媒体的受众,使受众从媒体上接收新闻时,也了解媒体内有哪些优秀记者,这些会增进受众对媒体以及记者的认同和了解。

(1)纸媒版面的展示

对于纸媒来说,利用其版面特点可以开辟专栏,介绍媒体内优秀的记者。图文并茂地介绍他们的优秀作品、优秀事迹、特殊贡献等。

(2)电视栏目的推广

电视按栏目进行分配,可以在栏目中增加对于记者的宣传环节,就如同《新闻联播》对革命英雄烈士以及典型人物的介绍一样。

(3)广播时段的介绍

广播相对纸媒、电视媒体来说,能借用的元素较少,那么除了在特定时段介绍自己的记者外,还可以利用网络、媒体活动等互补方式进行。

(4)媒体策划活动或出版书籍

媒体在品牌策划和经营中,会不时搞一些活动,从而提升媒体品牌的影响力。那么,对于记者的推广,媒体也可以转换观念,从"品牌推广"到"人才推广",这种推广的效果是双重的,不仅可以将媒体的优秀记者推出去,而且有助于媒体品牌的推广,这是一种更为灵活、更具特色、更有感召力的品牌推广。出版发行书籍,不仅是介绍媒体文化的方式,而且是打造优秀记者的一个举措。

总之,媒体利用自身的资源推广,这是一个很自然的过程,不会影响受众的信息接收,处理得当也不会引发受众的反感和排斥。而且,优秀记者身上也有许多优秀的事迹和感人的故事,这些内容还有可能更加吸引受众的关注。

(三)媒体经营和管理的不断完善

1.媒体经营的理性回归

媒体开始市场化竞争之后,追求经济效益是情理之中的事情。不过,有些媒体被商业化利益所"绑架",导致商业化乱象,从而损害了社会效益。

媒体节目具有社会文化产品和精神产品属性,文化品位是构建媒体软实力的核心,也是提升新闻从业者素质的必备条件。因此,媒体应该妥善把握"社会效益"与"商业效益"的平衡度,使媒体所输出的是"文化产品",而不是以赚钱为目的的"商业产品"。

2.强化社会聘用、临时人员的管理

现阶段,媒体用人用工制度出现多元化,临时聘用、栏目聘用、部门聘用等多种形式。由于编制问题,媒体中的社会聘用人员和临时人员成了媒体管理的特殊群体。这群特殊的队伍，对媒体的发展起到了不小的作用，但是他们也是对媒体管理制度的考验。一些驻地记者则以媒体为招牌，以"记者"身份为要挟，大肆为自身获取利益和好处，他们的行为不仅损害到新闻媒体的品牌、记者的社会形象，也对整个新闻界的公信力带来很大的影响。

（1）实行不良记录的备忘制度

最为直接有效的方法则是对这些非正式员工建立不良记录的备忘制度。对他们在实际工作中的不良表现要有记录备份，当不良记录超出一定的限度和次数后，需要随时对其进行经济上或人事上的处罚或调整。备忘制度是一种提醒，也是一种威慑。

（2）科学制定考核制度

不断发生的新闻案例暴露出媒体对非正式员工的考核相对较弱或宽松，或存在不合理之处，比如，只根据作品与工资挂钩，有些以市场绩效为主作为考核指标。对于其他方面的表现，则较少关注和考察。

因此，需要完善和优化考核制度，全方位地建立考核制度。一般应该包括作品的数量、质量，还要考虑其工作作风、工作态度以及社会评价，多方面进行考察和衡量，杜绝制度偏离或失衡的情况。

第五节　记者的自身修养

在信息传播极为迅速的今天，新闻作为一种深植于人类生活的社会活动和社会现象，成为日常生活的重要组成部分。人民群众在实际生活中产生的对新情况、新问题、新经验的"求知"欲越来越强。伴随这种对信息的巨大需求，记者的社会价值与日俱增，并对国家和日常社会生产生活都具有极大的影响和作用。因此，记者自身修养的重要性自然不言而喻。

一、记者自身修养的意义

新闻，作为一种最普遍的信息传播方式，产生于人的社会实践中，并深深植根在现代生活中，成为日常社会活动不可或缺的工具。应该说，新闻消息是社会存在的某种特殊见证，它不依存于人的主观意识，也不属于社会艺术范畴。如马克思主义认为，人类"第一个历史活动"就是"生产物质生活本身的实践"，人在实践中必然产生对自己实践环境的"知"的需要，同时又通过实践满足这种需要。在这个层面上，需要和满足需要的手段必然是同时发展的，并且是依靠这些手段发展起来的。因此，新闻信息作为人类在生活实践中不断生成发展的"需要"，是"生产物质生活本身"的一个有机组成部分，是人民群众在实际生活中产生的对各种新情况、新问题、新经验的"求知"总和，在新闻中常说的"受众需要"的本质，就是这种人们求知的需要。

于是，当信息时代业已来临，当信息求知量之大、信息传递之迅速，成为人类历史上绝无仅有的,则收集信息、发出信息的工作者——记者的价值势必要比以往任何一个时候都更为重要。当然,记者的分工有所不同,其传递的信息也有着千差万别,但归根结底是记者与那些摇旗呐喊及鼓动饶舌的人有着巨大差异,他们需要对所知信息进行筛选和判断,真实、客观地再现已经发生或正在发生的事件。而绝不是凭借主观意识去创造或再创造信息,也不需要对信息进行个人化的加工评价。简言之,信息新闻就是事实,记者必须抱着一个旁观者的角度去客观再现真实发生的事件,其报道的信息必须准确而有价值,必须公正而客观;必须秉承对社会和人民群众负责的态度。而以上诸多"必须",则完全依赖记者个人的修养和素质。由此,足见记者个人素质和修养的重要性当真非同一般。

二、记者应具备的自身素养

记者的修养重在自律自勉,主要包括知识修养、作风修养和职业道德修养。

(一)知识修养

记者是社会活动家,若是知识贫乏,对采访对象所从事的行业、专业以及基本情况全然不知,那么,采访对象从心理上就不重视你,采访活动就会受挫。所以,记者必须具有广博的知识。

1. 政治理论知识

即一个记者要有较高的马克思主义理论水平,这是由新闻工作的性质所决定的,是记者的基本条件。记者在采写活动中,将报道写活、写短固然重要,但主要是看准、写深,发现并解决问题,善于抓住和揭示事物的特点与本质。而要做到这几方面,从根本上说,取决于记者的理论水平和理论知识修养。因此,记者要系统学习、钻研、完整、准确地理解和掌握马克思主义及其他科学理论体系。要注意理论联系实际,经常自觉从理论角度总结自己的新闻实践。

2. 新闻学专业知识

这主要是指新闻传播学基础理论、业务知识的修养。新闻工作者要努力学习、了解中外新闻事业史,掌握新闻传播中的采访、写作、编辑、评论、录音、播放、摄影、广告、公关、媒介管理等业务知识,才能成为理论扎实的实践者。

3. 社会科学基础知识

这主要是指文学、史学、哲学、经济学、法学、语言学、心理学、社会学等社会科学基础知识。掌握社会科学知识,首先要把重点放在文史哲和经济学等方面知识的学习上。具备文学功底,能熟练驾驭语言文字;掌握史学知识,可以明鉴历史,以古论今;哲学知识深厚,观察事物和研究问题就高人一筹;知晓经济学知识,可以拓宽经济报道路子,采写出有深度的经济新闻。

4. 自然科学及各方面的生活知识

这包括天文、地理、物理、化学、体育、音乐和衣食住行等方面的知识。现代社会越来越欢迎专家型、复合型人才,新闻事业也是如此。所以,记者对各方面的知识要兼容并蓄，多多益善。

（二）作风修养

新闻记者应该培养良好的作风。这是由记者工作的特点所决定的，是新闻工作的党性原则在记者身上的体现，具体内容有以下几点。

1. 求实、正派、勤奋的工作作风

求实是记者最基本的思想作风和工作作风。求实，就是要做到实事求是，一切从实际出发，客观公正地报道新闻。求实，要求记者如实反映从采访中得来的各种情况和问题，反映群众的各种愿望和呼声。记者作为党和政府的耳目喉舌，人民的代言人，作风必须正派。记者只有做到作风正派，坚持原则，主持正义，不搞歪门邪道，采访报道才能秉公行事。勤奋，就是要腿勤、脑勤、手勤、嘴勤。这"四勤"，是记者缺一不可的。

2. 深入实际，深入群众的作风

这是衡量记者工作作风踏实的标志。记者只有深入实际生活中，深入群众中，才能真正履行一个记者的职责。记者脱离了实际，脱离了群众，就如鱼离开了水，瓜离开了秧，将寸步难行。深入实际，深入群众程度如何，在某种意义上说，将决定新闻采写活动的成功与否。

3. 待人真诚，谦虚谨慎的作风

待人真诚、谦虚，这一优良传统是记者在采访活动中应当汲取并倡导的作风。记者不单是社会活动家，更是人民的公仆，应自觉与人民群众坦诚相待。言必信，行必果。此外，记者虽然深受群众欢迎和尊重，但千万不能自以为是，甚至对人民群众指手画脚。

4. 艰苦奋斗的作风

艰苦奋斗是我党的优良传统和作风，也应当是新闻队伍的优良传统和作风。记者发扬艰苦奋斗的光荣传统和作风，就是要和群众同甘共苦，将自己的根深深扎在群众这块肥沃的土壤里。

5. 做遵守党纪国法的模范

记者无论是从事采访报道工作，还是平日的一言一行，都必须遵守党纪国法和新闻工作纪律。记者活跃在社会各个领域，被外界的千万双眼睛注视着，所以更应该处处严以律己，努力做遵纪守法的模范。

（三）职业道德修养

新闻工作是精神文明建设工作的重要组成部分和推动力量，记者应当成为实践社会主义精神文明的模范。记者加强职业道德修养，需要注意以下四点。

1. 坚持真理

真实、客观、全面、准确地反映社会是新闻事业发展的内在要求。尊重事实，敢讲真话，伸张正义，坚持真理，坚持新闻真实性原则，对党的事业负责，对受众负责，这是新闻职业道德的核心内容。记者的职业道德要求记者牢固树立科学态度，尊重客观事实，要做到是非分明，褒贬公正，坚持同一切危害人民利益的现象做不懈的斗争。

2. 报道的内容要健康向上

新闻作为一种观念形态、一种精神产品，所报道的内容，要健康向上，准确无误。唯有健康的思想内容，才能起到正确的导向作用。把报道健康内容列入职业道德规范，正是为了强化记者的社会责任感，要对党和人民负责的意识。

3. 摆正位置

保持清正廉洁的作风，自觉抵制拜金主义、享乐主义、个人主义思想侵蚀，坚决反对"有偿新闻"等不正之风。不得以任何名义索要、接受采访报道对象的钱物，不得利用职务之便谋取私利，要牢记全心全意为人民服务的宗旨；每位记者都应当摆正个人与集体的关系，牢记自己的职责，讲究文德。

4. 处理好与同行的关系

记者处理好与同行的关系主要包括以下三个方面：一是处理好新闻单位记者、编辑之间的关系。我国的各类新闻单位都是党领导下的新闻机构，所有采编人员的目标一致，相互间是同仁关系，没有根本利害冲突。因此，同行之间，要相亲、相助、相效，团结协作，形成合力。二是处理好新闻单位内部之间的关系。新闻单位的报、台内部大都相应的分成若干部或组，各部组的版面或播出时间都有一定比例的分配。每个部组乃至每个记者都要有强烈的集体感，用整体观念来看待版面或播出时间的分配。要建立为共同事业、共同目标，共同推动社会发展进步做贡献的情感，才能出色地完成宣传报道的任务。三是处理好记者与通讯员的关系。广大通讯员历来是新闻单位一支不可忽视的新闻报道的重要力量。他们大多生活在基层和群众中，犹如在各地安排的新闻"哨兵"，消息灵通，耳聪目明，而且在了解社会动向和群众意愿方面，条件比记者得天独厚。因此，记者要尊重通讯员的辛勤劳动，甘为他们做嫁衣、阶梯。在通讯员队伍中塑造自身良好的形象。

思考题

1. 记者为什么要有正义感?

2. 记者自律的内容有哪些?

3. 记者的使命是什么?

4. 记者为什么要提高自身修养?

5. 记者自身素养的内容有哪些?

第二章 实用采访的基本要求

第一节 对采访的要求

一、采访的性质与基本原则

在讨论新闻采访本身的各种问题前,首先要清楚它是一种什么性质的工作,这非常必要。

(一)采访的性质

1. 采访基本概念的界定

记者的采访,按工作的内容,可分为广义、狭义两种。

狭义的采访是指记者完成某一次报道任务而进行的活动。这是一个完整的过程,是要写作、制作新闻,拿出成果来的。

广义的采访是指记者没有明确的报道任务,只是参加一些会议,跑跑一些机关,了解一些精神和情况,或者做些社会调查,研究一些问题,积累一些资料,或者参观一些地方或一项工程,增长知识,开阔眼界。广义采访可以看作狭义采访中的某一段工作。我们学习的新闻采访,就是狭义的一种。

新闻采访是记者认识客观事物,寻找与挖掘新闻事实或新闻的调查研究活动。一般的新闻采访,获取的是新闻事实,而话筒前、镜头前的采访,则可以直接获取新闻。这个定义,概括了"新闻采访"这个概念的内涵和外延,明确了采访的目的、活动方式和活动的主体与客体,揭示了采访的本质特征。

(1)记者是采访活动的主体

采访是以记者为主进行的活动,记者是采访活动的主持者,处于"采访者"的地位,也是主导的一方。客观事物中的新闻价值,只有经过记者的采访才能实现。

(2)客观事物是采访活动的客体

客体是记者在采访中的认识对象,调查研究的对象,处于"被采访者"的地位。客体是客观存在,不以记者的主观意志为转移。记者采访某一个客观事物,就构成了一对认识范围内的矛盾。按照辩证唯物论的观点,在这对矛盾中,客观事物是基本的、第一性的,是"主";记者通过采访得来的认识,是对客观事物的反映,是第二性的,是"从",正确处理这种第一性与第二性的关系。

（3）采访有着明确的目的

新闻是新近发生事实的报道。采访就是为了获得这样的事实，并把它报道出去。记者并不是"有闻必录"，"捡到篮子里都是菜"，并不是所有新近发生或发现的事实都可以成为新闻。采访的目的，寻求具有新闻价值的事实，并且迅速向大众传播。

（4）采访的活动方式是社会交往

既然采访的目的是获取事实，这就有一个基础和前提的问题。必须"认识客观事物"，只有在认识客观事物的基础上，才能获取新闻事实。怎么判断事物是否具有新闻价值呢？要认识什么事物，除了同那个事物接触，生活于那个事物的环境中，同有关的人员打交道外，别无他法。人是社会的人，是社会关系的总和，记者在采访中要同各种各样的人接触，打交道，这就是一种社会交往，是一种社会活动。

（5）采访是一种特殊的调查研究

社会上的各项工作，都有个调查研究的问题。采访这种调查研究同其他工作的调查研究相比，又有鲜明的特殊性。采访的基本性质，可以概括为两个方面：采访是一种调查研究，是认识采访对象（特别是报道对象）这个客观事物的过程；采访又是一种独特的调查研究，是按照新闻的特点和规律进行的调查研究，是获取新闻事实的过程。

2.采访的特点

（1）求新性

记者的基本任务是采访新闻，而新闻的本质特征之一是"新"。概括地说，就是值得传播的新的信息和具有新意的事实，主要是指新动向、新问题、新人物、新事物、新经验、新成就、新观念、新风尚等。

（2）求实性

"事实胜于雄辩"。哲学家依靠概念、判断和推理说服人，文学家依靠形象说服人，统计学家靠数字说服人，记者呢？靠事实。如果没有事实，也就没有采访，没有新闻。记者是依靠事实说话，通过报道事实表明自己的观点。

什么是事实？事实是客观事物已经发生或正在发生的较为完整的发展过程。这种事实应该是新鲜的、典型的、生动的，而且必须是确凿的。

所谓新鲜，是指新近发生或发现的事实，不能是陈旧的、过时的。

所谓典型，是指事实既有普遍意义，又个性突出；所谓生动，是指事实本身具体、形象。

所谓确凿，是指事实必须完全真实。

（3）时限性

就是构成新闻事实传播价值的时间限度，也就是新闻事实发生与报道之间的时间差。新闻的时间性决定了采访必须高效率、快节奏。许多新闻现场的情景，不"抢"就会失之交臂。在激烈的新闻竞争中，时效往往决定胜负。

（4）多变性

记者的采访活动，流动性大，范围极为广阔。记者活动的舞台也在不断扩大，凡是有人类存在、活动的地方，都有记者的足迹和身影。

（5）连续性

事物的发展是连续不断的、有规律的。采访活动是同事物的发展紧密相连的。正是事物发展的连续性，决定着采访的连续性，采访是随着事物的发展而逐步深入的。

（6）公开性

记者的采访活动，大多数都是在被采访者知道的情况下公开进行的。即使有少量的采访是隐蔽的，"偷"录"偷"拍的。但是在采访结束之前或公开报道之前，往往要和采访对象打个招呼。除了一小部分以"内参"形式供领导机关参阅外，新闻作品是大众传播产品。它传播的范围越广，接受的人数越多，影响的范围越大，采访也就越有成效。

（二）采访重点

采访什么？这是具体采访时首先面临的问题。

新闻姓"新"，记者采访报道的一切新闻，都要包含一个"新"字，突出一个"新"字。大千世界，崭新的事千千万万，采访重点应该放在哪里呢？根据党的新闻工作多年的经验，根据新闻媒体的现实需要，重点应该放在抓那些具有新闻价值的新动向、新事物、新成就、新风尚、新经验、新人物上。这是采访的重点，也是报道的重点。如果说记者在采访什么方面有什么规律可循的话，这"六抓"应该说是带有规律性的，它大体概括了采访报道内容的基本方面，反映了我们的新闻媒体对新闻价值的理解和取向。

1. 抓新动向

"动向"一词，做事物发展变化的方向或趋向解。事物在发展过程中，总会出现这样或者那样的矛盾，有的矛盾解决了，有的矛盾一时没有解决，甚至发展成为一种值得注意的动向，新闻媒体有责任把那些事关大局的新动向揭示出来，提醒人们注意，目的在于促进矛盾的解决。抓新动向，有赖于记者敏锐的洞察力，善于透过个别看一般，透过现象看本质，在一般人尚未察觉或没有完全察觉的时候，就紧紧抓住它，这是各行各业的记者共同关心的。

2. 抓新事物

什么叫新事物？新事物是与旧事物相对而言，通常人们又把新事物称作新生事物。它是指社会发展进程中出现的那些符合历史发展规律，能给人们指明方向，具有强大的生命力的事物。新事物往往代表着一种新的生产关系或生产力，被广大群众接受后，就能起到推动历史进步、产生巨大的社会效益和经济效益的作用。可见，大力宣传新事物具有重要的意义。回顾历史，由于种种原因，一些记者在报道新事物时也有过失误。以伪作真，把本来不是新事物的东西当作新事物来报道，就是一种失误。新事物宣传不实事求是，过了头，帮了倒忙，也是值得总结的经验教训。

（1）要善于发现新事物

发现新事物，记者要有对新事物的敏感。这种敏感从何而来？一要靠马克思主义水平；二要靠对党的路线、方针、政策的深刻理解；三要靠深入实际，深入群众，关心实际工作。

（2）要敢于支持新事物

一个新事物的诞生，往往不是一帆风顺的，总要伴随着这样或那样的斗争。往往显得嫩弱，而它周围的旧习惯势力却比它强大不知多少倍。斗争是不可避免的，要么它战胜习惯势力，使自己变得强大起来，不然它很可能会被习惯势力扼杀在摇篮中。记者支持新事物要有勇气，要有冒险的思想准备。

3. 抓新成就

抓新成就，是指各行各业的新成就，抓改革开放和社会主义现代化建设的新成就。采访报道新成就的目的，在于通过活生生的事实，宣传党的正确领导，宣传党的路线、方针、政策的威力，宣传社会主义制度的优越性，宣传科学的成就和人民群众的创作力，我国经济的发展和人民生活改善，以教育鼓舞全国人民，增强民族自尊心、自信心，把我们的国家建设得更加繁荣富强。报道新成就，一个重要方法是以小见大。报道新成就，另一个重要方法是以大见大，着重谈谈对重大工程建设的报道。

4. 抓新风尚

社会主义新风尚多是通过人与人之间、人与社会之间、人与自然之间的新型关系体现出来的，而新风尚的出现又往往是对旧的传统观念的决裂。关于新风尚报道的题材，至少有两类往往大同小异：一类是父子关系、婆媳关系、兄弟关系、邻里关系、师生关系、上下级关系等；另一类是移风易俗，怎样做到不雷同，常写常新？同中求异，异中见新。一棵树上的叶子，还不可能完全相同呢！从"异"中见"新"，每个时代的新风尚，都会打上它的新烙印，具有新的特点。把握新特点，报道就能给人以新意了。抓树新风的典型。改革开放以来，或由社会某些单位、团体发起，或由有关领导部门倡导并主办的"希望工程"活动，"扶贫济困送温暖"捐助活动，"大学生志愿者社区援助"活动，文化、科技、医疗三下乡活动等。

5. 抓新经验

人们在改造客观世界和主观世界的过程中，不断碰到新的矛盾，又在不断探索解决新矛盾的途径，新矛盾的解决，于是就产生了新的经验。经验作为财富，一旦被更多人所认识、所掌握，便会转化为巨大的物质力量，推动社会前进。

6. 抓新人物

凡具有新思想、新道德、新风格、新创造、新事迹的人物，都可以称作新人物。重视对先进人物的宣传，特别是对普通劳动者中先进人物的宣传，充分体现媒体的无产阶级性质。新闻媒体还报道了刘胡兰、董存瑞、黄继光、罗盛教、孟泰、王铁人、雷锋、焦裕禄等。他们的先进思想、先进事迹、英雄行为，鼓舞教育了一代又一代人，是一种巨大的精神力量，许多记者为采访报道先进典型做出了贡献。

（三）采访的基本原则

在一般情况下，中央新闻单位的记者到一个省、地区、县去采访，先接触的是该省、地区、县的党委或政府；同样，省级新闻单位的记者到地、市、县去采访，先接触的也该是地区、市、县的党委或政府。这就发生了一个记者与地方各级党委或政府的关系问题。如何认识这种关系，怎样处理好这种关系，在西方的新闻采访学著作中是找不到答案的，只有靠我们的新闻采访学著作来回答。

1. 组织原则

记者去各地采访，同地方各级党委或政府的关系，不外乎以下四种情况。

一是认为自己是上级党委和政府部门所属新闻单位派来的，俨然以钦差大臣自居，凌驾于地方各级党委和政府之上，重则发号施令，轻则指手画脚。

二是撇开地方各级党委或政府，不同他们通气。

三是把地方党委或政府仅仅看作为自己提供材料的对象。

四是不凌驾于地方各级党委或政府之上，也不撇开他们，更不仅仅看作为自己提供材料的对象，而是尊重他们，紧紧依靠他们开展工作，并把依靠地方各级党委或政府看作记者采访的一个组织原则。

一般的做法：到一个县，先找县委或县委宣传部的领导谈采访意图，征求他们的意见，然后深入基层采访。稿子写成后，有的被送到采访单位党委领导审定，再发回编辑部。在采访工作中依靠各级党委或政府，是党报记者多年形成的传统。

为什么记者在采访工作中要依靠地方各级党委和政府？记者去各地采访，在工作中要依靠地方各级党委和政府，是由我们新闻事业的性质和工作需要所决定的。

首先，从我们新闻事业的性质来看，我们的新闻事业是党的组成部分，是党领导的社会主义新闻事业。这种性质决定了我们的新闻工作必须在党的领导下进行。随着市场经济的发展，又出现了这么一种观点：记者采访要依靠各级党委是计划经济时代的产物。言外之意，现在搞市场经济了，这一条已经过时了。不错，现在发展市场经济，并正在建立社会主义经济体制，出现了许多新情况、新问题，许多观念需要更新。但是，有一些根本的东西是不能变的。拿党的领导来说，不仅不能因为发展市场经济而在思想领导和组织领导方面有所削弱，相反，繁重的经济建设任务还要求加强。当然，在领导方式上要适应新的情况，要随着情况的不断变化创造新的领导方式方法，要更加讲究领导艺术。既然如此，记者采访依靠各级党委这一条仍必须坚持。

其次，从工作需要来看，记者在采访中也有必要依靠各级党委和政府。党中央的重要指示，要逐渐下达到各级党委和政府，靠各级党委和政府来贯彻。各级党委和政府是党的路线、方针、政策的执行者，又是所在地区部门各项工作的组织者和领导者。记者初到一个地方或部门采访，人地两生，情况不熟，难免有这样那样的困难，有些困难经过自己的努力是能够克服的，有些困难则要靠当地党委或政府的帮助才能解决。依靠各级党委或政府，是记者做好工作的组织保证。

2.地方记者如何开展工作

（1）关键是主动

地方记者要靠地方党委或政府开展工作，关键是主动，把自己看作当地一分子，深入当地生活，不把自己置于"客人"的地位。

（2）争取地方党委或政府领导的途径

争取党委同意，列席党委或政府的有关会议。

经党委同意，阅读有关文件、电报，听传达报告。

报道计划送到当地党委或政府征求意见。

跟党政负责同志去基层搞调查研究。

重要报道和"内参"稿，送到党委和政府领导审阅。

力所能及地承担当地党委或政府交给的任务。

地方记者还要起到新闻单位与地方党政之间的桥梁作用。

接受报社委托，争取地方党委或政府支持，筹备记者会。

地方记者要正确处理同地方党委关系中容易出现的矛盾：一是多写与少写的矛盾；二是登与不登的矛盾；三是好与不好的矛盾；四是批评方面的矛盾。

记者要坚持以正面报道为主的方针，但对实际工作中违反党的路线、方针、政策的问题，对违法乱纪行为，对不正之风等，也要敢于揭露和批评，发挥舆论监督作用。

二、采访意识

（一）信息意识

新闻属于意识形态范畴，而新闻事业又属于信息产业，新闻媒体是传播信息的重要载体。作为新闻工作者，记者在新闻采访报道中，更应树立和强化信息意识。

信息时代发展到今天，又多又快又准又好地传播信息应成为新闻工作的追求。记者在开发和传播新闻信息中的具体运作，应当把握以下几个环节。

1.广辟新闻信息源

新闻信息在群众中，在社会实践中。记者要广辟新闻信息源，仍要坚持深入实际，深入群众，广交朋友，建立自己的信息网络。此外，在科学技术高度发达的今天，还要充分利用互联网。

2.增大新闻信息量

所谓信息量，"就是收信人知识变化的数量，即收信人收到信息后不定性减少的数量。"现在有些新闻，名曰新闻，实际上并没有提供多少信息，受众收效甚微。空乏的议论代替具体事实的叙述，陈旧的事实代替新鲜的事实，是信息量少的原因。

一是增大新闻信息量，不少人想到扩版。扩版是新闻媒体增大信息量的一个途径，但不是唯一的途径。

二是增大新闻信息量，要从增大单位信息量，即每篇新闻的信息容量入手。如何在有限的篇幅里，给受众较多信息量，让受众在接受你传递的信息后，"不确定性"因素因而减少。

3. 传播正确的信息

在信息爆炸的时代，对纷沓而至的信息要加以鉴别。传播的信息要正确，用正确的信息去引导市场、引导受众。信息错误，就可能误导，不但给经济上造成损失，而且会在政治上带来严重后果，不能把"谣言"当作信息。

4. 提供含金量高的信息

增大信息量并不十分困难而是如何在使你眼花缭乱的大量信息中选择信息。提供那些新闻价值高的信息，即含金量高的信息。含金量越高，新闻价值越高。这种信息应该是新鲜的、重要的和广大群众生活息息相关的，为广大群众欲知、应知、未知的，把数量和质量统一起来考虑。

5. 让信息增值

有的重要信息在有的消息中一笔带过，不引人注意，如果被具有慧眼的人发现，进行深入采访，作深层次的报道，信息就增值了。

6. 快速传递信息

特别重要的信息，传递要分秒必争。

7. 重视信息反馈

传播学中的信息反馈，是"指接受者对传播者发出的讯息的反应。传播者可以根据反馈检验传播效果，并据此采取进一步的行动"。

8. 加强对信息的综合利用

有时候，一个信息不能说明什么问题，把类似多个信息联系起来思索，就能揭示事物的本质，看出事物变动的趋势，从而成为新闻报道或评论的有价值的材料。

（二）受众意识

受众，在传播学中是读者、听众、观众的统称。受众意识，是指在采访报道中，报纸记者心目中要有读者观念，广播记者心目中要有听众观念，电视记者心目中要有观众观念。读者、听众、观众，是新闻媒体的传播对象，树立和强化受众意识，是搞好采访报道的需要，当然也是办好报纸、广播、电视的需要。

1. 记者树立和强化受众意识

受众意识的核心问题，是为受众服务。记者通过新闻报道为读者服务得好，报纸和群众的联系就更为密切，更受读者的欢迎。如果说在计划经济体制时期坚持了为读者服务这一优良传统，在新时期，记者就更应该有为读者服务的意识。市场经济，国家在财政上对报纸逐步实行"断奶"政策，报纸自负盈亏，不可避免地走向市场。读者对报纸选择的余地加大，报纸面临前所未有的竞争，办得好的能生存，办得不好，连生存也会成问题。告别"铁饭碗"，开始有了危机感。记者为读者服务的意识，只能强化，不能淡化。

2. 为受众服务得更好的几个基本点

以纸业媒体的记者通过新闻报道为受众服务为例。

（1）报道要看读者对象

所谓看读者对象，是指记者在报道时要考虑所写的东西是给什么人看的。报道要看读者对象，涉及报纸读者对象的定位。定位关系着报纸的宣传方针，是报纸在创刊时就应当解决的问题。现在报纸的种类和品种很多，各报的读者对象虽有交叉，但都有自己特定的读者群。事物没有区别，就没有存在的价值。记者在报道时，首先要考虑所工作的报纸的特定读者群；其次，还要考虑在特定读者群中你的这篇报道又是写给哪部分人看的。从选题到材料应用，到报道形式，到语言表达，都应该是有所区别的。

（2）报道要满足读者正当需要

满足读者正当需要，一般应遵循这样几个原则。

第一，读者关心的事要多讲，不关心的事不讲或少讲。关心的事，国内外大事、热点，或者与自己的工作、生活、利益密切相关。

第二，读者感兴趣的事多讲，不感兴趣的事不讲或少讲。为了增加报道的吸引力，在读者中发挥报道的思想效应。

第三，读者不熟悉的事物多讲，为了满足读者的求知欲，熟悉的事物不讲或少讲。

第四，读者应该知道但尚未意识到的事多讲，不应该知道的事少讲。前者是为了引起读者注意，而后者则是新闻纪律的要求。在读者需要的问题上，还要考虑"变化"这一因素。随着生活水平、文化水平的提高，读者的要求也越来越高，呈现求新、求异、求多样化的趋势。

（3）报道要对读者负责

报纸也是一种商品，正如企业的其他产品一样，记者的产品——报道，在质量上也要对读者负责。这就需要质量意识、精品意识。对读者负责，最基本的至少有这么几点：一是传播的事实，要真实、准确；二是传播的观点，要正确。违背这一点，就违背了广大受众的根本利益，即不负责任。

（4）报道要引导读者

关键是要引导，变不正确为正确，变消极为积极，变片面为全面。如何引导？是板着面孔说教，还是生动活泼地宣传，效果不同。

（5）报道要重视读者的参与

读者不仅是新闻传播的接受者，而且是新闻传播的参与者。泛媒介的观念，要做好上面这些，还要坚持一条：研究受众。

（三）监督意识

何为舆论？通常认为，即众人的议论或公众的意见。新闻舆论是社会舆论的代表，是现代社会的一个重要特征。专制独裁扼杀舆论监督，重视新闻舆论监督，是民主政治的体现，反映了历史的进步。

1. 新闻舆论监督的主要形式是批评性报道

新闻舆论监督，主要是对党和政府工作的监督，对国家公务员的监督，对社会的监督。新闻舆论监督的形式：

第一，批评性报道。针对时弊、错误和问题的批评性报道，始终是新闻舆论监督的一种主要形式、一种有力武器。批评性报道，其突出特点首先是公开性，面向全社会的监督。批评性报道又总和揭露批评对象的缺点或错误联系在一起。批评性报道一旦公布于世，最易引起社会和广大群众关注，不胫而走，迅速扩散，可见，这种报道又具有极强的扩散性，批评性报道具有特殊的威慑力；

第二，受众来信反映意见、提出建议。

2. 要知难而进

新闻舆论监督有一个带普遍性的问题：批评难。今天由于社会上的不正之风、地方保护主义以及见利忘义等原因，情况变得复杂，难度加大了。先是采访难。面对批评难的问题，记者也有两种态度，第一种是知难而进，迎着矛盾而上，努力履行舆论监督职责。为了舆论监督顺利进行，如果记者的正当采访权益受到侵犯，那就应该受到法律保护。时代需要新闻法，时代呼唤新闻法。

3. 揭露和解决矛盾

新闻舆论监督，归根结底，要揭露矛盾和解决矛盾。争取党政领导支持，是记者树立和强化新闻舆论监督意识应有的一种观念。新闻舆论监督的目的和党政领导机关要搞好工作的目的是一致的。在工作中也有另一种模式：揭露矛盾依靠记者报道，解决矛盾依靠有关领导。

4. 要掌握批评报道艺术

批评性报道的艺术，主要表现为：选择发表时机的艺术，掌握"度"的艺术，运用报道方法的艺术。

记者和媒体在履行监督职责时，不要忘记自己也要接受监督、接受党的监督，接受社会的监督，接受广大群众的监督。

第二节　对记者的素质要求

随着媒体生存环境的改变以及新闻事业全球化的影响，新闻记者这个职业正在接受前所未有的压力和挑战。在新时期如何成为一名合格的新闻记者是摆在每一位记者面前的大问题。结合新闻记者当前全新的生存环境，对记者从业务素质、职业素质、综合素质三方面简述新时期新闻记者的职业素养。

一、业务素质

所谓业务素质，是指记者挖掘、采访和写作的业务能力，包括新闻敏感能力、发现新闻线索的能力、表达能力、熟练的专业技能以及新媒体的传播能力。

（一）新闻敏感能力

新闻记者于已经发生、正在发生、可能发生的万千事物中，迅速而准确地判断出其是否具有新闻价值的能力就是所谓的新闻敏感能力。新闻敏感能力与新闻记者对事物的快速发现理解有关，即新闻记者在宏观上迅速审时度势，在微观上迅速剖析具体问题，能够在采访中迅速挖掘事物本质和特色的能力。发现新闻线索的能力就是指新闻记者能够于万千真假难辨的事实中，迅速而准确地找出能够吸引受众眼球，而且具有报道价值和一定影响力的新闻事实，这也是新闻记者必须具备的基本功之一。

"大众媒体"时代的到来，全球化影响，网络信息空前爆炸，新闻记者的新闻敏感能力，发现新闻线索的能力更加突出。大量非专业人士发布了大量信息，甚至是某些利益主体发出来的混淆视听的信息。网络的不记名性，给了人们更多方便，他们可能会不顾事实真相，听风即动，谣言也就由此产生。网络信息的大量散布，使如何于纷繁复杂地充斥着大量虚假信息的信息堆里发现自己需要的具有新闻价值的信息，成了每一位新闻人必须面对并亟待解决的问题。

（二）发现新闻线索的能力

面对那种众口铄金的情况，新闻记者应该如何把握自己？是理性的思考，抓住事物的本质，还是人云亦云、随波逐流？在市场经济环境下的今天，也越发重要。而我们要做的，就是要拿出一个新闻记者所具备的专业精神，体现自己的专业素养，给大众带来不一样的视听信息，给人以正确的指引作用。

可以这样说，如果能够具备一定的新闻敏感力和发现新闻线索的能力，那么你的采访过程可以说已经完成了一半，写作的过程只是一个简单的创作过程，这样说可能有夸大的嫌疑，但是有一个事实是我们不得不承认的，那就是如果有一大堆的新闻线索放在你的面前，而你没有能力找出里面最好的那个或者不分真假地随便摘取信息，那么以后的创作就更加不可能了。对于一名合格的新闻记者来说，在现在纷繁复杂的信息环境中，具有高超的新闻敏感和发现新闻线索的能力是非常重要的，一个优秀的新闻记者更是能从已有事实或材料中判断新闻事实发展的趋势，进而进行深度报道或者对新闻事件发展态势进行预测。

（三）表达能力

表达能力包括采访进行时记者的现场提问、对话的能力以及记者在采访结束后进行作品发表时的文字表达能力。简言之，即听、说、写的能力。

随着信息化、全球化的不断加强，致使大众的生活节奏也随之不断加快，人们更加注重效率。采访进行时，如果不能准确表达自己的意思，让被采访者明白自己的采访意图，那么就会使采访对象失去耐性，进而导致采访间接失败。因此，在采访进行时，必须使对话非常准确而简练，这既要求在采访前进行大量准备工作，同时要求在面对采访对象时做到口齿清晰，思路清晰，反应敏捷，用最简练的语言使采访对象了解采访意图。

采访结束后的创作属于文字表达能力，文字表达是一个很重要的过程，要求作者把材料和自己的写作意图结合起来，这与新闻记者的文学素养、逻辑思考能力、社会阅历等方面密切相关。

新闻记者作为新闻事件的发现者和见证人，不是新闻事件的制造者和推动者。在任何新闻事件报道中，新闻记者都要站在第三方甚至第四方的角度和位置，理性旁观，积极报道，当然也需要参与体验感受事实真相。无论怎样，记者在创作过程中都不能掺杂过分的私人感受，不能带着个人倾向进行创作。

当前由于全球化的不断加深，新闻价值观发生了某些变化，加之中国媒体的产业化集团化改革，媒介大融合，媒体的政治性不断消减，市场的影响越来越大，商业化气息深深地影响了某些新闻记者，他们为了自身的一些小利益而沦为某些利益团体的附庸者，把自己的笔尖指向人民的对立面，严重影响新闻记者的形象。而对一个合格的新闻记者而言，必须做到把语言能力和文字能力结合起来，一切从实际出发，做好报道工作。

（四）新媒体的传播能力

在互联网等新技术的推动下，媒介不断融合的飞速发展给传媒产业生态带来了颠覆性的变化，媒介融合已经开始渗透到我们生活的各个角落。国内很多传媒集团陆续开发了网站、彩信手机报、数码杂志和新闻视频等，正向多媒体传播集团转型。传媒业要迎接的，不仅是内部的重组或媒体之间的整合，还有与IT业等多个产业间的震荡性调整。新技术、新媒体使得新闻生产过程中"技术无处不在"，这使得技术越来越成为传媒业不可或缺的工具。

这些就为新闻记者提出了更高的要求。作为新时期的新闻记者，仅仅会电脑输入、邮箱传递等也已经远远不能够满足新时期受众对信息的需求，新闻记者对新出现的事物还必须能够很快地接受和掌握，比如，现在比较流行的博客、微博等，也要掌握一些国外主流的交流软件，并且有自己的账号，要积极参与进来，时刻关注里面发生的事件，网络已经成为发现新闻线索的重要途径。

另外，随着掌上智能电脑和智能手机的普及，记者更能随时随地了解发生在身边的事件，并且能够及时进行创作，网络技术正在以飞一般的速度改变着我们的生活，一不留神就可能错过大事件的发生或者被淘汰。所以，生活在当今时代，对新媒体的掌握程度在一定程度上成为衡量一个新闻记者是否合格的标准，而新闻记者自身则要时刻保持学习的热情，迎接新的挑战。传统媒体和新媒体的不断交融，报纸的网络版，电视新闻的网络版等越来越多，这要求新闻记者不仅要掌握本职技能，更要掌握网络传播技能。

二、职业素质

所谓职业素质，就是指新闻记者在从事新闻工作中必须遵守的约束和规范，主要包括热爱党和人民，具备一定的马克思主义水平，熟悉党的方针政策，具有高尚的职业道德和敬业精神，深入群众，心怀百姓。

(一) 具备一定的马克思主义理论水平

党的方针政策作为搞好宣传的一个重要依据，如果不熟悉党的方针政策，新闻工作就会寸步难行，有的同志认为只要自己带来了业绩，理论修养对搞新闻报道可有可无，那就真是本末倒置了。新闻工作者天天面对新的情况、新的问题，许多错综复杂的问题，并不是靠几个现成的公式就能立刻分清是非好坏的。恩格斯说过："新闻事业使人浮光掠影，因为时间不足，就会习惯于匆忙地解决那些自己都不知道还没有完全掌握的问题。"这就使新闻工作容易犯错误，解决的方法之一就是运用马克思主义的立场、观点、方法去观察问题，分析问题。我们都知道，我们党正确的路线、方针、政策，都是马克思主义的普遍真理和中国的具体实践相结合的产物。我们要宣传党的方针政策，不但要在实践中去考察它执行的情况，而且还要从理论上去正确理解它、把握它，然后才能恰如其分地宣传它。

思想是一个人的灵魂，无论过去还是现在，每一个新闻记者都要牢牢记住为人民服务，真正地把党和人民放在心中，而不是挂在口头上。切切实实地履行党和人民交给自己的神圣使命，不要亵渎了新闻记者这个神圣的职业。

(二) 高尚的职业道德

要具有非常高尚的职业道德，具体包括职业理念、职业态度、职业纪律、职业责任。中国的媒体已经进入一个商业化运营的时代。任何一家媒体，无论是覆盖全中国的最大的通讯社新华社，还是各个地市的电台电视台、党报党刊，大多只能从财政拿到少量的人头款（根据在册正式职工数目划拨的基本工资额）。生存、发展的主要款项还是要靠媒体自己赚取。过去人们对媒体印象是"媒体是喉舌""媒体是良知的化身""新闻记者是为了党的新闻工作鼓与呼的人"。如今，媒体更像一个饥肠辘辘的企业，追求利益的最大化，经济利润的最高化；而记者，更像一个为养家糊口、四处奔波的人。新闻价值观的改变，新闻完全的商品化，使部分记者忽略了自身的职业道德，实行以金钱为中心的新闻买卖，搞有偿新闻，贪图享乐，收受礼金或者封口费，把记者这个神圣的行业作为自己敛财的工具，道德沦丧，严重影响新闻记者的形象，因此，必须加强新闻记者的职业道德教育，也就是加强新闻记者的职业理念、职业态度、职业纪律、职业责任教育。

职业理念就是要求新闻工作者积极献身公共事业，绝对不能谋求私人便利和任何有违大众福利的私利，全心全意为人民服务，为人民服务是社会主义道德建设的核心，是社会主义道德的集中体现，也是我国新闻工作者的根本宗旨。

要有严肃、严谨、认真、踏实的职业态度。报业及其他所有新闻工作人员，应尽一切努力，确保公众所接收的信息绝对正确，应当尽可能查证所有的消息内容，不能够任意地曲解事实，也不能任意地删除任何重要事实。任意中伤、污蔑、诽谤和缺乏事实根据的指控，都是严重的职业罪恶，抄袭剽窃行为也要严厉禁止。对公众忠实，任何消息发表以后，如果发现严重错误，应立刻自动更正。坚持正确的舆论导向，不得宣扬暴力、色情、凶杀、愚昧、迷信等格调低劣、有害身心健康的内容。

要有严格的职业纪律，自觉地遵守宪法法律，坚定地宣传、贯彻党的理论、路线、方针、政策。只能用公平的方法获得新闻、照片和资料，严格替提供私密新闻线索的线人保密，不得以任何名义索要、接受或借用采访报道对象的钱、物、有价证券、信用卡等，参加各种会议和活动不得索取接受任何形式的礼金等，发扬清正廉洁的作风。

所谓职业责任，就是要竭尽一切努力，以确保新闻的真实、全面、客观、公正。真实是一则新闻的生命，力求全面地看问题，防止片面性和主观性，新闻记者要努力做到以一个旁观者的角度，尽量真实全面地还原新闻事实，使读者看到的是一个尽量不掺杂个人感情的事件。

（三）敬业精神

在自己的新闻岗位上为宣传真理、捍卫真理，为维护党和人民利益忘我奋斗的献身精神。商业化的气氛，使一些新闻记者沉迷于享受，有的记者甚至自己从来都不出门，写新闻也是在网上随便搜索一下，看到有什么新奇的、爆炸性的、吸引人眼球的信息，也不去核实其真实性，就想当然根据网上的资料自己"创造"一篇新闻出来。世俗化、商业化的氛围已经把某些新闻记者的斗志消磨殆尽，完全忘记了前辈们辛苦跑新闻时的苦与累，遇到荣誉就上，碰到危险就退，成为社会的寄生虫。

其实，新闻记者这个战斗岗位是很艰苦的，有一定的风险，需要献身精神。有经验的记者都有一个体会：新闻与其说是用笔写出来的，倒不如说是用心血和生命写出来的，是跑出来的。新闻工作者每天要与社会上形形色色的人和事打交道，有的时候还需要深入事件现场进行调查了解，特别是重大突发事件、战争、恐怖袭击、灾难事故、违法犯罪事件等。各种各样的危险因素时时刻刻都可能会对记者的人身造成不可预料的伤害。

（四）强烈的使命感和社会责任意识

乐于深入实际，善于和群众打成一片，胸怀天下百姓，具有强烈的使命感和社会责任意识。

"大众媒体"时代，大量新闻线索来自人民。有些同志往往迷信在自己的"灵感"和"聪明"中，缺乏深入实际、深入群众的渴望，这些人是做不好新闻的，只有那些深入了解调查事件真相和始末，反映人民群众的要求、意见、呼声的才能长存于世。

新闻业深深地扎根于广大人民群众之中，没有人民的支持，可以说，我国的新闻事业将是一片惨淡。一切真知灼见，一切对实际生活产生重大影响的新闻作品都是深入实际、深入群众中得来的。无论以前还是现在，人民群众在新闻事业的发展中都起着十分重要的作用。

在深入实际、深入群众的过程中，新闻工作者还改造了自己的世界观，增强了对群众的感情，产生了真诚为群众服务的愿望，说群众想说的话，与读者的悲欢哀乐、酸甜苦辣打成一片，真正成为群众的耳目喉舌。

没有强烈的使命感和责任意识，没有悲天悯人的情怀，只有幸灾乐祸的心态，就无权手握记者之笔。在市场化的影响下，面对金钱权势的诱惑，有些记者热衷于精英阶层，在"傍大款""媚小资"之余，对老百姓摆出"救世主"的架势，俯瞰芸芸众生，忽略困难群众，投射出对社会底层的冷漠及轻蔑，这些人根本不应该成为一个记者，只能说是利益的追逐者。然而值得欣慰的是，近年来，民生新闻开始风靡中国，在一定程度上说明了媒体已经深刻认识到人民群众的作用，平民意识已逐步深入人心。

三、综合素质

所谓综合素质，就是完成新闻报道所需要的各方面素质的集合。除却前面所提到的业务素质和职业素质，作为一名合格的记者还需要有渊博的知识、独立思考的能力、严密的逻辑思维水平、勇于挑战的激情等，要成为一位博学的杂家。当然，这些都不是一蹴而就的，需要记者同志们长时间不懈的努力和积累才能慢慢完成。

（一）渊博的知识

当今的新闻记者更需要有渊博的知识、娴熟的技能，要努力做一名杂家。当今社会，发展越来越迅速，全球化不断加深，媒体的产业化集团化趋势不可避免，网络信息不断大量更新，知识总量的翻新也越来越快，据国外研究机构测算，现在人们原有的知识正以每年5%的速度不断"报废"，如果不能够及时进行学习和深造，十年后就会有50%的知识报废，因此，新闻工作者要不断地学习，不断地更新自己的知识储备，进行终身学习，努力提高自己，做一名杂家。

记者有分工，搞经济报道的记者要学经济、懂经济，搞体育报道的要懂体育，搞法制报道的要懂法律，这是其本职工作，属于专业技能，必须搞好。但是，就新闻记者而言，他的报道领域非常的宽广，囊括了政治、经济、军事、文化、科学、教育等各个方面，各行各业，不可能每次采访都是自己擅长的领域，尤其是全球化的加深，更加需要新闻记者做一个全才。尽管有的时候不需要记者对某些方面有专业的研究，但是必须有必要的涉猎，采访对象说一些比较专业化的术语，要能明白是什么意思，不要临到头来，听不懂采访对象所要表达的意思，那么你的采访就没有一点意义。可以想象，如果记者对某一领域一无所知，那就会闹出很多笑话。如一家法制媒体记者在一篇消息的导语中写道："某某法院以涉嫌盗窃罪将其批准逮捕"。这名记者显然对诉讼程序不甚了解，批准逮捕的职能在人民检察院，而非法院，向该记者提供素材的检察院通讯员看了这篇报道后哭笑不得。如果该记者了解一些法律方面的常识，这些问题就可以避免，培养学者型、专家型新闻工作者，就是要其博古通今，有丰富的理论知识储备，集新闻工作者、专家于一身。

（二）严密的逻辑思维

在信息大爆炸的今天，需要处理的内容也越来越多，当突发性的新闻事件发生的时候，记者如何能够在紧张混乱的状况下，很快从一大堆材料中挑出自己需要的东西，并且组织进行报道，这非常考验记者的独立思考能力和逻辑思考能力。

今天，社会矛盾日益突出，记者必须具备相当敏锐的洞察力，才能于万千事件中发现问题，同时，还要具备严密的逻辑思考能力，才能看出问题的本质，在纷繁复杂的现象甚至假象中辨别真伪、做出判断，以正确而富有深度的报道引导大众舆论，对社会进步起到应有的促进作用。

（三）勇于挑战的精神

全球化把世界上每个角落的人联系在一起，交通越来越便捷，信息交流越来越快，每天在不同的地方、不同的时间、不同的地点，都有新闻事件在发生，面对这种新的情况，更需要记者有勇于担当、勇于挑战的精神。勇于挑战的记者可以在极端严苛的生存环境下完成采访任务；可以在一个陌生的地方迅速了解当地的特殊环境和风俗习惯，并且很快地适应当地的环境，消除当地人民的心理隔阂，有利于深入采访；勇于挑战的记者，还可以在睡不好、吃不好、住不好、行不好的恶劣环境下克服困难完成采访任务。

第三节 "讲故事"的能力

信息、动态，报道的基本内容，但仅有这些远远不够，必须透过报道给人以力量，通过报道讲故事、讲好故事，方能以力量体现新闻人的履职担当。

一、讲故事的概念界定

"故事"作为一种表达方式，具有门槛较低、传播便利、没有边界等特点，是随着人类生产生活的不断发展而变化的，包含了人类文化的众多内容和丰富意涵。《现代汉语词典》中，"故事"指的是"真实的或虚构的用作讲述对象的事情，有连贯性，富有吸引力，能感染人。文艺作品中用来体现主题的情节"。《现代汉语辞海》也对"故事"进行了解释，认为"故事"是"连贯、有吸引力、感人的，可用作讲述对象的事情；文艺作品中用来体现主题思想的情节"。由这一角度出发，简要概述"中国故事"的定义，则为关于中国的、真实或虚构的、可以作为对他人讲述的对象，同时能吸引人的事情。因此，"故事"作为拥有悠久历史的一种人类实践活动，能够实现文化传统的赓续，不断传承价值理念；"讲故事"则通过讲述者与倾听者来回相传的交谈中展开。讲述者与倾听者在沟通过程中相互配合，并加入新的情节，因而形成了故事的流变。换句话说，"讲故事"形成了较为完整的传播过程，讲述者与倾听者的信息沟通、交流共享以及对资源的动员，都是对国家、世界的解释。

有关讲故事的内涵，可以理解为以下几点。

首先，讲故事可以看作一种思维方式。我们从小到大接受的现代教育，都引导我们学习归纳概括的能力，这就形成了一种惯性思维，习惯将事物的总体规律运用到实践中来解释具体的社会现象。越是面对严肃的问题，越要通过明确的观点来总结，最后用完整、清晰的逻辑表达出来。这不仅适用于学生的议论文写作，而且适用于政府做工作报告、各级领导人讲话的思路，这便是用惯性思维来解决问题。

其次，讲故事还可以作为一种语言方式。作为一种语言方式，它不仅局限于表达形式，在信息传播过程中与传播的内容同样重要。面对不同的环境和听众，语言方式的选择也会跟着变化，它与传播的内容一起向听众传达信息，讲故事便是一种更加亲切、生动的语言方式。

最后，讲故事也可以成为一种情感方式。讲故事不同于讲道理，讲故事存在很多讲述者主观上的情感，而讲道理依靠的是客观事实。比如，当我们向外国听众描述中国的时候，不要仅仅是讲枯燥的道理，而是讲生动的中国故事。因为听众更容易受到讲述者情感的感染，有趣的故事会让人印象更加深刻。

随着传播的产生，讲故事也应运而生。当今时代，通过讲故事进行传播的模式被唤醒，包含着很多原因。在媒介环境领域，现在已不再是"信息匮乏"的状态，转而走向了"信息超载"。人类交流的方式主要依赖于互联网，这与平面媒体时代有着巨大差异。生动的故事使文本不再流于枯燥，有了鲜活的动力。本雅明在《讲故事的人》中认为："信息（或狭义上的新闻）是当下的，即时的，也是短命的；而故事是历史的、久远的。故事不消耗自己，存储、集中了能量"。所以，通过讲故事来进行传播，可以使信息更加生动，摆脱苍白的文本，增强信息的传播力，引发社会关注力，使信息经受时间的流逝。

二、新闻与故事讲述结合的可行性

为促进新闻记者思想观念的合理转变，正确认识广播新闻与故事讲述之间的内在联系，有必要从实际出发，系统探讨现阶段广播新闻与故事讲述结合的必要性，通过这种方式，引导广播新闻记者形成正确的思维认知，为后续相关讲述技巧的优化以及调整奠定坚实的基础。

故事往往带有人的主观臆想，极为生动，具有较强的感染性。广播新闻以真实性作为基础与前提，但是新闻内容的真实，使其与听众之间存在较大隔阂，按照传统新闻记录的方式，进行新闻播出，势必影响听众的收听体验，造成收听率的降低。为改变这一局面，增强广播新闻的生动性，越来越多的新闻记者在播报新闻过程中，尝试通过讲故事的方式，进行新闻内容的阐述。之所以能够将广播新闻与故事讲述结合起来，是由于广播新闻本身，就表现出一定的故事性以及戏剧性，其源于生活，新闻记者在进行新闻挖掘、整理、呈现的过程中，也必须借助一定的技巧与方法，将新闻传递给听众，以达到相应的宣传目的。同时，随着信息技术的发展，新媒体的大量涌现，广播新闻的听众接受的文字、图片、视频等信息日益增加，信息获取的注意力逐渐下降，为保证听众的专注度，广播新闻记者在日常工作环节，应当采取必要的应对手段，创新新闻讲述的方式，借鉴故事讲述技巧，通过讲述角度的科学选择、讲述词汇的合理使用以及讲述节奏的准确把握，调动听众的注意力，保证广播新闻与听众之间的用户黏度，最大限度地避免听众的流失。从相关研究机构公布的数据来看，广播新闻记者以讲故事的方式，进行新闻播报时，听众的反馈较好，节目收听率较高。

三、记者对故事讲述角度的科学选择

广播新闻记者在进行新闻讲述播报的过程中，通过对讲述角度的科学选择，能够在短时间内产生代入感，营造一定的氛围，使听众能产生兴趣，同时也为后续的新闻深层信息的挖掘创造必要条件。

广播新闻记者在进行故事讲述角度选择的过程中，出于节目呈现效果以及收听率的考量，可以尝试从民众视角，采取身临其境的播报方式，强化广播新闻的代入感，增加广播新闻栏目的魅力。具体来看，广播新闻记者在播报过程中，要树立听众意识，将听众作为新闻讲述的主体，在讲述方式、讲述内容的选择过程中，充分考虑听众的收听需求，这就要求广播新闻记者不应当沿用过去那种说教式的方式，而是将自己融入新闻事件之中，将自己作为故事的讲述者，以平常的表述方式，将新闻内容陈述出来，这种讲述角度的选择，既可以拉近新闻记者与听众之间的距离，在听众心中形成亲密感，同时在很大程度上，又可以降低听众的厌烦情绪，对于保证广播新闻播出效果有着极为深远的影响。

例如，报道就业压力大，大学生就业难的问题，过去记者大多会引用毕业了多少人，有多少人成功就业等几组数字。枯燥的数字尽管可以说明问题，但却很难抓住受众的眼球。而同样是这样一则报道，有的媒体就采用了讲故事的方式。有的人做出的片子可能是这样的：小张5点钟起床，特意为自己选了一套平时很少穿的西装，5点半，准时出门，住五环外的他要参加一场招聘会，他已经记不清这是第几次参加招聘会了，进入大四以来，每逢有大型的招聘会，小张都会参加，认真准备，但每次都失望而归。其实今天早起的不仅是小张，今年大学毕业生的数量，超过就业形势最严峻的上一年。

同样是新闻报道，后者就比前者更吸人，也更贴近生活。而他们的差别，仅在于叙述角度的不同，普罗大众的命运，更能抓住受众的眼球。

四、记者对故事讲述词语的合理使用

广播新闻记者在故事讲述的过程中，需要做好讲述词汇的合理使用，通过这种方式，快速切入主题，将新闻的细节完整地呈现在听众面前，无形之中增加了听众的收听体验，增强了节目的吸引力。

（一）讲述语言技巧的使用

记者在进行新闻事件讲述的过程中，对于词语的选择应当做到快速切入新闻主题、注重新闻细节。由于广播新闻的时间有限，因此在进行新闻讲述的过程中，新闻记者需要准确把握新闻讲述的节奏，在新闻讲述的最初阶段，简明介绍新闻发生的时间、地点、人物等基本信息，避免新闻的模糊性，使听众能够在较短时间内快速融入新闻事件之中。

在进行人物行为的表述过程中，需要明确其称呼，避免在新闻讲述过程中，由于人员太多，造成混淆，引发播出事故，同时也降低了听众收听的难度。在时间描述过程中，要根据新闻事件的脉络，紧紧围绕新闻的中心或者主题进行，避免听众在收听过程中出现注意力不集中的情况，保证播出效果。新闻事件中往往包括很多细节，对这些新闻细节的呈现度，是衡量广播新闻节目质量，新闻记者工作能力的重要标准。

（二）讲述词汇的使用

在记者进行新闻事件讲述的过程中，在词汇的使用方面，需要注意尽量口语化，控制解释性词语的使用。广播新闻以听觉作为媒介，因此，在新闻内容制作以及播出过程中，新闻记者必须重视起节目收听的舒适度。从实际情况来看，大多数广播新闻的听众，往往将广播作为一种背景，这就要求新闻记者在讲述过程中，尽量使用口语化的语言，最大限度地完成信息传递，例如，将新闻栏目中的昨日，表述为昨天，等等，通过这种口语化的表述，能够拉近与听众之间的距离。使听众能够在从事其他工作的同时，也获取相应的新闻资讯，这对于广播新闻节目的制作以及发展产生极为深远的影响。从过往广播新闻制作的经验来看，解释性词语会造成听众的困惑，影响最终的节目效果，所以广播新闻记者在新闻事件讲述过程中，应当尽可能地减少解释性词语的使用，增加描述性语言的使用频率，通过这种方式，来扩大节目自身的影响力。

五、记者对故事讲述节奏的准确把握

由于广播新闻的时长较为有限，新闻内容较为多样，为平衡节目制作与节目播出之间的关系，确保广播新闻最佳的播放效果。新闻记者在进行讲述过程中，有必要准确把握自身的节奏，采用合理的语速，将信息传递给听众。

广播新闻记者对于事故讲述节奏的把握主要集中于说话节奏以及编排节奏两个层面。从过往的经验来看，广播新闻的节奏对于整体播出效果有着深远影响，通过节奏的准确把握，新闻记者能够在相关场景中，确定新闻事件讲述的顺序、时长等，准确突出新闻事件的重点。这就要求，广播新闻记者在新闻播报的过程中，要充分利用自身的专业优势，做好准备工作，提前了解新闻内容，结合相关情况，确定新闻事件讲述的节奏，在讲述过程中，尽量避免语言的单调。在广播新闻编排过程中，为保证广播新闻整体的信息量能够满足不同听众的信息获取需求，广播新闻记者在进行节目编排的过程中，需要不断提升新闻信息的初度，在这一思路的指导下，广播新闻记者在新闻稿件编辑环节，应当对新闻事件进行排序，不断增加新闻信息的整体清晰度，例如，使用串联词，使不同主题的新闻事件能够快速连接起来，在较短时间内，完成新闻讲述的过渡，避免过多语言表达，从而保证节目的信息量。为增强节目效果，广播新闻记者在讲述过程中，可以尝试将自身的特色与新闻播报结合起来，形成鲜明的节目特色，打造节目品牌，保证了节目的收听效果以及收听率。

作为记者，常会为写主旋律的片子苦恼，认为太高大上，写出来观众也不会爱看。

采访案例：一个22岁的小姑娘王某某，她8岁那年父亲遭遇车祸高位截瘫，家中没有了经济来源，债台高筑，母亲离家出走，年幼的王某某用稚嫩的肩膀撑起了这个家。故事应该怎么呈现？经过深思熟虑，记者决定用他们生活中的真实场景去还原故事，配以少量的解说词，父女之间的讲述贯穿始终。女儿眼中含泪、面带微笑的讲述，父亲担心自己会拖累女儿的内疚，女儿把家里收拾得妥妥当当、把父亲照顾得干净利索以及自己即使一辈子不嫁人,也要照顾父亲的决心,在片中一一展现。这个片子的节奏完全是按照故事的发展去设定的,呈现出来也就特别感人,王某某的个人问题也得到了解决。

可见,节奏的掌控对于一个作品是至关重要的,因为有时候,节奏拥有一种语言之外的力量。

思考题

1. 采访的特点有哪些?
　　_____

2. 采访的原则是什么?
　　_____

3. 记者的业务素质有哪些?
　　_____

4. 什么是"讲故事"?
　　_____

5. "讲故事"的技巧是什么?
　　_____

第三章　新闻采写特点

第一节　电视新闻采访的特点

随着人类社会的不断进步和发展，新闻信息的传播也由过去单一的报纸宣传演变和分化为广播、电视、网络等多种形式、多种载体的传播。不同新闻媒体由于所使用的传播媒介不同，带来了各自采访的不同特点。电视新闻是以现代电子技术采制和传播为手段，除了要运用一般新闻的采编方法外，还要结合电视传播自身的特点，在充分发挥采访特点的同时，扬长避短，才能做好电视新闻的采访。

一、电视新闻的现场性

电视新闻采访与其他新闻媒体采访相比，最显著的特点就是它的现场性。一个新闻事件发生后，报纸和广播记者即使来不及亲临现场，也可通过事后采访等形式，把所发生的新闻事件及时报道出去。可电视记者如果不亲自到现场，几乎就等于失去了这次的报道机会。即使采取一些事后弥补的方法，例如，报道一下结果或采访旁观者、见证人，也丧失了电视本身应有的报道效果和感染力。所以，有人说，电视艺术是一门遗憾的艺术，许多新闻事件的发生因为电视记者不能及时赶到现场留下了遗憾。

现场新闻是电视新闻中最具魅力的一种类型，也是电视新闻人最该牢牢掌握的一门"基础课"。要做好电视现场新闻，关键就是要把握好"人在现场""用电视语言来创作""发现独特性"三个原则。

（一）人在现场

"人在现场"就是：作为"人"的记者。要充分利用人的所有身体器官：眼、耳、口、鼻、舌，包括用皮肤的感觉去感受现场，当然所有这一切都要用"大脑"去分析判断，并做出决定。

电视与其他媒体最大的区别是它有声有色、可听可视，能够"高保真"地还原现场，即便观众从电视屏幕上闻不到气味、感觉不到温度等，但只要记者置身于新闻现场，尽职尽责地去感受现场气氛，并通过语言表达、镜头表现，同样也能让观众有身临其境的感觉，这是报纸等文字媒体不可比拟的优势。

从这个意义上讲，现场新闻最适合通过电视媒体这一手段来表达，因此，电视记者必须充分利用电视媒体的优势,把"人在现场"作为采编电视新闻的第一原则。

一旦到达新闻现场,记者首先想到的就是"我在现场","我"必须多听多看、多闻多问。还要多想,用大脑分析判断:该记录什么,该怎么记录,最后要把最具现场感、最好看的画面、声音等现场元素提供给电视机前的观众,满足观众的收看欲望。

一般来说,电视新闻直播这种形式,最能让记者有"人在现场"的感觉,比如,台风登陆的直播。哪怕是记者在现场被台风吹得东倒西歪,说不出话来,观众依然能从中感受到台风现场的强大威力,这种极端的方式最能说明"人在现场"这一原则的重要性。

如果记者在普通的电视新闻采访中,也能把"人在现场"的原则发挥到极致,同样也能达到"新闻直播"的效果,甚至做得更丰富、更好看。因此,采编普通的现场新闻时,记者最好能在现场出镜。

电视画面尽管直观,但缺点是缺乏释义性,有些镜头不做交代,观众要么看不懂,要么引发歧义,因此记者在现场一个很重要的工作就是解读电视画面。因此,记者在新闻现场不能为了出镜而出镜。看见什么说什么,而是要帮助观众理解镜头画面语言,要有选择、有重点,否则就成了删去出镜也不影响信息量的"伪出镜"。

(二)用电视语言来创作

电视的基本含义是影像和声音,它的本质是视听文化,这种本质要求电视必然是形象化的思维和表达。尽管电视语言与传统的文字语言有着很大区别,但实际上仍有人对此不以为意,认为从文字到电视完全没有障碍,坚持用文字的思维和表达创作电视作品。

电视人必须学会转变,特别是做电视现场新闻。记者不仅要学会用现场画面和同期声来表达,最重要的是从根本上转变思维方式,用电视语言来思维,用画面和同期声来解构片子,进行创作。

如果是现场直播,现场的画面和同期声就是新闻的全部,而对于大部分不能现场直播的现场新闻来说。如何用电视语言进行形象化的思维和表达就需要一些技巧。

在现场采访时,记者应该有一种编辑意识,就像在脑子里安装一台上载机和一台编辑机。通过调动视觉、听觉、嗅觉、触觉等感官,把现场信息输入大脑,这是一个上载的过程,上载之后就要开动编辑机,进行选择、剪辑,就像拿着一把剪子剪一卷胶片,哪些现场同期声能用,哪些现场同期声不能用,要做出相应的选择和取舍。

一篇好的电视新闻稿件,如果不结合画面和同期声,只看文字解说词应该是看不懂的。这意味着记者必须学会用现场同期声来解构现场新闻,而不是用传统文字解说词来解构节目。

结构问题简单地说就是"起承转合",现场新闻的"起承转合"都应该以现场同期声为主来完成,而撰写解说词只是对现场同期声进行必要的补充。解说词应该精练简洁,惜墨如金,而真正用来画龙点睛的部分都应该是精彩的现场画面和同期声。

(三)发现独特性

一般来说,新闻现场会有很多人,不止记者一个,记者往往是在事发后接到新闻热线才赶到现场的,那些目击"现场"的普通群众可能比记者更有发言权;或者换个角度来说,即便是记者就在事发现场,也可能因为记者不专业,而不能准确解读现场。记者处于这种"信息不对称"的情况。怎样才能做出引人入胜、令人信服的新闻报道呢?这就要求记者有很强的"发现独特性"的能力。

细心的人都有这样的经验:大家都去采访同一个新闻,但是最后各家媒体播发的新闻都不一样,水平也会有高有低、有好有坏。一个好的记者能敏锐地发现新闻现场的"独特性",而一个水平一般的记者只会人云亦云,甚至不知从何入手、不知所云。

"世界上没有两片完全相同的叶子",同理,世界上也没有完全相同的新闻现场,任何一个新闻现场都有它的特别之处,关键是记者要努力去发现这种"独特性"。

有些现场的特点很鲜明,就是所谓的"新闻点"好找,有些"新闻点"非要费一番功夫才能有所收获。那么,记者如何才能有效地完成"发现独特性"的任务呢?新闻创作的过程类似于科学发现的过程,都必须经过从"充分占有资料"到"整理分析、有所发现"的过程,然后才能提出有价值的问题,最后证明、解决问题。单从"过程"的角度,新闻创作一点也不比搞科学研究简单,它们的区别只是:创作不需要严格精确的实验验证,多数只需在大脑中"灵机一动"完成创作构思即可,但是难度都一样大。

同时,随着媒体竞争的日益激烈,独家新闻已经越来越少,更多的新闻都是多家媒体同时报道,要做独家新闻更是难上加难。因此,作为记者,一定要有随时注意"发现独特性"的意识,平时就要善于抓住重点,勤于学习总结,每做一条新闻都要有自己独特的角度,要有"语不惊人死不休"的决心,这样长期积累下去,必然能够提高自己发现独特性的能力。

二、电视新闻采访的形象思维

由于不同新闻媒体在传播新闻时所使用的语言、符号不同,采访的思维方式也不同。从采访开始,形象思维就要始终伴随电视记者,一直贯穿选材、摄影、编辑、制作的全过程。在采访时,镜头角度的选择、景的使用、运动过程的取舍都离不开形象思维。所以,我们可以这么说,电视新闻稿件是"听"与"看"的结合:一方面既不能使其与广播新闻一样,仅仅为"听"而写;另一方面还要区别于报纸类新闻仅仅为"看"的特点。因此,从事电视新闻工作的记者必须牢牢掌握电视新闻报道的特点,要正确处理好以下三个方面的关系,才能真正体现电视新闻稿"为听而写、为看而写"的特色。

(一)杜绝书面化

电视新闻是通过播音员利用浅显明了、群众易于接受的大众化语言来引起受众对新闻的收看和关注,简单来说,就像我们平时和朋友在一起聊家常。如果播音员的声音生硬、机械,那么将会影响观众的"听"新闻和"看"新闻,从而达不到电视预期的收视效果。

对同一新闻的报道,电视与报纸新闻稿的写作是存在很大区别的,试比较下面两段文字。

报纸体:"我们这次献爱心活动,来的人非常多,对我们来讲出乎预料,虽然收到的捐款不是很多,但是我们也感到非常高兴。"活动负责人对记者说。

电视体:活动负责人对我们说,这次献爱心活动来的人非常多,出乎他的预料,虽然收到的捐款不多,但他也非常高兴。

从上面两段稿件的写法上可以看出,电视新闻稿在直截了当地把内容表达出来的同时,语言比较简短,贴近口语化,尤其适合播音员朗读,这正是电视稿与报纸稿在语言风格上的差异。

(二)拓宽报道面

电视新闻的构成基础是镜头和文字,在电视新闻稿中,我们经常能发现,一件跨时间的新闻事件,因为时间长,镜头无法表达,作者为了避免过去和将来的镜头没法表现,而将新闻稿件写成了一般性的解说词或单纯性的文章,在稿件中只是简单地介绍了新闻的六要素。这样来撰写稿件,说明记者在写作时已经忽视了一个非常重要的问题,那就是电视新闻虽然是用画面来说话,虽然这画面仅仅只是现在进行时,但是,文字的特殊作用没有被好好地利用。电视新闻是画面加图像的结合,利用文字语言的特殊作用拓宽电视新闻的报道面,把无法用画面表现的镜头,用语言文字如实地传播给观众,是解决电视画面只能是现在进行时的最好途径。

(三)标题力求简练、生动、准确

标题是新闻的主线和灵魂,俗话说,题好一半文。电视新闻更要注重标题的使用,因为受到时间的限制,电视新闻不可能长篇大论地对新闻事件进行全面的渲染和叙述。这就需要一个好的标题起到提示新闻的作用,和新闻稿件相互呼应。

三、电视新闻采访的纪实性

电视新闻是现实生活的原型记录,注重的是现场真实还原,它不能像电影故事片那样由导演摆布,更不能虚构,只能脚踏实地到新闻现场去抓取,这是维护新闻真实性原则的根本要求。

(一)事实真实

电视新闻从事实发生、采访到播出,大致包括案前、案中和案后三个阶段。围绕这三个阶段,本书分别从来源真实、采访真实和排播真实三个层面加以分析。

1. 来源真实

新闻来源不真实的情况经常发生在策划环节,即利用部分虚假的事实,或者记者对事实的重新加工抢眼球。为求达到来源真实,可以通过悟、听、抓、比等多种基本手法,让新闻来源更为真实。

悟,即从日常生活的变化中,温故而知新,发现带有倾向性的新闻。

听,从民间口头传闻中,由表及里,发现隐藏其中的新闻。

抓,从社会热点、难点问题中,发现最吸引人的新闻。

比，从本地其他媒体中，发现可以进一步追踪报道的新闻，但这类新闻为避免抄袭之嫌，要改变写法；由于已落人后，补写改写就要用最新的情况。

移，从本地报刊新闻中，发现电视还没报道的新闻。

窥，从各地党政机关内部信息中，发现即将实施的新闻。

化，从新华社播发的全国性动态消息中，发现本地也可能有的新闻，即将新闻本地化。

挖，从全国、全世界发生的重大事件中，挖掘采写本地与此有联系的新闻。

转，从网站有关本地的消息中，由内及外，发现可以公开的新闻。

连，从邻近地区媒体报道中，由彼及此，发现与本地相关新闻。

带，从动态新闻采写中，以一带三，发现其他有价值的新闻。

追，从综合性材料里，事先掌握，追踪拟做而未做的新闻。

保证新闻源头的真实，是实现新闻真实的根本保证。而新闻采访是新闻传播活动的基础，采访真实则是保证新闻真实的关键所在。

2. 采访真实

追求新闻要素真实：让新闻报道中的何时、何地、何人、何事、何故真实可靠，完全准确，并通过新闻采访，逐项核对。

追求新闻现场真实：电视媒体充分利用视频、音频的特性，使电视新闻在再现现场上，具有其他媒体不可比拟的优势。再现现场不仅可以捕捉事件发生的过程，而且可以让当事人的话语权得以有效保存，保证了电视新闻现场的真实。而要做到现场真实，就要求记者尽可能地深入新闻现场，与当事人、受访者有效核对新闻事实。

追求新闻细节真实：近年来，新闻界流行从细节开始报道整个新闻事件，对细节的重视在电视媒体中更应值得提倡，细节包括人物细节、事件细节和场景细节。在电视媒体中，对细节的捕捉，是电视文字记者和摄影记者展示新闻敏锐性、相互沟通合作的重要表现。

3. 排播真实

做到排播真实，两个环节需要保证：串联词真实、新闻流真实。

串联词让单则新闻与其他新闻联系起来，最终形成新闻节目。串联词部分是主持人风格与栏目定位、频道定位的综合展示，起衔接作用、点评作用。尤其在点评部分，主观成分很重，常带有本台观点的色彩，要保证有的放矢。新闻流真实，导致新闻流不真实的常是时效、疏忽等缘故。这点应该是相关责任人应当杜绝的。

通过这三个层面，电视媒体通过记者以客观主体的方式介入、参与到输出，在客观层面上相对保证了新闻真实。新闻作为一种社会活动，是主观见之于客观的活动。

（二）逻辑真实

1. 事理真实

电视画面会说话，但电视画面也有说假话的时候。对新闻事实认识上的偏差，会表现在以下几个方面。

（1）将新闻的真实度等同于有选择的事实

在电视新闻报道中，记者有意识地针对某些现象有所侧重地采访，通过对事实的陈述来表达自身的立场和观点，甚至现场镜头都经过设计和特定处理，主观意识在报道中起很大作用。

（2）现象代替本质

在电视新闻报道中，涉及的时间、空间、人物、事件都准确，做到采访真实，是客观现象的真实。客观现象的真实未必等同于主观报道的真实，对现象的报道与全局判断需要适当的评判标准。

（3）局部代替全局

过分渲染细节的真实。还原事实的原貌是电视新闻工作者的责任，这并不等于可以过分渲染细节的真实。电视记者捕捉细节、捕捉现场，还原新闻现场，在主观运用上，要有适度原则。

电视媒体记者在处理报道时，面对这种主观性较强的事理真实，应当尽可能地克服可能出现的偏差，多积累，力求客观、全面，不让新闻失真。

2.艺术真实

作为一种综合艺术，电视集画面、声音、特技、符号、文字等元素于一身。电视新闻是电视艺术的一种呈现方式，在更高层次上，应该追求艺术真实。电视新闻追求艺术真实，几种艺术语言值得关注。

（1）注重新闻的叙述方式

新闻叙述方式越来越多元，比如，现场直播、记者现场出镜、人物现场和同期声串接，都是电视新闻的叙述方式。

（2）注重主持的播报方式

主持人是立播坐播，是笑脸相迎，还是满脸沉重，都是可以追求的呈现方式。

（3）追求后期处理上的真实

电视新闻在呈现时，对音乐、音效等声音元素的选择，能更好地展现艺术真实；同样，在画面处理上，电视新闻可以合理发挥蒙太奇手法、字幕效果、动画特技等手段，追求艺术真实。

四、电视新闻采访的局限性

电视新闻纪实性和现场性的特点，决定了电视新闻采访在表现时过境迁的事物或抽象性、思想性等理性东西方面显得无能为力。

由于所用的工具比其他新闻媒体所使用的工具显得笨拙，所以，机动性和灵活性比较差，许多场合下不能得心应手。加上技术上的一些原因，也经常出现无法采录的现象，所以说，电视新闻制作的好坏，受现场性的制约，也只能是一次性的，无法重新补救，不像文字稿那样有更改的余地。

五、电视新闻采访的时效性

时代在发展，信息技术非常发达，传统媒体需要迎合时代做出相应的变革。合适的切入点和时效性对于基层农村新闻采访报道的质量起着决定性作用，如果传统媒体想要在市场的浪潮中生存下去，就需要在这方面下功夫。新闻工作者不能随意扭曲事实真相，但是为了吸引眼球可以做一定的包装。

（一）挑选恰当的新闻采访报道切入点

就算是同样的问题，不同的新闻工作者也会有不一样的想法。哪怕新闻素材完全一样，有些人的报道就能夺人眼球，让人们看得津津有味，而有些人的报道则平淡无奇，无人问津。其中的关键就在于新闻报道的切入点有差异。不一样的切入点对于人们观看新闻的感受有不一样的影响，也等于影响了新闻的传播范围。如果想要让报道受到足够的关注，就应该选择一个恰当的切入点，不然就会浪费优秀的新闻素材。

1.战略选择

（1）切入点要尽可能地接地气

最好是老百姓的身边事，而且不能违背新闻报道的行业规范。这里要特别说明有些基层农村媒体，新闻的焦点全都放在领导身上，这就导致时政新闻不够接地气，僵硬无比，受众无法对此产生共鸣的情况。因此，在进行报道时，新闻工作者有必要进行切入点的改变，要从群众的角度进行报道，让基层农村新闻报道足够接地气，帮助人民群众感受到共鸣。

（2）新闻工作者一定要有足够的政治敏锐性

新闻能够在一定程度上影响舆论，新闻工作者要明白哪些新闻应该大肆宣扬，哪些新闻应该避而不谈。例如，一些影响政府权威、破坏社会稳定和谐、传播负能量的新闻要进行封杀，对于报道这些新闻的工作者也要严肃处理。

（3）绝对不能对事实真相进行不正当的扭曲

歪曲事实是违背新闻工作者职业道德的，新闻工作者在进行报道的时候要实事求是，有针对性地收集新闻素材，这样的报道才具有新闻价值。

2.战术选择

（1）要从新闻的源头入手

为了让基层农村新闻报道更加吸引人们的目光，就要考虑到受众的接受水平，报道不能过于复杂，要足够浅显易懂，便于观众了解。如果条件允许的话，还可以针对最近发生的事件进行报道，向群众解释最近的事件对当前有什么样的影响。

（2）由小见大

在报道某一种特定的现象的时候，新闻素材过于庞杂，全部报道会耗费资源，而且占用时间太多。可以选择一个合适切入点，挑选经典案例，把时间整体的方方面面进行详细的阐述,让群众能更好地了解、消除群众和新闻之间的距离感。

(3)要从群众角度进行新闻的分析

优秀的新闻工作人员应该在不影响新闻真实性的前提下,从群众角度对新闻进行分析,让群众从更多角度了解事实,提高新闻报道的看点,加强其传播性。另外,要从发展的眼光看问题,无论什么样的事物都不是一成不变的,如果目光短浅的话,就没有办法全面地了解事物。所以,新闻工作者应该从长远的角度看问题,切入点要具备创新发展性,这样才能让报道更具价值。

(二)新闻采访报道的时效性

对于新闻行业而言,时效性具有极大的意义,新闻工作者在报道中不仅要确保事实真相没有扭曲,而且要确保其具有时效性。

1. 不同类型新闻中时效性的侧重点

不同新闻分为多种类型,如事件性新闻和非事件性新闻,在处理不同类型的新闻时,对时效性的关注点有着很大不同。如事件性新闻追求时间的新鲜,因此,国内、国外对重大新闻事件中的现场直播都尤为重视,如奥运赛事等事件就是具有很强时效性的新闻,媒体往往会力求争取到第一手资料并传播出去。然而,针对非事件性新闻注重的是时宜性,用与奥运会相关的内容来说,有关奥运选手的成长经历、家庭状况和教练等持续了很长一段时间,只是在奥运会的背景下才引起了公众的关注和关心,盲目地追求时效性还不如挖掘新闻背后的故事,让新闻的内容更加丰富,使受众更加容易接受。

2. 连续和系列报道中时效性应有差异

从分类对象的不同来看,可以将新闻报道分为连续性报道和系列性报道,两者在时效性方面有着较大的差异性。连续报道更加追求时效性,因此,在时间上的要求往往更加严格,要求最新的报道。如在进行奥运会等重大事件报道时,为了能够将最新的消息和动态传播给受众,常常会用日播等形式播报新闻,甚至还会用字幕新闻传播将最新的消息及时上传,连续性报道中的时间往往是以今天或刚刚等词语描述,其追求不同时间点上的连续性。系列报道主要是围绕着某一个主题进行的不同事件和角度的描写,追求的是时宜性以及内容方面的新颖性,系列报道的采编过程中应当着重注意对新闻由头的选择,为新闻提供更好的依据。

3. 不能为了追求时效性而影响社会和谐

随着党的二十大的召开,社会上的新闻应该以传播正能量为主,增强人们对祖国的信心,提升人们的民族自豪感,传播正能量。如果有新闻工作者执迷不悟的话,要进行严肃的惩罚,这也就相当于为建设和谐社会、弘扬中国梦做贡献。

4. 加强新闻工作者的业务能力

找到恰当的新闻切入点,确保报道的时效性,都对新闻工作者的业务能力提出了很高的要求,新闻工作者有必要在这方面进行加强。由于新闻行业相对而言比较特殊,涉及许多方面的技能。新闻工作者需要不停地充实自己,让报道的质量有所提高,确保其足够的理性客观。而且，还要尽可能地丰富自身的经验。只有积累了足够的经验，业务水平才能得以提升。

5.设置广泛的新闻采访点

有的时候因为距离的关系，在基层农村记者收到新闻消息后浪费了宝贵的时间在路上，导致没有拿到第一手的信息，给新闻的时效性造成了很大影响。因此，新闻报道应缩短不必要的时间。

第二节 新媒体采访的特点

当下，在新媒体的环境下，不仅新闻的传播内容和方式发生了重大改变，新闻采访工作也发生了重大改变，新闻记者面临着新闻采访的时效性、独家性、深度性的更高挑战，职业生涯面临着严峻的考验。为应对挑战，新闻记者要及时转变观念，在实践中发挥新媒体的技术优势，不断注重采访技巧的提升，创新采访策略，在顺利完成采访工作的同时，制作有价值、有分量、有社会影响力的新闻报道。

一、新媒体环境下新闻采访的特点

（一）采访形式多样化

在互联网时代背景下，新媒体通过技术的不断进步迅速发展起来，并在竞争中快速攻占传统媒体的新闻市场。作为信息时代的产物，新媒体在传播内容、方式上与传统媒体有着很大不同，新媒体更加注重多样化，新闻传播的范围更加广泛，它的载体形式多样，如微博、抖音、微信、快手等。传统媒体进行新闻采访，需要记者亲临现场，感受新闻事件的现场氛围，然后与采访对象面对面进行采访，新媒体时代则打破了这种空间上的限制，例如，微信视频通话的方式，即使与采访对象相隔千里，也可以进行实时采访，并将采访音视频同步到社交媒体平台，让受众第一时间能够收看；还可以采取微博连线的方式，同时邀请新闻现场目击者、在别处的专家学者等多人共同在线，接受采访或共同讨论。此外，还可以利用云直播、VR、AI、虚拟现实等技术进行新闻采访，彻底告别传统、单一的采访模式。

（二）对新闻采访有更高的要求

新媒体时代的到来，使信息传播具有很强的开放性，每天都可以在网络上看到海量的新闻、知识、理论等信息，受众获得信息的内容和途径变得越来越多和快捷，信息呈现多元化、复杂化、碎片化特征，由此也对新闻采访工作提出更高的要求，就是采访必须做到及时、准确、快速，如果反应不及时，就会错失时机，使信息有可能被其他媒体抢先报道，从而影响自身影响力。另外，面对新媒体平台的海量信息，新闻采访必须体现自身独有的特色，这样才能有效地避免新闻的同质化，吸引更多受众关注，才能在激烈的媒体竞争中占据主动地位。

（三）采访与实际相契合

新媒体环境下，新媒体显示出独有的信息传播及获取优势，并逐渐成为当下新闻传播的重要模式。传播模式的革新也需要新闻采访的创新来带动，因此，必须充分发挥新媒体的技术优势，与时俱进。采访要摒弃过去那种僵化、单一的方式，其中最为重要的是要与实际相契合，使新闻采访在新媒体环境中更具有权威性，打造新闻媒体在新媒体时代的良好形象，赋予新闻记者采访工作灵活性，将新媒体的优势完全展现出来。

（四）准确的定位

新闻记者通常会承担多种角色，在新闻素材、信息收集的过程中，他们可能是新闻的报道者，也有可能是事件的调查者以及采访工作的组织者。从这个角度来讲，新闻记者对自身角色与工作内容有一个十分准确的定位，并且面对采访对象可以熟练地使用采访技巧，让自己和采访对象之间的距离迅速拉近，引导采访对象以积极的态度参与到采访活动中来，这样便于从实际情况出发开展具有真实性的报道。由此可见，在采访过程中，新闻记者对自身是否有十分准确的定位、其专业能力与职业素养是否过硬对新闻采访的质量和效果会产生重大的影响。

二、新媒体环境下新闻采访的多重挑战

（一）面临新闻时效性的挑战

新闻最为突出的特征就是其时效性强，也就是在于"新"。在发生新闻事件的第一时间媒体工作者就要将这个新闻事件及时传递给受众，通过对新闻的调查和采访，对事件的前因后果以及背景的真实情况等深入采访后，运用专业的新闻语言以新闻报道的方式报道出来。

在新媒体时代，对新闻事件除了能够通过专业新闻媒体了解外，受众也常常会成为新闻事件的发布者，使用新媒体时代的工具拍摄发生的事情，随后上传到网络平台，让更多受众对新闻事件有及时的了解，并且作为事件的当事人也能够使用网络平台上传事件的相关信息，以其自身的视角对事件加以说明。人人都是自媒体、人人都是信息员、人人都是资讯的传播者，这就是新媒体环境下的新闻特点，整个新闻事件的信息传递甚至无须媒体工作者的参与，更不用像媒体工作者那样进行现场的采访、编辑及报道等，在新媒体的冲击下，新闻自身的时效性优势面临极大的挑战。新闻记者为了将新闻的真实性、权威性更好地展现出来，就需要在发生新闻事件后及时开展深入的采访或报道，主动对整个事件的因果进行全面深入了解，深层次地探寻新闻事件的真实性，提升新闻报道的深入性。

（二）面临新闻深入性的挑战

传统的新闻媒体在新媒体时代独家性与时效性都面临很大的挑战。相较新媒体，传统媒体在深度上具有优势，而当前随着新媒体传播平台的成熟与自媒体的发展，使这一优势

也面临极大挑战。新媒体传播平台能够充分把握受众的真实需求，并以多样化与个性化的新闻来满足广大受众的需求，并使他们有了表达自身观点和互动交流的平台，实现了彼此之间有效的良好沟通。在互动过程中，会出现一些有影响力的新闻评论人，他们通常会在自媒体上发表对新闻事件的基本观点和看法，这些评论常常能顺应广大受众的情绪，引发他们在情感上的共鸣。传统新闻媒体受成本与自身形式的束缚，往往不能如新媒体那样形成良好的互动交流，但可以进行深度分析，力争体现新闻深刻的思想内涵。

（三）对新媒体和新设备的掌握有更高的要求

当今时代，互联网及数字技术得到深化发展，催生新媒体时代的到来，对于传统媒体来讲，会面临新媒体的巨大冲击。很多网站、传媒公司、移动APP的人才都掌握并熟练运用短视频、H5、航拍等新闻信息传播的技术。

传统媒体在开展新闻采访的过程中，只是会较为基础的撰稿、摄像、剪辑等技术，其专业能力在新媒体的环境下已经落伍，跟不上时代发展的要求。要想追赶新媒体发展的步伐，在采访过程中需要新闻记者不仅能很熟练地掌握并使用采访设备，同时还要熟练运用各类新媒体设备，这对于从前习惯使用传统媒体设备的新闻记者来讲，也是一项全新的挑战。

三、新媒体背景下新闻采访技巧

（一）做好采访的前期准备工作

采访是一件目的性比较强的工作，记者能否将新闻事实挖深挖透、能否得到感人的新闻故事、能否打开采访对象的心扉、能否赢得广大受众的青睐，在很大程度上要靠提问的艺术。成功的记者往往善于把自己的个性、气质融入访谈中，展示独特的访谈风格，创造自己的访谈品牌。细细分析一下，他们大都特别善于通过一些技巧方法来把握设计问题的关键点，使对话访谈成为聊天的艺术。因此，在采访前就需要做好一系列准备。

例如，将采访设备准备好，保证在采访录制的过程中不会出现差错，同时准备好采访的问题，明确采访的目的是什么，想从采访对象口中听到什么样的内容。问题的设置是非常讲究的，不同的问题会引出不同的答案，所以，新闻记者需要提前准备好采访的问题，并针对对方的回答进一步追问。

（二）强化新闻记者的语言表达技巧

语言是一门艺术，因此如何提问也是有一定的技巧在里面，面对不同的采访对象，有不同的提问方式。新闻记者要善于组织语言，有效拉近自己和采访对象之间的距离，使采访的氛围变得轻松、愉快，这样采访对象也更愿意去接受采访，采访质量也会得以提高。

（三）新闻记者要学会倾听

采访活动主要依靠语言沟通，学会倾听是语言沟通中非常关键的一点，因此可以将其运用到采访中。采访的过程应当是愉快的。有些记者想要采访对象说出自己需要的信息，但没有注意采访对象的感受，只顾一味催促对方，让采访对象渐渐产生反感。新闻记者要学会倾听，因为很可能在对方随口道出的话中隐藏关键信息。中央电视台四川站记者郑波曾经指出，新闻工作者不能"急功近利"，更不能因为节约时间牺牲"倾听"的环节。"学会倾听，才能从受访者的回答中寻找下一个问题，找到新闻点"。而提问时，要学会站在对方的角度上提问。"平等地对待受访者，不自卑自傲，才能获取受访者的信任与尊重"。

（四）提高随机应变能力

采访机会很可能转瞬即逝，因此新闻记者要抓住机会。在采访活动中，新闻记者的应变能力显得非常重要。在现场采访时很可能会出现一些不可控的突发情况，记者要根据情况变化对采访策略进行适当调整，从而使采访能够顺利推进。

第三节　不同媒介新闻解说词的撰写

一、新闻解说词的概念

就电视新闻而言，以电视为传播媒介，报道新近发生或者正在发生的一系列政治事件、社会实践。它具有较强的形象性，能够客观、真实地呈现社会生活中的人与事，借助摄像机镜头，以画面为跳板，巧妙地呈现出来。电视新闻具有广泛性特点，传播范围非常广阔，在最短时间内把所发生的事件传播到世界的每个角落，报道面也非常广，和社会生活的各方面紧密相连。此外，电视新闻还具有时效性特点，纪实的必须是现场的真人、真事等，图像、解说等都必须客观、真实，具备较强的现实感，给人一种"身临其境，真实可信"的感觉，能够得到观众的认可。

就电视新闻解说词而言，可以进一步阐释事件主题思想，报道该事件的重要意义，借助电视新闻画面，大力宣传党、政府的方针、路线等，展现事件中人物的崇高品质等，给观众留下直观印象，更好地了解整个事件，客观地做出评价。就电视新闻来说，很多要素都需要借助解说词呈现出来，以会议新闻为例，需要利用解说词去阐述清楚会议召开的时间、地点、内容等，是对电视新闻画面事实的进一步补充说明。它和电视新闻画面各自发挥着不同作用，二者缺一不可，需要有效发挥各自具有的能动性，完美呈现整个电视新闻节目。

二、电视新闻解说词的特点

电视新闻解说词的写作是语言的艺术，解说词配合画面和其他电视元素形成的电视新闻主要诉诸受众的感官。电视新闻必然要以一定的新闻观念、新闻理论为指导进行采访报道和新闻写作，这就决定了电视新闻解说词的写作应当具有感性特色和理性特色。

(一)感性方面的特点

1. 通俗质朴

电视新闻的受众十分广泛,传播受众由不同阶层、社会地位、职业、文化水平的社会成员构成,具有广泛性和多样性。电视新闻面对广大受众的特点决定,要让他们清楚明白地了解新闻信息,就要照顾大多数受众的收视需求,解说词的写作要通俗易懂。故弄玄虚、故作深沉的解说词很难让受众在较短时间内准确理解,解说词又是诉诸受众听觉的,是为耳朵而写作的,语言要通俗,避免使用晦涩难懂和容易产生歧义的词句。

2. 形象生动

电视新闻中,图像画面使新闻形象生动起来,但空洞无物地表述、干巴巴的解说词也会让受众大倒胃口,不能因为画面在电视新闻中占据首要位置而忽视解说词的形象生动,只有画面和解说词都力求做到形象生动,相得益彰,才会使电视新闻魅力十足。电视新闻中的图像画面会形象地表现新闻内容,但报道中经常会出现大量数字,经济报道、成果报道,尤其数字的表达相当繁复,这些都很难在画面中形象地表现出来,这就要借助解说词,但是,解说词中的数字听起来枯燥乏味,影响了表达的效果,特别是数量较大、比较陌生的数量单位,受众更是无法在较短时间内了解内容,这就需要进行数字的形象化处理。

3. 爽口悦耳

电视新闻解说词在服务新闻内容的前提下,要注重解说词的形式美感和听觉美感,尽量做到爽口悦耳,提高解说语言的感染力和表现力。电视新闻解说词做到爽口,要多用短句,句子成分要单纯。句子太长了,成分必然复杂,不容易准确地理解和记忆;句子短了,成分简单了,意思就会很明白,解说起来也会很流畅。

(二)理性方面的特点

1. 真实准确

真实性是新闻的生命,是衡量新闻价值的首要标准。电视新闻解说词是新闻的一个表现形式,因此,它的写作必须做到真实准确。要确保新闻的真实性,电视新闻解说词的写作要做到时间、地点、人物、事件、过程、结果等新闻要素的真实,引用的各种资料、数据、史实、引语等必须真实可靠。在做新闻时一定要真实,不能夸张。新闻是要把最真实的信息准确地告知观众。

2. 凝练概括

电视新闻解说词与平面媒体的新闻稿有很大不同,新闻稿长短均可,而电视新闻解说词要以短取胜,尽量做到紧凑简练、简单扼要,达到凝练概括的效果。电视新闻解说词一般不是一篇完整的文章,要做到简洁凝练,语言表述不堆砌,干净利落,高度概括,切忌拖泥带水。电视新闻解说词的写作要做到提炼概括,必须做到语言表述不堆砌。语言干净利落,信息清晰明了,思路清晰,做到了凝练概括的要求。电视语言的构成因素很多,它包括画面、美术、音乐、解说、字幕、同期声以及各种特技、录音等技术手段构成。这些不同的手段分别承担不同的表述任务，共同构成电视语言的表述系统。

3.提高升华

新闻具有反映舆情、引导舆论的作用。电视新闻的画面往往只能形象地反映和表现新闻事件，增强新闻的现场感和形象性，而不能表现新闻内涵，彰显报道主题，这就给解说词提供了一个提高报道主题的空间。

三、电视新闻解说词的组织结构

电视新闻的重要组成部分和表现因素——解说词，它不仅解释、说明画面，对观众看不清楚、看不明白的地方也给予介绍，而且作为有声语言，能够反映新闻事实、表明报道意图、阐明记者思想，使寻常的画面富有内涵，使新闻的主题得以升华。优秀的电视新闻解说词能将表面现象所反映的内在东西解释出来，或画龙点睛，或生动感人，或是美感的熏陶，或是理性的启迪。它的创作是一个整体考虑、部分打磨、综合运用的过程，关键不外乎正确处理好三组关系，即解说词与影视画面、故事情节和文学艺术的关系。

（一）解说词与影视画面

电视新闻是以视觉画面为主要表现手段的艺术。电视画面的一个重要特性就是适于表现事物的外在形象，事实的具体实在、表露的特征。比如，有关清明节期间一场扑救山林大火的报道，观众通过画面可以直接观察到火情、火势、烧毁的林木、救火的人物等。当然，拍摄者还可以依据自己的主观意向重新组织镜头前的形象，使之合乎他们的思想情感的表达，还能从观众的视觉和心理上掌握形象元素组合所产生的冲击力、思辨力，使画面产生各种鲜明的含义。而且，随着技术的发展，电视画面内部的组合更加自由灵活，变换的手法更加简便，样式更加丰富，使电视画面拥有巨大的表现潜能。鉴于新闻现场易于消逝，编辑还可以充分利用观众的手机、DV摄制的画面，网络下载的视频，甚至一些影视作品的片段，电脑制作的图形与合成产品，以此来丰富电视新闻节目画面。

但电视画面也具有先天的局限性，因为它不适合表现事物内在的规律和事实的抽象、理性、内涵的特征。仍以扑救山火为例，从画面中难以了解大火的起因、时间、地点、组织抢救的背景以及火灾损失。这时只能借助于解说词。从创作的角度来看，配上内容深刻、形式活泼的解说，可以使节目精彩纷呈；从欣赏角度看，配以内容空泛、形式平庸的解说，会使观众面对美的画面失去兴趣。因此，解说词深不深、美不美、贴切生动与否，直接关系到电视新闻节目的传播效果。

如何做到解说词与画面相映生辉呢？著名词作家洪源说过，"画面有的，用不着我说；画面没有的，我说了是多余的；画面有，但达不到的，我说了"，很好地阐述了两者之间的关系。

1."有"与"无"

所谓"画面有的，用不着我说"，就是指那些一看就懂的画面，就不必要写解说词，让观众集中精力去看。比如，在一个向渡江烈士纪念碑敬献花篮的镜头外，配了这样一段画外音:"少先队员们唱响队歌,高举右手、齐致队礼。在《献花曲》中,两个人一组抬起花篮缓步走向纪念碑,将花篮摆放到纪念碑前。"这就显得多余,完全可以通过播放一段实况来表达缅怀之情。所谓"画面没有的,我说了是多余的",就是指电视镜头没有拍到的内容,或者根本不需要拍摄的内容,解说词就不需要写,词要与画面相辅相成、相互映衬。对那些游离于主题之外的解说词,与画面既无形象又无本质联系的,就不需要写进去。所谓"画面有,但达不到的,我说了",就是指无法拍摄到画面或者无法表达的内容,不足以反映事物本质的方面,解说词则大有用武之地。

例如,《吴勇祥——用生命诠释忠诚》节目中一段防汛抢险的画面,配了这样一段话:"此时,身为村书记的吴勇祥临危不惧,一边大着嗓门喊:'快,拿捆稻草';一边光着膀子快速逼近漩涡。接着,又让人们将一捆捆扎好的稻草传到他的手上……然而,由于水流太急,沉下的十几捆稻草转瞬便被洪水冲出涵闸数十米之外。"在画面无法表达的情况下,通过采写到的真实语言,瞬间就树立起抗洪村支书的高大形象。

2."离"与"合"

中央电视台有位资深编辑把视听合一的艺术特点归纳为画面与解说若即若离,既不贴合也不离弃的和谐关系。"若即若离",应该是词与画面好像无关实则相关,站在画面上、唱出画外音。"时离时合",关键是一个"合"字,不能离题跑题,词语表达可以超出画面表现更丰富的内容,更深刻的内涵,但万变不离其宗,都是围绕着一件事、一个主题,使人感到虽然词与画面并无多大关系,但确实又配合得到位。"离合同一",关键是解说词与画面"神合"得好,解说与画面可以互为桥梁、互作引线、互相衬托,有时以画面为主,解说为其展示抽象的内涵;有时以解说为主,画面为其做形象的展示;有时解说为即将出现的画面做必要的铺垫,或为已经出现的画面做补充。有的解说可以脱离画面的具体形象,阐述一个事件、一种现象,有时可以脱离画面单独表现一个情节,而后回归到本位,使观众有一种耳目一新的感觉。这类"貌离神合"的优秀电视新闻作品,对于深刻揭示主题、深化思想内涵、发掘人物内心世界、反映事物本质,都发挥了积极的作用,具有极强的感染力和艺术魅力。

(二)解说词与故事情节

新闻故事化是电视新闻发展的一种表现形式,是把新闻用故事的形式表现出来,"采用对话、描写和场景设置等,细致入微地展现事件中的情节和细节,凸显事件中隐含的能够让人产生兴奋感、富有戏剧性的故事。"

对电视新闻节目来说,解说词中不能缺乏细节描写。生动传神的细节描写,加之画面的辅助,就能展示人物独特的个性和心理、叙述故事情节的关键部分、阐明深刻的生活和哲学道理。

1.标题要形象

标题是新闻节目的眼睛,好的标题可以使人产生好奇、共鸣。首先,电视新闻标题要力求准确、生动,在内容和形式上更加贴近群众;其次要抓住新闻"眼",做到标新立异不怪异、形象生动不浮夸,达到言有尽而意无穷的作用。

2. 表达要细腻

首先,在选材上要像厨师烹饪佳肴那样,在大量材料中选取与主题最相关、与价值最贴近、群众最关心的信息,然后再进行精心加工、细心取舍。

其次,解说词立意要高远,在文字中表达出现象之外的本质。立意的高远需要记者选择报道角度、抓住细微贴切的故事情节,做到主题鲜明、立意求真,同时要杜绝虚构和编造。

最后,架构要合理、有层次感、通俗易懂。一个好的架构,能让观众一步步了解事实,激发欣赏的兴趣。

(三)解说词与文学艺术

在自媒体时代的广播电视新闻界,文学素养的缺乏是一个很现实的问题,对电视新闻的发展产生了消极的影响。

电视新闻是一个认识、审美、感悟的情感过程,通过艺术描写,表达出普通事件的特殊背景或人物的真实情感,表现作品丰富的内涵、深邃的思想,并给人一种赏心悦目的观赏感受,这都需要在解说词上下功夫,需要编辑记者具备较高的文学素养和文字功底。不少媒体提倡新闻散文化,特别是对于非事件性新闻,以清新明快的表达方式写作,避免简单地报道事实。

为弥补画面不足而写,解说词的写作弥补了电视新闻画面不足的缺陷。首先要写出画面外的东西,所选用的信息在与画面相辅相成的同时,通过运用一些口语化的日常用语,方言土语拉近电视新闻与观众的距离,产生亲和力。

为增强亲和力而写。优秀的作品,不但要真实反映新闻事实,正确表达思想观点,具有较高新闻价值,同时也要有出彩的切入点、引人入胜的叙事结构和较强感染力的视觉、听觉美感,这一定程度上需要记者具有良好的文学艺术功底和遣词造句的水平。灵活运用语气词可以使观众听起来更亲切。电视新闻解说词的写作也要讲求艺术,不拘一格,让观众能听懂、愿听下去。"删繁就简三秋树",有时电视新闻写作只把新闻事件的过程用最少的语句表达出来就行了,不需要用修饰语,或者比喻等修辞手法,有的甚至可以完全不需要解说词。

四、新闻解说词的撰写技巧

电视作为现代媒体在众多传播媒体中,电视以它特有的方式为人类的信息传播开辟了十分广阔的渠道,同时,电视新闻是现代化新闻报道最强有力的手段之一。电视新闻解说词作为一种文字语言,它有自己的创作方法和要求,如果解说词写得面面俱到,那么就掩盖了画面语言,如果解说词写得呆板枯燥,又会让整个新闻失去活力,那么应该如何写好新闻解说词呢?

（一）电视新闻解说词的创作准备

做任何事情都必须有准备，电视新闻采访也是一样，记者没有准备，写出来的新闻解说词也不会精彩。所以，创作之前需要有充足的准备。有些人认为，电视新闻的解说词，应在拍摄画面以后写，也有人认为在拍摄前就应该写出来。这要根据具体的新闻节目内容而定。拍摄之前可以设计拍摄提纲，写出拍摄计划，但是新闻现场不是可以提前设计的，所以一般来说，应在拍摄后写，这样写出的解说词才会和新闻事实贴合，最好定稿是在拍摄后。

当然，无论是拍摄前或是拍摄后，都需要有个准备的过程。电视新闻解说词的创作准备，首先是积累资料和掌握材料，这是最主要的一点，就是在采访拍摄过程中注意调查和采访，随时积累素材，这就需要记者有较强的新闻敏感性，同时也要腿勤、眼勤、嘴勤，多掌握现场新闻背景资料，就会增加新闻的信息量。有些电视新闻记者在拍摄完片子后，往往感到编写解说词"难产"，没有什么可写的，这主要是采访和拍摄过程中只注意镜头，而忽略对事实材料的充分了解和收集。回来后写解说词往往对一些事实等有关数据、基本事实，包括人名和地名都记不准确。

在电视新闻采访中，对所报道的主要事实材料不仅要认真收集，还必须认真记录和核对。要尽可能地找采访对象收集一些有关材料和资料并把其中的主要部分摘录下来，即使一时不用也可以给我们以启发，开阔思路。解说词一般根据图像来编写，所以写稿前要再看一遍拍摄的画面，镜头语言能说明的问题，一般不用解说词再次说明。在写解说词时还要想到观众，这不仅要求我们写解说词时要考虑怎么更好地让观众听懂、听明白，还要求我们想到观众在看到一些吸引人的画面时会有什么心理反应，以便在编写解说词时有的放矢，使画面与解说词配合得更贴切、准确、恰当。

（二）电视新闻解说词的时空与层次

层次在这里指的是电视新闻节目表现内容时的先后顺序，是新闻节目展开的步骤，是人们认识和表达问题的思维进程在节目结构上的反映，事物的发展过程和我们的认识过程都是有步骤的、有阶段的。所以，无论是说明道理还是叙述事件都是有条理、有系统的，这就构成了电视新闻作品的层次。我们在创作电视新闻片时往往要按照节目内容，把材料分成若干部分，将它们按照内在的关系加以组织，有步骤地表达出来，最后达到表达主题的目的。把解说词的层次安排好，从这里可以看出，安排层次是为了有步骤、有次序地表达内容，而且要按照时空概念安排层次。观众在看结构简单、层次单一的新闻节目时，就显示出解说词的重要性。解说词层次的布局，不仅有提示和加强的意义，还有渲染和补充画面不足的意义。在新闻片中，画面有时对空间的表现是不准确、不具体的。所以，这时的图像是残缺的，必须有解说词的说明，才能使之完整。可以说，解说词实际上帮助了画面，诱发观众的想象力，扩展了观众的视觉深度，这种安排新闻解说词层次的关系主要适用于时间性不强的电视新闻节目。另外，解说词串联上下，使新闻节目通顺流畅，形成自己的语言特点。

(三)电视新闻解说词的地位和作用

解说词在电视新闻片中起着举足轻重的作用,电视讲究画面语言,要根据画面内容编写解说词,没有解说词新闻就像断了线的项链,但是,如果解说词写得又多又长,也会画蛇添足,适得其反,违背电视新闻的特点,要说电视新闻是红花,那解说词就是绿叶,它的作用就是串联和贯通,是承上启下更是画龙点睛。从表面形式来看,它和一段文章是有区别的,但是解说词更多借重于视觉形象即画面,并充分利用画面来表现内容。解说词写得成功与否,一般来说,不是看它的语言是否华丽,笔触是否浓重,而主要是看它能否巧妙地和画面密切配合,充分表达画面所没能表达的意思。

解说词的作用是对画面进行补充、提高,而不是画面的简单重复。它既然是根据画面内容发展而成的,那么创作解说词首先应根据画面来写,但又不能单纯重复画面的内容,重复画面的解说词,让观众感到啰唆,这样既影响观众对画面的注意,又削弱了解说词的力度,限制了解说词的作用,甚至破坏整个新闻节目的效果。解说词对画面的补充提供重要的作用,主要是从政治方面补充画面的不足,提高画面的政治思想性;从事实方面补充画面的不足,说清画面没能说清的内容;从知识方面补充画面,从艺术方面加强画面的效果。

此外,解说词语言要形象化,大众传媒的对象是受众,要说百姓能听得懂的话,如果言辞生僻、之乎者也,那只能增加与受众之间的距离感。

总之,电视新闻解说词的写作要为眼睛而写,为耳朵而写。语言的运用要简短明晰、节奏明快、感染力强,绝不能拖泥带水,让观众费解,失去收看耐心。当然,生活化的语言会有清新、生动的鲜活感,富有时代特色和艺术魅力。电视解说词要做到生动、活泼,不仅要注意措辞修饰,而且应抓住新闻事实的特点、个性,避免模式化和一般化。电视新闻解说词要做到生动,还要力求做到语言的生活化和口语化,充分吸收群众口语中生动、活泼、流畅的成分。电视新闻解说词在编写时还应特别注意事物顺序、职称、内容提法,否则很容易因为某些差错给我们宣传工作造成不应有的损失。总之,电视新闻解说词要求以短取胜,做到紧凑凝练,扼要概括。解说词一般不是一篇完整的文章,要做到简洁凝练、干净利落、高度概括,激发受众情感的共鸣,放飞受众想象的翅膀,使他们受到智慧的启迪和生活的感悟,从而留下深刻印象。办好精品电视新闻节目,树立电视的精品形象是我们电视工作者奋斗的目标,也是电视事业求得发展的必经之路。

思考题

1. 现场新闻的采访原则是什么?
   _____

2. 电视新闻采访的纪实性要求是什么?
   _____

3. 新媒体环境下新闻采访的特点有哪些?
   _____

4. 新媒体对新闻采访的影响有哪些?
   _____

5. 什么是新闻解说词?
   _____

第四章　采访策划

第一节　新闻线索的来源（记者与消息源）

新闻线索——也称采访线索、报道线索，是指为新闻采访报道提供的有待证实、扩展和深化的引导性信息。作为新闻报道的最原始信息来源，线索可以提示新闻的价值所在，引导新闻采访的方向，是新闻策划的信息基础和必要条件，更是确定策划方向的主要决策依据。及时、丰富的线索资源，对于提高新闻策划的超前性、精准度具有非常重要的意义。

一、新闻线索的定义与作用

（一）新闻线索的概念

新闻线索，是指新近、正在或即将发生的事实的简明信息或信号，而这些事实可能成为新闻或具有一定的新闻价值。这些信息或信号可能是虚构的或者只是一种假象。有论者指出，"新闻线索不等于完整的新闻事实，不能现成地拿来构成新闻报道。它比较简略，没有细节，没有事物的全貌和全部过程，常常只是一个片段或概况，它只是将事物的个别属性反映在记者的头脑之中"。

在实践中，新闻线索很可能就是饭桌上的一个闲谈，或者网络论坛、个人博客中的几句话。它们和新闻事实相比，比较零碎。另外，由于是简明信息或信号，新闻线索中往往真假混杂，需要记者去查证。很有可能通过查证后才发现相关的信息没有任何新闻价值。

记者接获新闻线索但未确认其真实性时，显然不能直接制作成新闻稿件在媒体上呈现。即使为了抢时效，也应交叉验证，而且要有分寸感，不要成为别人的工具，也不能自行"审判"。

（二）新闻线索的分类

发现和运用线索的前提，是全面了解和认识线索的本质特征。

余家宏等编写的《新闻学简明词典》对新闻线索的定义是，"新闻线索是新闻事实发生的讯息或信号，是新闻敏感的捕捉对象，也是新闻记者进行采访活动的出发点"。

由此可见，线索的最基本特征是"引导性信息"。

1. 宏观线索与微观线索

（1）宏观线索

宏观线索主要是指某一领域或地域（记者所跑"口"）的宏观背景信息，包括其总体情况、特色、优势及不足，整体发展思路，相关政策、法规，存在的问题，可能出现的关注热点等。宏观线索通常表现为静态化的背景信息，但当其某一方面发生动态变化时，便可能产生一系列影响和关联，从而成为有价值的报道选题。

宏观线索的总结与收集、整理过程，也是记者熟悉、吃透自己所跑"口"情况的过程，更是记者挖掘、发现有价值新闻的过程。因此，宏观线索必须引起高度重视。

（2）微观线索

微观线索多指较为具体化的事件性或非事件性信息，其特点是，通常可以直观地判定其新闻价值，具体确定采写方向，迅速形成新闻稿件。

事件性线索的出现，往往带有一定的偶然性，稍纵即逝，具有较强的时效性。非事件性线索，多以会议、活动或通稿的形式呈现，除了直观可见的浅层新闻价值，有的还具有需要深入挖掘的深度价值。这就要求媒体人发挥主观能动性，在做好规定动作的同时，自觉尝试更具难度的自选动作。

2. 静态线索与动态线索

（1）静态线索

静态线索是指那些可以预知、预判或周期性发生的微观线索，常见的包括：有重大社会影响的重要会议、节庆日、纪念日，与受众密切关联的官方新闻发布，法规、政策、重大措施的启动及实施时间节点，重要工程项目进展的时间节点、季节交替等自然变化引发的新闻资源。静态线索具有鲜明的非排他性特征，其信息资源为媒体共享，如果处理不当，往往会出现通稿主导版面、同城媒体同题新闻同源化、同质化的现象。因此，对此类线索更需要超前预判，通过得力的新闻策划，实现报道的独特性与差异化，追求新闻价值的最大化。

（2）动态线索

多为随机发生、出现、显现的微观线索，其信源呈多样化，内容具有"易碎性"特点，此类线索导出的相关报道往往具有较强的时效性。

信源的多样化，导致获取动态线索的竞争日趋白热化，这就要求记者对相应报道领域的信息、线索、热点进行主动、持续监控。内容的"易碎性"特点，则随时考验着记者处理相关线索的快速反应能力。

3. 显性线索和隐性线索

（1）显性线索

显性线索是指具有直观、明显的新闻价值的线索，属于具有较强价值刚性的信息资源，即通常意义上的"硬"新闻。此类线索因其新闻价值具有显性特征，通常能引起媒体人的高度重视，从线索出发比较容易形成有价值的稿件。但也正因为此类线索的显性价值比较突出，操作者的注意力往往会仅仅集中于其表面上的价值，而忽略其深层价值。正是这一类型的稿件，往往会留下捕捉"第二落点"的巨大空间。

（2）隐性线索

此类线索的新闻价值往往深藏于繁杂的无效信息中，需具有较强的新闻敏感方能发现其价值所在。隐性线索具有强烈的排他性特征，具有内容的稀缺性和唯一性，一旦挖掘成功、运用得当，就可能产出具有竞争优势的独家内容产品。

（三）新闻线索的特点

相对于新闻事实，多数新闻线索显得较为简略，没有过程，更没有细节，新闻五要素不全。

相对于新闻事实，新闻线索往往是比较零碎的，信息是不完整的。

新闻线索稍纵即逝。

新闻线索的出现带有一定的偶然性。

新闻线索涉及较多的是表象，可能确有其事，也可能只是假象，或者是真假混杂。也就是说，它的可靠性待记者进一步去核实。

（四）新闻线索的重要作用

一般来说，记者进行新闻采访，是从发现新闻线索开始的，即当我们决定要去采访了，但是要去哪里采访？找什么人采访？主要采访什么事情？这都需要有一定的新闻线索才行，它决定着一条新闻是"有"还是"无"。因此，新闻线索的重要性是显而易见的。记者能否及时发现、掌握并且准确识别新闻线索的价值，进而独立确定新闻采访的有关选题，是记者从事新闻采访活动非常重要的第一步。俗话说，"巧妇难为无米之炊"，对于新闻记者来说，新闻线索就是"米"，没有新闻线索，采访报道就无从谈起；"富记者"和"穷记者"的区别，也常常在于手头新闻线索的多寡。

新闻线索也不能一概而论，有着质量高低之分。新闻线索质量高，则新闻报道的质量也较高，反之同理。因此，尽可能多地获得新闻线索，并且从中选择高质量的新闻线索，应成为我们新闻记者追求的目标。

二、新闻线索与消息源的关系

那么，新闻线索和消息源有什么关系？梅尔文·门彻认为："记者报道的质量取决于消息来源的质量。"而记者依赖三类消息源获得信息：人的消息源（包括当局和新闻事件的参与者），物的消息源（包括记录、文件、参考资料和剪报）和在线消息源（互联网上大量人的消息源和物的消息源）。若按上述界定，极易将新闻线索与消息源等同起来，但实则二者是有区别的。舒梅克等认为，消息来源是提供资讯给媒体组织用以转换为新闻报道的个人与团体，如特殊利益团体、公关活动或其他新闻媒体（如通讯社）等。这些资讯供应者分别掌握了不同类型的消息内涵，而新闻记者必须将这些内容经常相互矛盾的资讯串联起来，写出或播出既正确又完整的新闻报道。可见，消息源是指新闻报道中消息的出处（包括人、物），所以往往又被称为新闻来源，它与新闻线索的区别在于，新闻线索并不一定能成为新闻报道，而消息源则体现在新闻报道中。此外，通过记者的工作（尤其是查证），部分新闻线索才会转化成消息源。

消息源具有可被查证的特点，即可以追溯到具体的人或物。就连维基新闻都明确要求："由于新闻作品的时效性，维基新闻中每一条信息都必须引证并且可以核实。这是为了确保我们所提供的内容是真实的，使我们有新闻真实的声誉。"但新闻线索往往具有匿名性，有时与新闻事件并无直接关联，所以无法查证提供者。

值得注意的是，消息源与新闻工作者相互角力。正如迈克尔·舒德森所指出的："信源是媒体权力的秘密。这种权力大多不是由新闻机构本身来运作，而是由信源来操作的……新闻从业者操纵着信息源，信源操纵着新闻从业者。"在一些调查性报道中，对消息来源的要求更高，对匿名消息来源地使用，则应慎之又慎。

三、记者与消息源的关系

记者和消息源以新闻传播为纽带，在新闻传播活动的起点上建立联系。他们的交往、交流，不仅启动了新闻传播活动的进程，还对整个传播活动的内容、质量和效果都会产生重大影响。

（一）合作：各有需要，相互依赖

消息源是传媒的一项功能性需求。记者要做好新闻报道，必须努力建立、拓展消息源，积极寻求与消息源合作，"如果新闻与信息是新闻界的血液，那么，消息来源便是血液的重要源泉之一。许多新闻记者，尤其是自认为从事调查性报道的记者，常常须臾离不开他们培养的消息来源"。特别是在传媒业激烈竞争的背景下，广泛、及时地发现有价值的消息源，已成为媒体竞争的第一争夺点。因此，不仅记者积极主动构建自己的消息源网，众多媒体也是热线电话、信息平台、网上征集、有奖征集等多种手段并用，求的是别输在信息传播竞争的起点。

单方面的需要并不能建立合作关系，掌握事实材料或意见信息的消息源因各种动机和目的，也依赖记者及传媒来实现自己的传播愿望，常主动向记者通风报信、透露实情，担当起新闻事实和意见信息的供方。总而言之，这是公民满足言论自由、参与社会精神文明建设和对社会施加影响的需要，也是消息源应尽的社会道德责任；具体从组织、个人利益和心理需要看，让自己拥有的有价值信息广而告之，不仅是提高知名度、树立良好形象、向社会推销自己和自我实现的需要，也是满足自己被人知道的传播欲望和赢得他人理解、认同、尊重的心理需要。"从交换的角度来看，新闻来源之所以与记者合作，是因为相信自己及其理念能因此获得公众的认同。"正因为这些因素，才有众多以争取报道为目的，积极向媒体或记者提供新闻事实材料或意见信息，并以公开或隐蔽的方式努力配合记者采访活动的主动消息源。党政机关、企事业单位和各类社会组织分别利用发言人、通讯员和公关人员主动向记者和媒体传递信息，公民个人也有积极成为主动消息源的。

消息源没有记者和媒体，再有价值的信息也无法传达；记者失去消息源，传播则如同无源之水。记者与消息源在传播活动中相互依存，共生、共兴，因此需要双方鼎力合作。然而，两者怎样合作才能取得最佳的社会效果？这在新闻实践中成了一个突出的问题。有偿新闻、有偿不闻，使两者供求关系变成金钱交易，使合作成为相互利用；"支票簿新闻"中消息源奇货可居、待价而沽，成了唯利是图的无良商人；公关新闻、"软文"成为消息源和记者及媒体共同违背新闻规律而偷生的介于新闻与广告间的一个怪胎。这类所谓的"新闻"都是在消息源与记者或媒体结成合作关系后，各自为自利而制造的，"这种共生关系对于读者观众是有害的。他们以为他们得到的新闻是真实情况的报道，而其实只不过是消息提供者与记者串通一气，共同商定的那些可以让他们知道的情况"。

（二）矛盾：信任有限，彼此防范

记者和消息源是基于各自需要而合作的，一旦一方的需要得不到满足，就可能发生矛盾。特别是消息源处于新闻事实和意见信息供求关系的供方，并且是无偿提供信息，总希望新闻传播能满足自己的意愿。记者是代表媒体和公众去访问与查证新闻事实、了解意见信息的，他忠于的是事实真相和公众，不可能轻易、盲目地顺从消息源的意愿。两者的需要、目的及忠诚的对象有别，矛盾由此而生。矛盾最直接的表现形态便是互信度有限，彼此戒备与防范。

求真是记者的品质，质疑是记者应有的素质，去伪存真是记者的职业责任。面对复杂的新闻事实和意见信息，为了揭示真相、追求真理，记者一般不会轻信消息源所提供的信息。"那些轻易相信当事人主观陈述并且加以全文发表的记者并不是真正意义上的记者，充其量不过是宣传员而已。"记者面对消息源，通常总要问几个为什么：他是怎样获得新闻事实的？与新闻事实的接近性如何？提供信息的动机是什么？他能从中得到或失去什么？提供的新闻事实有多大可靠性，观点有多大代表性？他提供的信息能得到更多验证吗？他过去的可靠性和声誉如何？通过诸如此类的设问与思考以对消息源做出评估，这对记者和媒体维护新闻的真实、准确、客观和公正来说是必要的。

相应地，消息源与记者交往、交流的心态也是复杂的。"他们也需要把新闻线索提供给那些积极的、自动找上门的记者。然而，正如帕里斯所指出的那样，当新闻源向记者吐露秘密的时候，他们其实也是在玩一种危险的游戏。因为记者与其他职业团体不同，他们不会为别人保守秘密，相反会寻求尽快公开他们所获得的情报。"因此，消息源：一方面，注意联系、选择自己信得过的记者，希望通过他们把那些能满足自己的需要、有助于获得良好的注意力、有利于树立正面形象的事实和意见展示给公众；另一方面，对自己不了解、缺少信任的记者，对那些与自身利益关系不大，甚至透露消息对自身利益、形象可能有损的信息提供与否则是顾虑多多。因为消息源清楚地知道，一旦把信息透露给这类记者，记者写什么、怎么写，自己则是无法掌控的。出于对不可知的担忧，也出于对记者和媒体的不信任，更出于自我保护，消息源心存戒备、防范有加，有的不接受采访，有的接受采访也不愿意把自己知道的事实与意见等信息全部告诉记者，至多是被动、消极地把自己深思熟虑后的部分信息告诉记者。同时，有的还要求报道要以隐蔽的身份或匿名方式，有的要求审读记者的定稿。特别是负面报道中的当事人及利益相关者，要么闪烁其词或讳莫如深，要么有意修饰或遮掩，传递给记者的是失真变形的信息。消息源缺少信任的不作为和消极行为都将影响新闻的真实、准确、全面、客观和公正。

记者与消息源之间缺少信任而戒备与防范的关系形态，其实质上是两者矛盾的反映。"新闻传播者与新闻源主体之间的矛盾，是新闻传播活动中的基本矛盾之一，也是整个新闻传播活动中首先要处理的矛盾。这对矛盾的解决水平在一定意义上直接影响和决定着媒体新闻报道的真实程度和整体质量。"在新闻实践中，没能处理好这一矛盾而造成新闻失真和质量事故的不在少数，其中令人关注的众多新闻侵权败诉案件和屡禁不绝的假新闻，之所以败、之所以假，原因固然有许多，但十有八九是因戒备与防范过度或不足，导致消息源修饰事实、伪造信息，记者轻信盲从、偏听偏信，由此引发事端。

（三）冲突：利益互换，对立统一

记者与消息源之间存在着资源和利益的交换关系。记者向消息源"索取"新闻事实和意见信息，回报的是媒体所聚集的公众注意力及潜在的附加值；消息源把信息资源"给予"记者，既可能获得媒体为自身利益服务，又可能对媒介乃至社会产生影响，双方在交换中合理地得到自身利益的满足，为两者关系的建立与维系奠定基础。

进一步考察记者与消息源的利益交换关系，我们发现它与一般商品交易有相同点：交换中只要一方的行为影响另一方的利益，利益交换关系失衡，就会引发冲突，妨碍交换的正常运作。记者与消息源利益失衡导致冲突是常有的，"因为记者总想挖掘出提供消息者不想披露的东西，而提供消息者总想宣传自己的观点"，在批评报道采访和消息源是否隐匿问题上冲突、对抗显得尤其突出。在批评报道采访中，消息源，特别是报道对象及利益相关者，大多从一开始就视记者的访问与查证可能会对自己利益构成侵犯。出于保全自身利益的考虑，访问与查证过程中，他们要么寻找托词回避采访，要么别有用心地说谎，要么故意制造假象遮掩，要么设置迷局扰乱视线，要么大献殷勤感化，为记者探寻真相设置软硬兼有的障碍，与记者处于对立、抗争状态，使正常的采访活动无法进行。记者为探明真相要突破干扰和阻拦，有的只好采用侧面突围或隐性采访等方式，尽管这样，有时仍会受到威逼利诱甚至暴力攻击。

此外，在消息源是否隐匿问题上，记者与消息源之间的冲突也是明显的。诚实地交代消息源，是增强新闻的可信度和客观性的需要，也是记者在新闻纠纷等特殊情况下借以保护自己的需要，记者通常是要公开消息源的；而消息源出于自身利益或个人目的考虑，特别是涉及负面报道和揭露内幕的报道，一般不愿意在报道中透露自己真实身份和姓名等个人信息。两者在隐匿与否问题上各有自利之图，冲突在所难免。冲突中，占有新闻事实和意见信息的消息源相对居于强势，记者要是不答应其匿名要求，访问、查证就可能无法推进，与新闻失之交臂；记者要是答应其匿名要求，又可能承担被不怀好意的消息源利用和降低报道质量的风险。两难中考验着记者的职业道德和职业能力，稍有不慎，哪怕是匿名也会酿成事端。

考察记者与消息源之间的利益交换关系，我们发现它与一般商品交易有明显差异。一般的利益交换中双方合理、合法地获得各自利益是正常的，但新闻事实和信息资源的交换不同于一般商品交易，新闻产品也不同于一般商品，新闻产品从生产过程开始，对公众利益和社会成本的考量在一定程度上超过自利的追求。记者与消息源利益交换时，如果无视公众利益和社会成本，记者以牟取一己私利为动机去接近消息源，消息源也为获得不正当利益而采取一些不正当手段与记者或媒体周旋，那么两者很容易结成利益共同体，双方为谋利策划新闻，炮制所谓的企业形象展示和人物风采等"特别报道"，"只要消费者无从分辨新闻质量，新闻来源和新闻部门之间的交易就有可能在双方获益的情况下，牺牲了公众的利益"。这种背景下公益与私利失衡，后果更为严重，因为公众是宽泛的群体存在，连一个与记者和消息源结成的共同体直接抗争的具体主体都没有，制约的力量明显虚弱。

其实，记者与消息源两者利益、公私利益失衡导致冲突、对立，这并非全是坏事，从一定意义上而言，正是因为有冲突与对立的存在，使主体交往间生成一种制衡机制，形成相互制约的力量。试想，如果记者、消息源失去制约，各自的权力过度膨胀，新闻的真实、准确、全面、客观和公正从何而来？如果没有公私利益失衡激起公众的抗争，媒介社会生态环境又将如何有效保护？矛盾、冲突往往是各种社会关系中的常态，只是失衡超越一定的度便会成为阻力，因此，我们可一方面利用不同利益主体之间形成制衡和制约的机制；另一方面确立必要的规制和尺度，从而使矛盾冲突在一个可控范围内进行，形成既对立又统一的良性运作状态。

四、记者获得新闻线索的渠道

要想获得可靠的、有价值的新闻线索，首先要求新闻记者必须具备新闻敏感。西方把记者的新闻敏感称为"新闻鼻""新闻嗅觉"，这一形象的比喻充分说明新闻敏感的重要性。的确，新闻敏感的程度，是一名新闻记者政策水平、业务能力的集中体现。记者具有新闻敏感，能够敏锐地感知客观事物的新变动，才能及时发现和掌握新闻线索。要能够感知石破天惊的变动，也要能感知"风起于青萍之末"的细微变化。目前，我国新闻记者获取新闻线索主要通过以下渠道获得。

（一）政策文件及领导人讲话

党政部门是整个社会的指挥部门，新出台的政策、决议往往说明了现阶段的政治、经济、文化和社会生活中的重点，众多新闻媒体纷纷加大了对弱势群体的关注力度，民生问题成为相当长时间的报道热点。各级党委、政府的各类工作部门因为工作的原因，常常有大量的线索来源，记者应该经常到这些单位或部门走动走动，与这些部门的人员交朋友，不仅可以通过查看资料或者和他们聊天获得新闻线索，最好还能使这些工作人员也明白什么样的事情有新闻价值，让他们一发现有价值的新闻线索，就主动和你联系。

（二）各种会议、简报等

会议经常是汇集各方面情况、解决问题、研讨政策的场所，简报通常是基层单位工作情况的简单汇报，里面通常都含有大量新闻线索，记者如果留心的话，就能从中发现报道的题材。很多记者认为会议的议程、格式总是老一套，很难从中获取令人耳目一新的新闻线索，写出来的稿件也总是千篇一律、没人爱读。实际上，会议中也存在不少有价值的新闻线索，关键是因为很多记者只是被动地听会，而忘记了寻找令读者兴奋的新闻点。

（三）广交朋友，建立人际传播的信息网

出于竞争的需要，当下不少媒体对提供线索者进行重奖，也引来了一批以此为职业的人。读者、听众、观众、网友和职业报料人的参与，极大丰富了媒体报道的内容，保证了重要突发新闻中媒体不致缺席。

依靠通讯员获取新闻线索是较为传统的一种渠道。记者在所分工的领域基层单位发展通讯员，要经常和他们联系，熟悉他们所在地的一些情况，不遗漏新闻线索。作为一名新闻记者，还要广交朋友，广交朋友就意味着开拓了获得新闻线索的渠道。新闻线索主要来源于生活，来源于社会实践。而人们是从事社会活动的主体，所以，广交朋友可以获得取之不尽、用之不竭的新闻线索。无论是工作会议，还是街谈巷议，都是新闻记者捕捉新闻线索的好时机。除了广交朋友，还需要新闻记者自己留心观察，不断发现新闻线索。有句话叫作"处处留心皆学问"，我把它改为"处处留心皆新闻"。此外，经常翻阅有关部门的简报、会议材料、领导讲话等也能获得不少新闻线索。读者的来信、来稿、来电以及与地方记者、通讯员交流等，都可以发现新闻线索。

（四）通讯员队伍

在我国，有在战争年代形成、中华人民共和国成立以来沿袭下来的"全党办报、群众办报"的传统，因此，各地、各单位都有党委宣传部或专门的通讯员，他们既给媒体投稿，又是记者可靠的新闻线索来源。

（五）"新闻线人"

竞争和发展，使媒体主动或有偿征集新闻线索成为一种新的新闻现象。在这种情况下，出现了专门为媒体提供情况的"新闻线人"。这些人常常是事件的当事人或知情者，常常握有重要的新闻线索，能够保证媒体获得最核心的新闻内幕。

（六）受众来电

受众来电来信，是记者获得新闻线索的另一有效途径，尤其是那些直接反映问题、寻求媒体帮助的电话或信件，提供人往往是参照之前的报道，认为自己所反映的问题、所遇到的困难与许多新闻所报道的事情相似，也可以或应该受到媒体的关注。

（七）互联网、手机等信息传播工具

展现社会生活方面，有一种比传统媒体更全面、更快捷的渠道，那就是互联网。当今世界有三大类媒体，即报纸期刊等纸质媒体、广播电视等电子媒体和网络等新媒体。整个

新闻工作已经形成了一个巨大网络。

第二节 选取新闻价值（绝对价值与相对价值）

新闻价值是指选择和衡量新闻事实的客观标准，即事实本身所具有的足以构成新闻的特殊素质的总和。

一、新闻选择的主体及过程

"新闻选择"，是指新闻传播者按照一定的价值观念和价值取向，对自然界和现实生活中发生的事实、现象和事件进行鉴别、衡量和取舍，从中筛选值得自己传播的内容，通过新闻媒介加以报道的过程。新闻选择是新闻传播的前提条件和基础环节，也是决定整个传播过程能否达到预期目标的决定性因素和关键环节。

（一）新闻选择的主体

新闻选择的主体，指的是新闻内容选择的承担者，在传播学中它被称作"把关人"。

在新闻传播过程中，新闻选择主体不但要对新闻内容进行筛选和取舍，而且控制着新闻信息的流量和流向，并直接影响着受众对新闻信息的理解。

新闻选择主体由于其自身的因素及各种社会因素的制约，会对新闻选择造成影响，从而出现不同的选择结果，使新闻传播呈现复杂多变的特点。

（二）新闻选择的过程

在新闻传播的各个不同阶段，"把关人"所承担的角色以及所采取的标准都会有所不同。

1. 新闻采访收集阶段的新闻选择

这一阶段，新闻选择主要体现在对新近发生的事实信息的价值判断上。它需要新闻传播主体充分去挖掘相关的事实信息材料，并且要迅速做出价值判断，以确保新闻报道能够满足受众的新闻与信息需要。

2. 新闻加工制作阶段的新闻选择

这一阶段，新闻选择主要体现在记者写作新闻和编辑编排新闻过程中的价值判断上。它需要新闻选择主体判断哪些新闻事实信息和新闻稿件价值大，哪些价值小；哪些新闻事实信息和新闻稿件适合自己的媒体传播，应当快写、快编，哪些不适合自己的媒体传播，应当予以舍弃。

3. 新闻发布传播阶段的新闻选择

这一阶段，新闻选择主要体现在对新闻出口的最后"把关"上。它需要新闻选择主体判断哪些新闻与信息可以及时发布和传播，哪些需要择时发布和传播，哪些不能发布和传播。

（三）新闻选择标准的构成

新闻选择包括新闻价值和新闻政策两个标准。

新闻价值标准决定新闻事实值得不值得报道，属于新闻选择的业务标准。

新闻选择的"业务标准"，是指根据新闻报道的业务要求规范所确定的选择标准，它所代表和反映的是新闻事实信息内在的客观传播价值。

新闻政策标准决定新闻事实允许不允许报道，属于新闻选择的政治标准。新闻选择的"政治标准"，是指根据政治因素的制约和政治环境的需要所确定的选择标准。它所代表和反映的是新闻事实信息附带的主观宣传价值。

新闻价值标准是一个"入口"标准，凡是不符合新闻价值的内容和事实，都不允许进入新闻制作和传播过程中。

新闻政策标准是一个"出口"标准，凡是不符合新闻政策的内容和事实，都不允许流入媒体，进入新闻传播过程中。要正确理解和妥善处理政治标准和业务标准的关系，在坚持新闻价值标准的时候要考虑新闻政策的要求，而在坚持新闻政策标准的时候要考虑新闻价值的要求，要做到两个标准的统一，以争取新闻传播的最佳效果。

此外，法律法规、道德、文化传统以及媒体自身的编辑方针等也会影响新闻的取舍，成为新闻选择的标准。

二、新闻价值的内涵

（一）新闻价值概念的形成

1. 新闻价值之旧说

新闻价值这一概念产生于 19 世纪 30 年代，最早是由西方新闻学界提出的，却未给它下一个科学的定义。有的人把它说得玄而又玄，不可捉摸，甚至认为新闻价值"只能意会，不可言传"。这显然不利于新闻价值的研究，也对新闻工作实践起不到应有的作用。

在这个问题上，我国新闻学者的探索是十分可贵的。对于它的重要性，人们的看法比较一致，但谈到定义却又众说纷纭。从不同角度，将它们分为以下四类。

第一类，是从新闻事实的角度来理解的，认为新闻价值是指新闻的事实和材料本身具有的特殊素质与各种素质的总和。如：

新闻价值是指构成新闻的事实和材料本身具有的能够满足社会对新闻需要的素质。

新闻价值是新近发生的事实的一种社会属性，是指这个事实能给社会人们带来的新的信息的分量。

新闻价值是事实本身所包含的引起社会大众共同兴趣的素质。

第二类，是从新闻工作者的角度来阐述的，认为新闻价值是选择新闻和衡量新闻的标准。如：

新闻价值是选择和衡量新闻事实的客观标准，即事实本身所具有的足以构成新闻的特殊素质的总和。素质的级数越丰富越高，价值就越大。

新闻价值就是选择与衡量新闻可否报道的价值。

第三类，是从受众角度来理解新闻价值的，认为新闻价值是指为受众所喜闻乐见的程度以及它在实践中产生影响的大小。如：

新闻价值是新闻机构发布的新闻在群众中受到重视的程度。

新闻价值是指新闻报道的事实所发挥的作用和影响。

所谓新闻价值者，就是指新闻能在多大程度上满足社会对之的需要。

第四类，是从新闻事实和受众二者结合的角度来融合的。如：

新闻价值是指构成新闻事实本身的分量及其可产生的社会影响。

第五类，是从主观和客观两个方面，提出了评价新闻的"双重价值"标准，认为在阶级新闻事业时期，价值是有新闻价值与宣传价值之分的。新闻价值，是新闻事实适应社会需求的功能。只有新闻事实与社会需求完全吻合的时候，才能产生理想的新闻价值。宣传价值是人的（严格来说是阶级的）主观意图适应社会必然性的功能。一个意图，一个思想，一个观点，一种主张，能否得到社会的同情与支持，就在于能否适应社会发展的必然。只有具有新闻与宣传双重价值的新闻，才能取得最佳的社会效果。这些都是有益的探讨，其见解也都有可取之处，但这些定义，又或多或少地存在这样或那样的不足。

2. 价值的含义及特点

价值，并不是政治经济学理论中所说的商品价值，而是一个内涵和外延都比较宽泛的哲学概念。若说得简单一些，价值就是事物满足人的需要的属性。它具有以下几个特点。

（1）价值具有客观性

人类活在世界上，有多层次、多方面的需要，不仅有对于自然物和各种人工产品的需要，人们彼此之间，个体与个体，个体与群体，群体与群体之间，也互相需要。不仅有物质方面的需要，也有精神方面的需要。这些需要，都有它的价值对应物。然而，这些需要，并不是人的某种主观幻想，也不是像一些人所说的"需要是人的欲望"。需要是一个客观范畴，它是不以人的意志为转移的。人们追求某种价值物的幻想和欲望，只不过是客观需要的主观反映而已。这种主观反映，有的符合人的客观需要，而有的则违背自己的客观需要，是一种虚幻缥缈的妄想。比如说，人需要阳光空气，需要吃饭喝水，这些需要是客观的；然而有的人幻想不吃饭不喝水以长生不老，这些需要则是异想天开、不切实际的，那么，由于前者的需要是客观的，它的对应物就具有价值，而后者则没有价值。

从控制论、系统论的角度来说，如果把人类生存及其主客观条件看作一个系统的话，那么人的客观需要，是人这一自控制系统在朝着该系统的控制论目的做前进运动所必需的。只有满足这一客观需要，人才能得以发展；满足了人这一客观需要的对应物才具有价值的属性。系统论认为，在宇宙间，存在两种系统，一种是自动控制系统，另一种是非自动控制系统。浩渺宇宙的星体运转，地球上的风雨雷电，原子能的反应聚变，虽然各有其规律性，但它们都不是自动控制系统。它们的变化和运动都没有目的，因而也就没有向着一定的目的运动所必需的自我调节现象。它们无法控制自己，也没有必要控制自己，需要对于这些无机界来说是没有意义的。而自动控制系统存在于生物界,特别是人类社会。对于没有意识的低级生物来说,它的控制论目的是一种纯客观倾向,它自身是无法意识到的。而人类可以把这种客观目的的一部分(不是全部)变成主观意识。

一讲到"目的"二字,总是把它当作我们主观上所确定的某种目标,这与人类有能力把我们生存与发展的一部分客观目的,变成我们主观的奋斗目标有一定关系。但从控制论的观点来看,"目的"范畴还要更广泛一些。无论自控制主体意识到还是没有意识到或者根本无法意识到,它的生存与发展的控制论目的都是客观存在的。

因此,人类自觉或不自觉地改善自我,向着自身的生存与发展的控制论目的的所作的一切前进运动,都是一种客观需要,由此产生的价值也是客观的。这种价值,人意识到并自觉去实现的,是一种客观存在;人没有意识到并不去实现甚至妨害它实现的,也是一种客观存在。比如说,清朝社会,作为一个自动控制系统,那时的人们并没有意识到,社会改革和发展科技是其自控制系统朝着它的控制论目的所进行的必要自我调节,这一调节行为具有客观的价值。然而,它并不因为当时许多人的不自觉而不存在。因此,可以说价值具有客观性。

(2)价值具有方向性

仅把价值看作"事物满足人的需要的关系的属性"是不够的,因为人的需要有主观的一面,有不符合自动控制系统的控制论目的的一面。因而,我们应当把它正确地表述为,价值是事物与一定自动控制系统的控制论目的的关系的属性。凡是符合一定自动控制系统的控制论目的、有助于这一系统向着其控制论目的做前进运动的事物,对于该系统来说,就具有正价值。

反之,凡是不符合这系统的控制论目的、妨碍它向着它的控制论目的做前进运动的事物,对于该系统来说,则具有负价值。对于人类这一自动控制系统来说,人类社会的各种活动,在某种意义上说,都是为了满足自己的客观需要,也就是说,在朝着满足自己的客观需要的这一控制论目的做前进运动,在这一运动过程中,符合这一目的的或者促使这一目的实现的事物,都有正价值;反之,则有负价值。比如说,人类要在地球上更好地生存和发展,就必须保护和优化生态环境,这是人类朝着自己控制论目的前进的客观需要,因而朝着这一目的所做的自行调节和控制,都有正价值;而那些污染和破坏生态环境的行为,则是一种负价值,必须坚决加以制止。

(3)价值具有关系性

需要说明的是,承认价值是客观的,价值是价值物的属性的一个层次,这绝不意味着承认它像物体的大小、形状、质量等属性那样是与任何主体无关的纯粹的物质存在。价值作为事物的属性之一,是依赖于它与一定的主体(个体或群体)的关系的,即依赖于它可以满足一定主体的需要这种客观的关系。因此,它不是事物的自然质,而是事物的关系质、系统质,即事物与一定的主体发生以满足某种需要为内容的对象性关系从而组成一个系统之后所产生的性质。一旦这种关系消失,事物的价值属性也就消失了,而它原来的自然质则可以照样存在。

比如说，达·芬奇的一张草稿，在伦敦的拍卖行里，可以以500万美元的高价叫卖，并不是因为它本身的自然质值这么多钱。相反，它的自然质和垃圾箱中的任何一张普通废纸没有什么两样。但是它一旦和迷恋它的那些收藏家、画家等人群组成一定的关系，或者说形成一个系统时，它反而会变成价值千金、万金的了。另外，当与它发生关系的这些收藏家、画家等不复存在的时候，它的价值也就没有了，而作为纸的自然质则依然存在。

（4）价值具有相对性

这种相对性体现在两个方面。一是从共时性的角度来说，同样的价值物，在不同的自动控制系统里，它的价值是不同的。人需要吸入氧气，呼出二氧化碳，那么氧气对于人类呼吸的这一自控制系统来说，是有价值的，而二氧化碳则没有价值。然而，对于绿色植物来说，它们需要的是二氧化碳，抛弃的则是氧气，二者的价值是相反的。

二是从历时性的角度来说，价值会随着时间的流逝而发生新的变化。这种变化，有些是轻微的，有些则是显著的，有的甚至会完全失去或者产生负面影响。

世界上从全人类到各个群体以至个人，存在不同等次的自动控制系统。尽管他们的实践活动都有各自的控制论目的，也就是说，他们的价值观不同，但是在同一个自控制系统中价值则是相同的。这种同一性，是指处在同一个自控制系统（母系统）中的诸多子系统，会根据自己母系统的控制论目的，产生同一的客观需求。因而，价值就具有了共同性。

比如说，同处于地球这一自控制系统的人类，阳光、水、空气等，对他们来说，是一种共同需求，因而，这些价值物的价值，对他们来说具有共同性。虽然地球人类又以他们的民族、阶级、国度形成了一个个不同小的子自控制系统，在这不同的子系统中，价值是不同的，但是，地球人类这一大的母系统的价值是相同的，这种价值是作为一个完整的自动控制系统的地球人的客观需要，并不以哪个民族、哪个国家、哪个阶级的主观愿望而改变。它在修正、弥合各个子系统的价值的相对性，只有这样，这一母系统才能朝着它的控制论目的正常运行。

3. 新闻的绝对价值与相对价值

有了上面对价值问题的理解，现在重新审视前面几种新闻价值的说法，就可以看出新闻价值这一概念确实有推陈出新的必要了。下面先分析上述几类新闻价值旧说的缺点，然后再给新闻价值的概念以科学界定。

第一类，割断了事实与特定自控制系统的关系，把某一新闻事实同整个社会系统割裂开来，孤立地、片面地看待它。也就是说，他们没有看到新闻价值必须在一定的系统——新闻与赖以传播的不同层次的受众中才能产生。从价值的关系性，我们可以知道，新闻价值依存于新闻事实和一定的受众群所建立的关系中。

换言之，新闻如果离开了某一特定受众系统的需要，就谈不上什么新闻价值。比如说，中央电视台有关台风在中国沿海生成的报道，对中国沿海各地的人们有价值，因为这样的天气预报对他们的生活有密切的影响,他们在客观上需要这样的新闻。然而这样的新闻,对在空间站上生活的宇航员来说,是没有价值的(至少是在他们暂不准备返回地球时是这样)。

从价值的相对性来看,由于不同的自动控制系统的价值观不同,因而,同一事实,对于不同受众系统来说,它的新闻价值是不同的,或者说,新闻事实本身具有的素质和新的信息的分量,给社会中不同人群带来的新闻价值是不同的。

第二类,把自动控制系统的控制目的当作新闻价值,这显然是不妥当的。从控制论来说,"选择与衡量新闻可否报道"的"客观标准",是事实所反映的那一自控制系统的控制论目的,而不是价值本身,事实的合目的性的属性才是价值。这就像开汽车去北京一样,北京是目的,而朝着这一目的进行运动,才有价值性,朝前则有正价值,朝后则是负价值。因此,我们不能把这种"客观标准"当作新闻价值。

第三类,虽然考虑到新闻对受众的影响,但却没有注意到同一事实对于不同的受众的影响是不同的,因之,这一事实的新闻价值在大小程度以至于方向上都是不尽相同的。对某一特定的新闻事实,如果笼统地说,它的新闻价值就是它"在群众中受到重视的程度",或者说是在"事实所发挥的作用和影响",是不妥帖的。因为,这里的群众是哪些群众、"事实所发挥的作用和影响"的是哪些对象是含糊的,可以肯定地说,这一事实在某些群众中受到重视的程度就大,而在别的群众中受到重视程度就小,对某些对象发挥的作用就大,而对别的对象发挥的作用就小,因而我们就不能确定它的新闻价值。

第四类,是折中了第一类和第三类的观点,既看到了事实本身,又看到了受众,合二而一,一加一等于二,但二者的关系并不是简单的相加关系。它们是辩证统一的关系。或者说,事实本身的分量并不是绝对的、一成不变的,它不仅会在不同的自动控制系统里、不同的时空中表现出不同的分量,而且会在不同的时空、不同的系统中产生不同的影响。

因此,要确定事实的分量和对受众的影响程度,必须把这一事实放在一定系统中来考察。这样,新闻价值的大小,不仅要考虑事实的分量和对受众影响的程度,而且更重要的是要区分不同的受众系统。

第五类,"双重价值"标准,仍然存在不足。依此说,即使是在阶级新闻事业时期,这个社会的母系统也存在不同子系统,在各个子系统中的新闻价值与宣传价值是不同的。就其客观标准(新闻价值是新闻事实适应社会需求的功能)而言,不同的社会子系统有不同的需求,那么新闻价值也就不同。新闻事实也只能与一定社会子系统的需求去吻合,而不能吻合所有的子系统。同样地,从它的第二个主观标准——宣传价值来看,缺点也是没有从不同的自动控制系统来看问题。不同的自动控制系统,它的主观意图,或者说思想、观点、主张是不同的,因而它在这些系统中得到的同情和支持是不同的,所谓的宣传价值就各异。

(二)新闻价值的定义

新闻媒体一直面临的两个矛盾:一是无限的事实与有限的传播能力的矛盾;二是新闻

媒体的选择怎样才能同社会与公众的需要相吻合，为他们所接受。

新闻价值可以定义为：新闻价值是事实所具有的、能满足社会与公众对新闻需要的要素总和。

新闻价值的本源是客观事物所具体的某些特征，这些特征是以能满足社会与公众需要的要素表现出来的。

（三）新闻价值的本质

新闻价值的本质主要体现在三个方面上：首先，新闻事实及价值要素是客观——新闻价值要素来源于事实，事实是什么性质，所报道的新闻就应当是什么性质，不能把主观意愿强加到事实上。其次，社会与受众的新闻需要新闻具有客观性；最后，社会与公众对新闻价值的检验是客观的。新闻价值的大小取决于满足社会与公众需要的过程和取得的社会效果。

三、新闻价值的要素

新闻价值是由多种因素构成的，即时新性、接近性、重要性、显著性、明确性、趣味性，这就是构成新闻价值的六要素。

（一）时新性

时新性是指新闻性与时效性的统一。新闻性是指它必须是人所未知或人所少知的最新事实，或已知事实的最新动向、变化或新奇的发现。这一事实必须能给人以新鲜感、新奇感，人们的这种感觉越强烈，则可从一个方面证明新闻事实的新闻性强度。一件事情如果是司空见惯的，没有多少新意，人们就不会感兴趣；相反，如果令人耳目一新，或者是亘古未有的，人们往往愿意了解、愿意传播。

首创的东西，第一的东西，往往具有新意。我国第一颗原子弹爆炸成功，标志着我国原子科学发展到一个新阶段，有新意。后来的一次次核试验，虽然也有一定的新闻价值，但显然不及第一次。

最后的东西，往往具有新意。一项工程竣工，一个重要人物逝世，可以成为新闻。如《上海把最后两辆人力车送交博物馆》。显然，这类新闻新意新在恰恰是因为"最后"。

当然，不是只有第一的和最后的东西才具有新意。判断这类事实是否具有新闻价值，主要是看它有没有新的特点。

时效性是指新闻报道产生应有社会效果的时间限度，即在什么时间的范围内使新闻生效，这些新闻离发生的时间越近，人们知道得越快越早，其时效性就越强。美国《纽约时报》前副总编辑罗伯特·赖斯特说："最没有生命的事物莫过于几小时以前发生的新闻。"说明新闻是争分夺秒的产物，事实如果不新鲜，就不能充当新闻的角色，也就失去了具有新闻价值的条件。

（二）接近性

接近性主要是指事实发生地点与新闻传播地点空间距离的远近，其距离越小，新闻价值就越大，人们通过新闻传播工作，主要是想了解新闻，而离他身边越近的事，与他关系越大的事，他就越是关心。如果一个人上了报，这个单位的同事们就会争着看报纸。同样是发生地震河南人最关心的是自己省，其次是邻近省。

除了地域上的接近外，还有人们职业上的接近性、年龄的接近性和心理上的接近性等。某一事实使受众感到与其切身有直接关系或较密切的关系，就会自发或自觉地表现出一种"新闻欲"。学生是教师的教育对象，有关学生的新闻，教师比较关心；消费者是生产者的直接服务对象，反映消费者的要求、意见的新闻，对于生产者来说自然要比一般人更加关心。

（三）重要性

重要性是指某一事实在整个社会生活中的重要性，它能对群众利益、社会生活、新农村建设、安居工程及国内工作、国外斗争等有重大影响。在我国现行阶段，比较重要的事实，如贯彻执行党的方针政策有典型意义的事，对促进两个文明建设有深远影响的事，国家经济、政治生活中带有倾向性的问题，人民在实践中的新创造，经济生活中的创新理念，重大科研成果及其在生产中的应用等。这些事情有大有小，有全局的，有局部的，它们的重要程度也各不相等。判断一个事实的重要程度如何，主要是看对人民的教育、启发、鼓舞作用，对工作的指导作用和对社会发展的促进作用。

（四）显著性

包括某一事实所涉及的人物、地点是著名的、突出的、显要的，某一事物的变动是显著的。一般人会见朋友不是新闻，国家领导人接见朋友就是新闻。一般人结婚不是新闻，而邓亚萍结婚就是新闻，因为她曾是中国乒乓的风云人物。一般地区抗旱并没有特色，但是它发生在杞人忧天故事的豫东杞县，新闻价值就高了。绍兴有许多小酒店开业，唯有咸亨酒店开业成了新闻，因为鲁迅在小说中一再描写过它。

当然，某一事实涉及的人物，不仅仅是指党政要人、社会贤达、知名人士，还应包括工人、农民、知识分子、战士中的先进人物；不仅包括正面的典型人物，还包括反面的新闻人物，如敌人的阴谋和罪行及我们工作中的严重缺点错误等。

（五）明确性

指什么时间、什么地点、什么人、什么事、什么原因、什么结果，必须是准确而清楚的。也就是说，这些新闻诸要素在一定的情况下必须齐全，缺一不可（只有个别情况例外，如保密性强的事可以不具备地点等要素）。

（六）趣味性

指某一事实具有健康的、无害的情趣，而不是庸俗的、病态的情趣。要在事件本身发掘情趣，写得亲切、生动和形象化。趣味性越浓，可读性就越大。

有的新闻资料上说，妙趣横生的事情，即所谓趣闻，其新闻价值往往比较高。比较明显的是奇特的事情，譬如，关于飞碟、关于毛孩、狼孩、关于济源太行山猕猴、关于淮滨县东湖出现罕见鲸鱼等。冲突性的事件往往也是趣闻，譬如，激烈的体育比赛、反间谍斗争等。

奇特的、冲突性的事件包含的趣味是比较容易被发现的，而日常生活中的一些琐碎事件中的趣味性，要发现就得凭记者的新闻敏感。西方记者特别重视这一点。美国的麦克道格尔说："在任何新闻中，如果主角中包括儿童、动物和妇女最好是美丽的女人的话，它的所谓人类兴趣就会因此而倍增。"他们认为人情味包括反常、斗争、冒险、浪漫、同情、两性、动物等。我们将趣味性作为新闻价值的一个要素，是要求记者编辑将新闻写活一些，不要板着面孔。要寓思想性于趣味性之中，培养人们的高尚趣味和情操，形成良好的社会风尚。

四、新闻价值选择标准

（一）新闻价值选择的依据

1. 新闻价值理论的产生

"新闻价值"这一概念，是在西方报业由政党报刊向大众化报刊过渡的过程中所形成的。

大众化报刊时期形成的根据读者兴趣与需要来判断和选择新闻的理念，是对新闻传播本质特征的一种科学认识，它为新闻传播者提供了判断和选择新闻的价值标准。

2. 新闻价值的定义

新闻价值是事实信息适应和满足公众兴趣与需要的各种信息素质的总和。素质的级数越高，新闻价值就越大。新闻价值是一种客观存在，它的大小只受构成新闻的事实信息本身所含的适应和满足公众兴趣与需要的各种素质的影响，而不受外界主观因素的影响。人们的主观因素只能在尊重客观事实信息的基础上，充分挖掘事实信息中所包含的各种新闻价值要素，尽力提高新闻价值的实现程度，而不能抛开客观事实，无中生有地任意确定某种新闻价值的"标准"。

（二）新闻价值选择的要求

新闻价值的选择不是随意的，是有一定的制约因素的。

1. 公众的需要

适应和满足公众的需要和兴趣的事实信息才具有新闻价值。因此，新闻工作者在新闻价值选择时，要善于把握公众心理，了解公众的需要与兴趣。人们之所以需要新闻，就在于希望所获得的信息对自己的生存和发展能带来某些利益与有用性。在公众所接受的新闻信息中，能够满足其生存发展的各种利益需要的内容占有重要位置。那些与公众的生存与发展的利益需要密切相关的新闻信息，往往是最受公众欢迎的。

2. 市场取向

新闻产品能否实现其价值，取决于它适应新闻市场需要的程度与结果。因此，新闻价值选择，要考虑相对时期或时代新闻市场的需求和取向。从宏观上说，新闻市场取向，是指一定时期内新闻产品适应社会与公众需要的一种方向与趋势，它与同期社会的政治、经济、文化和群众社会生活的总体趋势及特征密切联系。同时，也同人们的主流思想观念、价值观念和文化理念相联系。从微观上说，新闻市场取向是一定时期社会与公众对新闻传播的一些具体内容的实际需求。所谓的新闻价值选择要符合新闻市场取向，指的是新闻传播要注意研究和跟进新闻市场的需求。尽可能地从新闻市场需要出发，来组织报道和传播，不要无视和背离新闻市场的需求，只从自己的主观愿望出发选择新闻价值。当然，我们也要严防新闻传播中"只顾市场不讲立场"的情况发生，政治上的价值取向更为重要。

3. 经验积累

新闻传播的主体是新闻传播者，新闻价值的选择，是要通过新闻传播者进行的，因此，掌握新闻价值理论，具有新闻价值选择与判断实践经验，是新闻工作者必备的素质。新闻传播者，在新闻价值选择与判断实践中所积累的经验，可以使新闻传播者能够迅速、有效地对事实信息中所包含的新闻价值，做出准确的衡量和取舍。作为一个优秀的新闻工作者，面对纷繁复杂、千变万化的现实生活，不断涌现的大量事实信息，能够结合自己的经验积累，迅速而准确地判断并发掘其新闻价值，才是其根本职责所在。

五、新闻价值的实现

（一）新闻价值的发现

新闻价值的发现首先取决于客观存在的事实。新鲜性、接近性、重要性、显著性和趣味性等衡量事实是否具有新闻价值的具体标准。

（二）新闻价值的呈现

完整地实现新闻事实向新闻文本的转换，一般要经过以下三个步骤：

①准确判断各种价值要素及其相互关系。

②选择恰当的表现形式，制成新闻文本。

③寻求恰当的传播方式，展示新闻文本。

（三）新闻价值的检验

新闻价值最终要通过社会效果来衡量和检验，一般分为以下四种：

①受众和传播者对新闻价值理解的向度完全不同。

②不予选择，即不读、不听、不看，这种情况导致新闻价值完全耗散。

③选择，但部分地接受，表现为读标题、读导语，或听、看节目开头，在这种情况下新闻价值只能部分实现。

④不仅选择，而且完全接受，表现为仔细地读（听、看），产生共鸣并转化为社会行为。

在实践中，要注意两个问题：一是不顾及可能出现的负面效果，片面突出新闻价值中的某个或某些要素；二是对有些新闻价值要素非常鲜明的事实，疏于精心选择和呈现。

第三节　确定选题角度

作为广播新闻的采访人员，在采访前，记者需要确定采访的选题，考虑采访的内容、形式、人物等，为报道的顺利完成做好充足准备。

一、采访选题确定的标准

（一）采访选题的含义及意义

1. 采访选题的含义

新闻采访的"题目"，即新闻采访活动的具体对象，它涉及采访什么以及从哪个角度进行采访的问题。

2. 采访选题的意义

一个好的选题，可以让新闻报道主题鲜明，能够使报道沿着正确的方向进行，能把舆论向正确的方向引导。从这个意义上来说，新闻采访的选题策划是十分有必要的，新闻采访选题的必要性主要包括以下几个方面。

第一，一个好的选题有助于增强媒体的竞争力，从根本上创造新闻价值。21世纪，随着互联网信息技术的迅猛发展，新媒体以疯狂的态势不断冲击传统媒体，传统媒体被迫转型，从原来的一般新闻报道转为深度挖掘和深度报道。

第二，一个好的选题能够满足受众的需求，提供有价值、有意义的新闻，及时为观众提供新闻大餐。在新闻传播的实际过程中，受众往往比较关注和自己相关的新闻，因此我们在选题的时候，应该最大限度地挖掘受众的需求，从受众的需求出发来选题，这是十分必要的。

第三，一个好的选题，必然是一个能够引导舆论走向的选题。我国的新闻媒体是党和人民的喉舌，承担着宣传党的路线、方针和政策的重要任务。因此，在新闻采访选题过程中，必须以习近平新时代中国特色社会主义思想为引导，这才是正确的舆论导向。

第四，一个好的选题，必然是创新的，具有广泛意义上的传播效应。一个成功的选题，必然是创新的，一个策划、一个新闻，没有创新，犹如没有了灵魂，没有创新就没有发展。

（二）新闻采访选题确定的标准

新闻选题是新闻采访的重要环节，选题的质量和内容对新闻采访的效果有重大影响。

1. 新闻价值是确立选题的客观标准

新闻价值是事实本身所具有的足以构成新闻选题的特殊素质的总和，对新闻价值的判定主要可以遵循以下几个方面。

（1）新鲜性

新鲜性是新闻的最主要因素，只有新鲜的事实才能成为具有价值的新闻。这里的新鲜性不仅包括新闻的时间，而且包括新闻的内容这两方面的内容。对每个选题来说，选题内容新意越多、发播时间与新闻事实发生时间越近，则新闻价值越大。新闻选题必须注重内容的丰富性和新意，一些新闻选题看似篇幅很长，但是所选择的内容是很久以前的事件，已经不具有新鲜性，因此便不适合再作为新闻专题，只适合做其他专题研究类的内容。

（2）重要性

选择新闻采访的主题时，要注重选择大众广泛关注的问题，同时要着重对那些能够影响较大的社会新闻事件进行选择，寻找选题背后的社会意义。选择中要能体现党和国家的近期部署，从而精准地表达人民群众的呼声和愿望，突出选题的要点和吸引力。部分新闻采访工作者在选题时甚至选择身边的具体人物和具体事件，此类的选择会显得选题过小，包含的社会意义难以挖掘，难以实现深度探索，无法吸引受众的关注，积极性和互动性难以保障。

（3）显著性

选题的内容通常要具有显著性，具有超出一般的特点。显著性需要在选题的时间、地点、任务等方面通过事物的程度和数量等特征突出新闻内容。在选题时，通过显著性特征的运用，能够充分凸显选题的特点，提升选择的关注度和认可度。

（4）接近性

在选题过程中，要尽可能地挑取与受众密切相关的内容，在心理上、利益上与地域上增加受众的亲近感。充分注重"三贴近"的方针，贴近群众、贴近生活、贴近实际，体现新闻选题的接近性。很多受众的关注点往往仅集中在自己周围的事情，这些事情与其会产生直接的影响，因此具有得天独厚的吸引力。同时，好的选题内容往往会调动受众的关注，增强吸引力，从而受到更多人的欢迎。

（5）趣味性

选题还有一种事半功倍的方法，就是提升选题内容的趣味性，调动受众的积极性和愉悦感，引起受众的足够重视。特别是新闻内容中一些具体情节和特定事例，如果能够引起受众的注意，凸显动人的情愫，便可以得到受众的认可。但是，需要注意的是，在凸显新闻价值的趣味性时，要注重科学地选择趣味性内容，合理安排趣味性方向，不能因过分追求受众的欢迎度而降低新闻品位，使新闻变成低级趣味的庸俗产物。要注重科学的选择趣味性元素，选择符合常理的、有营养的、有内涵的新闻主题。

2.新闻政策是确立选题的决定性标准

新闻政策是新闻选题过程需要考虑的决定性因素，它关系着新闻的公开性和支持程度。部分新闻价值过大，公布之后存在安全风险和隐患，便不能作为新闻采访的主题。新闻政策是国家机构或有关部门对新闻传播内容的强制性要求和规定，也是各级新闻传媒组织的宣传纪律和传播方针。放眼整个世界，新闻的采访与选题都受到国家新闻政策的调整，以国家的整体利益为最高准则。在我国，新闻政策是党的基本政策、基本路线、基本国策等的具体体现，体现了党和各级政府对新闻工作的重视，新闻政策一般表现出以下几个标准。

（1）政治标准

每一则公开的新闻都必须通过政治上的内容衡量，对选题内容进行政治上利害关系的判断，结合我国国情，在选题时必须符合的政治标准包括：坚持无产阶级党性原则，在政治上同党中央保持一致；坚持马克思主义、毛泽东思想、中国特色社会主义理论体系和党的基本路线；遵守国家的宪法、法律、法令以及有关条例；合乎风俗人情、民族习惯、文化传统和社会主义荣辱观。

（2）新闻报道思想

新闻报道的思想也是新闻采访的精神，在社会形势不断发生变化的同时，每个历史时期和社会时期都有其独特的关注点和传播点，媒体进行新闻采访和新闻报道时，不能毫无目的地报道，要有重点和关键点，有指导思想，抓住报道的精神和思想。报道的思想要从实际工作和国家利益的角度出发，结合不同时期对报道思想的不同要求，适时调整新闻报道的思路和方法。

（3）新闻机构自身的定位和编辑方针

我国的新闻机构和新闻媒体都要服务于人民大众和人民政府，要在党和政府的集中统一领导下开展工作，不同新闻机构有各自的优势和特点，不同的新闻载体也会有不同的侧重和受众，机构之间相互补充、相得益彰，分别承担不同的工作任务。不同的新闻机构在新闻采访的选题过程中，不仅要考虑新闻内容的公众性，还要考虑自身的定位和编辑方针，针对不同的受众群体选择可以发布的选题方向。例如，各地方电台在分配任务时，除涉及全省市区重点活动或会议时，一般不需要所有频率都做相同报道，各报道要结合自身定位和编辑方针，有针对性和侧重地选择报道角度，从选题上突出自身的特色。充分突出自身定位的各类媒体，能够给受众提供全方位、多角度的信息共享模式，带来丰富、全面的新闻冲击，更好地服务整个社会。

二、采访选题的来源

广播新闻采访选题的确定主要是指确定采访活动的对象以及具体的采访角度。从记者的角度出发，广播新闻的选题主要来源于以下三个方面。

（一）上级部门或策划部门指定的选题

这主要是由上级部门、策划部门审时度势，根据对社会发展形势的分析和潜在热点问题的预测，进而得出的具有宏观价值、社会意义的选题。这类选题一般与社会有着密切的联系，有着鲜明的时代特色。

这种选题要求采访人员有较高的综合素质，能够灵活应对采访中出现的问题，从而采访出有实际意义的新闻。

（二）记者发掘的选题

优秀的新闻采访人员需要具备高度的新闻敏感、良好的分析能力、优秀的交流沟通能力以及丰富的知识储备、独到的见解等综合素质。

新闻记者在日常新闻采访中应当根据采访结果做出一定推测，预测可能发生的事件，从而可以及时、准确地开展下一次新闻活动，保证新闻的连续性、价值性，吸引新闻受众的目光。

记者在日常生活中应当经常深入实际、深入基层，了解民众需求，在实际的观察、走访中发掘新闻选题。但是，记者在发掘选题时应秉持良好的职业道德、思想道德，确保发掘的新闻事件真实、有意义。

（三）偶然得到的选题

这主要是指记者在采访过程中偶然得到的新闻事实，这类选题的发现存在偶然性，但是与新闻记者的新闻分析力、洞察力也是息息相关的。

优秀的记者能够从既有的新闻事件中挖掘新价值。同样，在这类选题的挖掘中，记者也应当尊重采访对象，不采用非法途径挖掘新闻。

三、确定选题时所作的思考与判断

（一）报道内容

新闻的采访以及新闻事实的发现是通过一定的新闻线索引导的。传播者选择新闻线索时的依据是对新闻真实事件的预期。

新闻线索经新闻记者的分析，得出其中潜在的新闻价值，从而对新闻的采访内容做出预测。

新闻线索的内容具有一定的不确定性，因此它提供的信息对不同的新闻记者来说也存在一定差异，新闻记者对信息内容的判断也存在不同方式。

首先，对于那种机遇式或存在一定前兆的新闻线索来说，由于它提供的是新闻事件的可能性，需要记者根据这些不确定性的线索，对新闻发生的概率以及新闻内容的重要程度作出判断，从而确定新闻选题。

由于这类的新闻事实不明确，新闻信息不全面，具有开放性，因而需要新闻采访人员在采访中对出现的新信息进行理智的推测，因势利导。

其次，对于那种信息内容较为充足的新闻线索来说，记者往往能够根据这些新闻信息以及发展形势做出预测性推断，由于这些信息含量相对较为丰富，采访人员可以结合自身联想进行合理的分析、推测，预测将要发生的事件。

那么，在这些推断的基础上，新闻采访人员就可以相对大胆地做出主题的抉择。

最后，对于那些本身新闻价值不是很高，可以作为新闻依据揭示社会上一种普遍现象的线索来说，新闻记者应当针对它和新闻报道之间的联系及其表现能力，确定取舍范围和取舍程度。

（二）表现形式的构思

新闻内容表现形式具有多样化的特征。无论是报道的方式，还是报道的角度；无论是报道的表达手段，还是报道的结构，都需要进行全方位的构思。这要求采访记者具有形象思维，从而能够设计出新闻报道的整体构思。

新闻报道内容是确定采访表现形式的根据。报道内容是根据报道对象形式，由报道者对这些报道对象进行重新组织、整合而表现出来的报道者对报道对象的把握。

如何对报道对象进行重新的组织、编排涉及表现形式，这包括报道对象的特性、形式，报道者的主观把握程度等。

能否相对充实地将报道内容展现出来，是直播还是录播，是现场报道还是人物专访，这些都要依据报道内容及报道对象的特点进行选择。

表现形式对采访形式具有决定性意义。

对于现场报道来说，它要求记者能够以目击者身份及时向受众转发现场的实时状况，做到真实、及时、有效。

对于深度报道来说，它要求采访人员对采访活动进行细致的采访，深入挖掘事件的起因、背景、经过、后续发展以及造成的影响等，探究新闻事件的本质，并阐释一定意义。

对于消息类的新闻来说，它要求采访应当直奔主题，新闻语言简明扼要，不需要过多阐释，只需让受众了解新闻事件的要点即可。

（三）可行性的论证

对报道内容以及表现形式做出设想和评估之后，应当对可行性进行分析，判断其是否具有一定的可操作性，其实现的可能性有多大等。

一个新闻报道从最初的设想到最终完成，中间有许多环节，并有诸多要素需要考虑，这些因素可能来自采访者主观，也可能来自客观环境。

既可能是积极的，也可能是消极的，这些因素对采访的实施造成不同程度的影响，因而需要从可行性的角度进行一定的分析。报道整体设计计划与报道时效性之间的平衡是需要考虑的重要因素。

如果报道的整体设计过于冗长复杂，那么实施起来就会需要耗费更多人力、物力以及时间，从而对报道的时效性造成一定影响，不仅无法使受众及时获知新闻信息，更使媒体的威信力下降，影响该媒体长久树立起来的媒体形象。

因此，在采访时需要对报道的整体设计计划以及报道的时效性这两者给予综合评价，并根据实际情况做出取舍。

（四）新闻传播背景

在进行新闻选题时，我们常发现，新闻传播背景不同，同一选题在重要程度上也存在差别。

一般来说，重要程度高的新闻往往会制约其他新闻的报道，从而使这些一般性的新闻重要程度降低，进行传播的时间也相对较短，那么受众的注意力也会分散。

由此可见，在确定新闻选题的内容、表现形式时，不仅要考虑到新闻自身，更要将新闻放置在整体的新闻群之中，进行定位。

新闻选题的确定是进行新闻采访之前必要的准备工作，对于新闻采访活动的开展来说具有重要意义。

在进行新闻选题时往往会出现许多制约因素，采访人员应从报道内容、表现形式、可行性以及新闻传播背景等方面出发，对选题进行一定的构思、分析，还应当与编辑部门、上级领导多多交流，加强自身的新闻素养，使新闻选题能够经采访报道、编辑制作等环节后顺利播出，使受众能够及时了解社会变化。

第四节　选择有价值的采访对象

采访的对象是新闻事实的当事者或知晓、掌握新闻事实的人，是记者在采访活动中了解、采集、核实新闻事实的对象。对于具体的新闻报道来说，除了记者直接观察和亲身经历的新闻事实外，记者都必须找到相关采访对象，通过采访对象来获取新闻事实。从这个意义上说，记者对采访对象的选择和确定，实际上也就是对新闻事实的选择和确认。因此，记者怎样选择和确定采访对象以及按照什么样的标准或规则来选择和确定采访对象，是一个涉及新闻报道是否真实准确和全面客观，是否具有公信力和影响力的重要问题。

一、记者与采访对象

新闻采访工作是需要新闻采访记者以及被采访的对象二者共同参与，才能完成的。无论是记者还是被采访对象都非常重要。所以，新闻采访记者要对自己有准确的定位，把握好和采访对象的关系。在采访过程中了解对方的心理情况，调整采访的节奏，设计采访的活动。

（一）采访中记者对采访对象的认知

1.记者对采访对象受访动机的把握

在新闻采访过程中，需要采访记者了解采访的目的，为什么要采访被采访对象和采访对象接受采访的目的，是为了进行个人的宣传或是为了挽回声誉，还是为了表现自己等。记者根据被采访者不同的采访心理就能把握被采访对象的动机，确保采访内容的真实性，或是清晰地知道被采访内容中是否掺杂了个人动机。因为民生新闻在采访过程中，经常会遇到类似的问题，其中的一些敏感话题的负面内容都会在社会上引起广泛的关注，所以采访记者更应该把握好采访对象的动机。

2.记者确定采访对象是否为合格的对话者

记者在采访之前要考察采访对象是否合格，如果采访对象不了解新闻事实的发生经过或无法真实地反映事实，那么他的观点可能就没有权威性，没有代表性。例如，发生了一场火灾，道听途说的人和火灾的目击者相比，显然目击者的话语，更有力度，更有权威性。所以，记者要针对被采访对象在新闻事件中的身份以及和事件的关系，判断被采访对象是否是合格的。尤其针对一些敏感的社会话题或突发事件，新闻记者一定要确保被采访对象符合采访的要求才能确保民生新闻的报道质量。

3.记者对采访对象心理状态类型的把握

在采访过程中，记者应当根据被采访者的语言、神态、动作等多种表现，来判断他的心理状态类型。在把握这方面的基础上才能够采取合适的采访策略，这样能够达到更好的采访效果。一般情况下被采访者的心理状态类型分为理想合作型和不理想合作型两种。理想合作型是在采访过程中能够积极主动地表达乐于接受采访而且语言表达能力比较强的类型，这种类型的被采访者和记者的采访目的往往不会产生冲突；不理想合作型的被采访者在接受采访的过程中比较乐于接受，但因为心理素质比较差，可能无法准确地表达自己的语意。在民生新闻采访的过程中，这种心理状态的被采访者占绝大部分。这是因为这部分被采访对象文化层次比较低，而且很少接触媒体采访或者是大的场合，甚至有一部分从来没有接受过媒体的采访。所以，在针对这部分人进行采访过程中新闻记者要营造轻松愉悦的氛围，避免过于严肃或者过于正式。

（二）记者与采访对象人际互动心理的科学方法

在采访过程中，新闻记者要和被采访对象建立完善的沟通交流机制。在科学应用人际互动，心理的基础上加强和被采访者的沟通交流。这种方式能够让新闻记者挖掘更多，有利有价值的新闻信息。新闻记者在把握人机互动心理的基础上应该占主导地位，应该在合理利用的过程中提高采访效率。

1.重视互动中的情感吸引心理

不同的采访对象有不同的差异性。因为每个人受教育程度和生活阅历都有一定的区别，所以价值观也各不相同。记者在采访过程中要考虑不同采访对象的差异性，在把握新闻事件的基础上，抓住被采访对象的心理特征，利用情感心理引导这些被采访对象表达自身的诉求以及自身的想法，能够在接受采访的过程中畅所欲言。当前一部分新闻记者存在着错误的采访观念，经常带有自我优越感。在采访过程中，会自上而下地审视被采访者，导致一部分被采访者产生了心理和情感上的失衡，在接受采访的过程中，不愿意配合或不敢讲真话。所以，新闻记者在采访过程中，要学会利用情感吸引，让被采访对象敢于表达自己的想法。

此外，新闻记者还要在把握被采访者对象心理特点的基础上，判断被采访对象大致的受教育程度或是文化素养，之后调整情感吸引的方式，以便达到采访的目的。为了提高采访的效率，新闻记者在快速采访的过程中应该从主观上判断被采访者，快速把握分析被采访者的特点，根据实际情况调整采访的视角，把握采访的方式语言。在这个过程中还应该加强和被采访者的心理互动，可以通过语言动作或微表情等多种方式进行情感吸引。

例如，在采访农民时，可以一边帮助农民干农活，一边进行采访。在采访大学教授或一些知识素养较高的知识分子时，应该提高采访语言的专业性。如果被采访对象比较害羞，更要用鼓励或激励的微表情带动被采访者的情绪。

2. 充分表达自身的真情实感

无论是哪种类型的新闻采访，无论新闻记者面对的是哪种特点的被采访者，都不能出现冷冰冰的语言、面不改色的神态，这会增加采访者和被采访者的心理隔阂，切断两者之间的心理沟通和联系。所以，记者要和被采访者进行心理互动、心理沟通，合理地利用人机互动心理，对采访的整体进度进行调整。在采访过程中记者也应该表现出真实感受、真听、真看，能够给被采访对象一定的反馈，让被采访对象感受到记者表达的真情实感并被这些感情所打动，那么被采访者和记者之间的心理隔阂距离感将会被消除。所以，每个新闻记者在采访过程中，都要以普通人的身份和被采访者沟通交流，还要带入新闻事件中去，成为新闻事件中的一个角色，在融入真情实感的过程中展现给被采访者，只有这样才能获得被采访者的信任。

3. 以共同话题切入采访

在采访开始之前，记者和被采访对象可能从来没有见过，从来没有沟通交流过。如何在采访过程中快速地拉近和被采访者的距离，是每个新闻记者应当考虑的。只有拉近两者之间的距离，贴近两者的关系，新闻记者才能和被采访者有共同话题，才能达到采访的目的。在采访过程中绝对不能为了赶时间或是为了节省时间直接切入主题，如果直接把采访提纲中的问题一条一条地提问给被采访者，那么就不能达到采访的目的。新闻记者应当根据不同新闻事件的性质以及被采访对象的特点，采取循序渐进的方法在沟通的过程中逐渐地渗透采访。当前，很多成功的采访案例都没有特定的采访形式，绝大多数采访者都是在和受访者平等对话沟通交流的过程中进行的。

例如，发生了一起交通事故，记者需要针对受害者进行采访。但受害者在接受采访的过程中，由于心理波动比较大，所以，无法冷静下来与记者沟通交流也无法思考，所以记者得到的答案只是只言片语，甚至连事件的经过都无法描述下来。这时候记者如果换一种方式和被采访者寻求共同的话题，在沟通过程中稳定被采访者的情绪，之后再进行采访，那么采访工作，将会变得更加顺利。

二、采访对象选择的基本规则

（一）结构规则

新闻采访是围绕着新闻事实展开的。通过新闻事实的当事人或知晓、掌握新闻事实的相关人，记者按照新闻基本要素的要求来厘清新闻事实，这是新闻采访的基本常识。但是，循着这一基本常识进一步深入下去，我们就会发现事情远非如此简单。

新闻事实并非一个实体，它是在一定时空环境下，由一定的社会或自然主体的行为所构成的状态和过程。新闻事实的这种状态和过程，除了少数单一、明确者外，绝大多数都是具有复杂相互联系和相互作用的状态和过程。新闻事实的这种复杂的"结构性"，要求在选择新闻采访对象时，必须遵循事实—结构规则，即根据新闻事实相互联系的复杂状态和相互作用的复杂过程，及其与不同类型、不同层次和不同方面主体的关联程度，来选择和确定采访对象。据此，新闻事实的当事人很显然是首选采访对象。由于新闻事实的复杂性，新闻当事人并非仅仅只是单一的个人，而是多方面、多层次的。

（二）公正规则

如果说，采访对象选择的事实—结构规则是由新闻报道的真实性决定的，那么采访对象选择的平衡—公正原则是新闻报道的客观性所要求的。新闻报道的客观性并非仅仅只是一个新闻写作、摄编等新闻叙事的问题，它首先体现在新闻采访过程中。没有对采访对象平衡公正的选择，记者就不可能全面地获取新闻事实，而客观公正地报道新闻事实也就成为不可能。采访对象的平衡—公正选择规则是由社会主体的价值观念的多元性和社会利益的复杂性所决定的。

在现代社会，各种社会关系和社会过程日益复杂化。社会结构的复杂性使绝大多数新闻事实总是与不同社会层面、不同利益关系、不同立场或不同诉求的主体紧密联系在一起。特别是在当前我国社会转型期间，价值观念多元化和各种社会主体利益的相互纠结，使不同的主体必然有不同的立场、不同的观点、不同的视角和不同的需求等。

在采访过程中，特别是在对那些关系和过程比较复杂、或正处在发展变化之中或有较大争议的新闻事实以及进行新闻舆论监督报道的采访时，记者在选择采访对象时应特别注意平衡选择。要对采访对象的动机、采访对象与事实的利益关联度以及其提供的事实和情况的可证实性等，有比较清醒的评估和判断。对于新闻事实所涉及的各个方面、各个层次的主体以及非新闻当事人的其他主体，如知情人、目击者或与新闻事实无利害关系者、与新闻事实相关的专业人士，都应该进行认真的甄别并选取有代表性的对象，予以全面的采访，最终使报道呈现一种"多元声音"的格局。而不能仅仅只是采访某一方面或某几个方面的对象，而忽略或放弃甚至拒绝某一方面或某几个方面的采访对象。

（三）验证规则

为了增强新闻报道的可信度和消息来源的权威性，记者在选择采访对象时，一般来说，由于受到截稿时间、工作效率、平时积累的采访资源以及与采访对象的接近性等因素的影响，往往会惯性地选择一些具有较高权威性的机构，如政府和专业机构及其工作人员。特别是那些长期在某一领域或行业进行采访活动的记者，这种情况表现得更为突出。

诚然，政府机关和其他公共机构、专业机构及其工作人员，作为采访对象来说，其提供的新闻事实以及对新闻事实所进行的评判，很多时候都具有相当的权威性，这一点我们并不否认。但是，采访对象的权威性并非只是体现在外在的地位和身份上，而应该体现在其对新闻事实是否确实知悉和掌握这一本质特点上。是否知悉和掌握新闻事实，应该是记者选择的采访对象是否具有权威性的基本标准。记者的采访工作始终是围绕着具有新闻价值的客观事实，对于记者来说，那些接近、介入或参与新闻事实，知悉和掌握新闻事实真相的当事人、知情者和相关人，才是真正的"权威"，尽管他们可能并无"权威"的社会地位和身份，但他们是记者所欲采集的事实真相的"拥有者"，只有他们才拥有对事实真相的"叙说权"。

新闻事实的主体或当事人固然是对新闻事实最清楚的人，但并不能就此认为他们所说的就完全是事实或真相。由于其为"事件中人"，其主观状态和客观环境因素，都对其叙说的真实性产生多重影响。单一或单方采访对象提供的情况或材料，哪怕他是新闻事件的当事人，也应当选择其他相关人员或知情人予以验证或核实，否则其客观真实性就存在一定疑问。因此，国外新闻界就有新闻来源必须有独立的三个消息来源的证实，才能作为采信依据的极端规则。可以认为，对于复杂的新闻事实的采访，特别是在争议性事件、舆论监督报道的采访过程中，无论采访对象的身份和地位有多权威，或其本身就是新闻事实的当事人，也要尽量选择多方或多个采访对象来验证或核实他们提供的情况或材料真实性或准确性。真正权威的采访对象，始终是那些能够提供真实准确的事实或事实真相的采访对象，这一规则是由新闻报道的公信力或影响力所决定的。

三、采访对象主体地位的确立

采访对象是大众传播过程中最重要、起决定性作用、处在最前位置的传播环节和主体，它是新闻事实与新闻传播的纽带与桥梁。因此，记者应成为采访对象的研究专家，对采访对象没有研究和了解，无法进行有效的采访和写作，无法搞好、搞活新闻采访工作，也就不能成为一名合格的记者。

（一）抓住采访对象的本质

在新闻采访之前要对采访对象进行基础资料收集。

采访是对采访对象的一个询问、了解、分析、总结的过程。在这个过程中，有很多记者只是与采访对象进行简单的沟通，初步了解采访对象，而忽视在采访之前基础资料的收集和整理。记者张嘴一问，被采访者就能听出来，你对他的事情了解不了解，你对他的工作认识程度有多高。记者问外行话，很难获得被采访者的认同，也就无从深谈，记者也就难以探寻到被采访者的内心世界。记者要与采访对象交朋友，触及他最敏感的神经，探索其心灵，最容易找的共同语言就是采访对象的行业话题。

在新闻采访过程中，记者需要用自己的问题引导被采访者说出自己想要、受众想知道的事情。

事先围绕主题设计一些重要问题。在采访过程中，记者需要确立主题，围绕主题，事先精心设计几个问题。一些问题可以现场发挥，但关键的问题一定要做准备。记者在采访前主题明确既可保证采访有的放矢，也能减少时间浪费。记者必须有几个直奔主题的问题，事先要有充分的估计，不打无准备之仗，几个问题其实也就是采访的大纲和思路。有助于记者控制局面，把被采访者引到主题上来。

要注意驾驭采访的进展。

在采访过程中，记者要时刻注意察言观色，及时准确地透过采访对象的表情把握其心理实质，牢牢抓住主动权，始终把控采访的进展。当采访对象由于心情紧张而说话不顺利时，不宜勉强采访下去，应及时调节情绪，使采访对象精神放松，然后轻松愉快地谈下去。当采访对象感情淡漠，谈话不愿接触实质问题时，应以真诚打动对方，引起对方心灵的共鸣，使之消除疑虑，敞开心扉。当采访对象滔滔不绝、离题千里时，要沉着镇定，引导话题步入正轨。当采访对象情绪不高时，记者除及时提问外，还可以研究或请教的口吻提几个自己不懂而他们很熟悉的问题，调节气氛，从而使采访活动顺利进行。

（二）呼应采访对象的心理状态

记者采访工作的成败，在很大程度上取决于采访对象配合程度，仅靠记者热情和良好愿望，难以使采访顺利进行下去，必须与采访对象的心理状态相呼应，采访才能圆满。在采访中，记者所碰到的采访对象大致可以分为以下四类。

第一类是积极热情，配合协作。这类对象对记者的采访有问必答，知无不言。尽管其所谈内容不乏道听途说、夸大其词，但只要记者认真推敲分析，去伪存真，便可以获得有价值的信息。

第二类是不冷不热、一般对待。这类对象接受记者采访时，公事公办，谈话一潭死水、激不起波澜。这些采访对象虽然不够热情，配合不密切，但问有所答，只要循循善诱，追根究底，也能获得更丰富翔实的材料，使采访顺利完成。

第三类是消极对待、不理不睬。这类对象对采访极其勉强，神态傲慢，常常不理不睬，极不耐烦。对记者提问，或答非所问，或置之不理，往往使采访半途而废、难得圆满。

第四类是态度恶劣，逆反对抗。这类对象对采访有严重顾虑，害怕记者揭短、媒体曝光，竭尽全力地阻止采访，力图掩饰某些事实真相，对记者拒不接待。这类对象是最棘手、最难对付的采访类型，记者没有良好的心理素质和技巧，往往会束手无策，无可奈何。

记者和采访对象间本质上是情感互动关系。二者都需以适度的情感激发认知活动。认知评估和非认知信息加工综合作用会导致记者和采访对象生理和情感体验，引发他们的情绪情感，激发采访进行的动力，并营造和谐的采访氛围，推动采访顺利进行。采访的本质是人与人之间的沟通，整个过程应以人为本。

社会交往是一个由浅入深、从表及里的层层推进过程。记者采访时，特别是做人物专访时，不要只想着一蹴而就，立即就能挖到有价值、有趣味的材料，切忌急功近利。采用层层渗透、潜移默化的采访方法对付那些棘手的采访对象，是最为行之有效的。

最后，如何判定一个记者的优劣，怎么评估一个记者的心理素质，"应激能力"是最重要的指标。应激，通常是指记者在出乎意料的紧张与危急状况下的情绪状态，是对意外的环境刺激做出的反应。那么，产生应激状态的原因是什么呢？现代心理学认为，一是记者"已有的知识经验与现场事件提出的新要求不一致，没有现成的办法可以参考，需要进入应激状态；二是记者已有的经验，不足以应对当前的境遇而使人产生无能为力的失助感和紧张感"。一句话，记者的从业经验在应激状态时起着关键的作用，所谓"电光石火，不假思索"，应对当否，全靠经验积累和临场发挥。"试玉要烧三日满，辨材须待七年期。"可见，一名优秀记者的成就绝非"速成"。

（三）采访对象的选择

如果说采访是新闻传播过程的起点，那么记者对采访对象的选择和确定，则是新闻传播起点中的起点。而记者对采访对象的选择和确定，实际上也就是对新闻事实的选择和确认。新闻报道是否真实准确、全面客观，是否具有公信力、影响力，与记者对采访对象的选择和确定是密切相关的。

在做报道时，记者不可能把每位对新闻事件的知情者都一一采访到，因而，在采访时保证所选对象的代表性就显得尤为重要。在选择采访对象的时候，记者要对采访对象的动机、采访对象与事实的利益关联度以及其提供的事实和情况的可证实性等，有比较清醒的评估和判断。对于具体的新闻事实来说，由于不同主体在新闻事实中所处的地位、作用不一样，对新闻事实结构中的要素、过程、环节等，了解和掌握的程度也不一样。

据此，可以把新闻采访的对象分为当事人、相关人、知情人三种类型。记者应认真甄别并选取有代表性的对象，予以全面采访，最终使报道呈现一种"多元声音"的格局。而不能仅仅只是采访某一方面或某几个方面的对象，而忽略或放弃甚至拒绝某一方面或某几个方面的采访对象。

思考题

1. 什么是新闻线索,有什么特点?
   _____
2. 记者应该怎样处理与消息来源的关系?
   _____
3. 简述新闻价值的要素。
   _____
4. 联系实际,简述新闻价值的本质。
   _____
5. 为什么说新闻价值是在新闻传播的整个过程中实现的?
   _____

第五章　采访方式与技巧

第一节　采访方式

在实际的采访中，有的记者不讲究采访方式，没有考虑被采访者的身份特征和性格特点，就直接开门见山地询问，这种方式根本就不能使被采访者的心理诉求得到满足，所以他们要么很紧张，情绪得不到缓解，无法讲出事情的真相，要么就直接不愿意讲出更多的信息，使记者得到的信息只能是表面上的，无法挖掘更多信息资料和新闻价值。

一、追踪采访

追踪采访是指通过公开或非公开手段获取被采访者不愿透露的信息。一种是公开追踪；另一种是非公开追踪，即隐性采访中，记者隐藏身份，例如，采用暗访和其他方法进行采访。

（一）追踪采访的特点

这类采访的特点：画面丰富，动感强，环境跳跃对比大，化解了室内静态采访呆板、单调的形式，更好地将人物和环境、问题和事件结合起来。另外，活动的背景环境使这类采访更具现场气氛，记者针对采访对象活动过程中的事物发问，可使问题更具有针对性，可使回答的内容在现场气氛的映衬下更为生动。

（二）追踪采访的分类

1.人物追踪采访

人物追踪采访的对象，基本上有两类：一类是名人，另一类是普通人。

人物追踪采访的类型有两种：一种是单一的人物追踪采访；另一种是众多的人物追踪采访。前者线索单一，采访起来比较容易；后者则线索繁多，采访起来较难，要靠集体力量。

2.事件追踪采访

事件追踪采访在追踪采访中占有重要地位，一般是在事件发生后，为厘清事件发生的真相，追踪事件发生发展的过程和结局所进行的采访，这是一种进行式的采访。这种采访写出的报道也是进行式的，有头有尾，有过程，有矛盾，有冲突，波澜起伏，扣人心弦。

二、隐性采访

隐性采访的设立有三个前提条件：记者隐藏自己的身份并出现在新闻事件现场；是在被采访者不知情的情况下进行的；未经被采访者事先同意，隐性采访有助于揭露社会真相，起到很好的舆论监督作用。

（一）隐性采访的方式

隐性采访，也称秘密采访或暗访，是指新闻记者由于某种原因而不公开身份的采访。

它是与显性采访相对而言，这种采访的优点是不会因为记者的采访而改变采访对象活动的原貌。

隐性采访是隐藏记者的身份与采访目的的采访方式，只适用于某种特殊场合、特殊题材或特殊采访对象。运用这种方式，目的在于减少采访障碍和干扰，获取有价值的新闻事实，务必十分慎重，一般应控制在法律和新闻道德允许的范围内，或已经得到有关部门的授权，切勿滥用。

（二）隐性采访的特征

作为一种十分重要的采访方式，隐性采访与公开采访相比，有自己较为显著的特征：记者主动出击。隐性采访是记者主动出击进行采访的行为，记者采访时一定始终在新闻发生的现场，否则隐性采访就无法完整地进行。在某些特定情况下，记者也有可能在突发新闻的现场进行采访。有的时候，记者还有可能直接成为新闻事件的当事人，例如，记者乘坐的汽车发生车祸等，但这种不期而遇的目击新闻不能算作真正意义上的隐性采访，因为记者被动地介入了新闻事件。隐性采访进行之前有一系列的准备工作，从采访计划的设定，到采访设备安排，都应精心计划，可谓有备而来，不容有所闪失。

1. 新闻事实周详

对于准备作正面报道的新闻，我们也可以采取隐性采访的手段，但这种选择并不是唯一的，因为通过公开采访进行正面报道，一般会取得比隐性采访更好的效果。但对社会不良行为的采访却正好相反，通过隐性采访抨击社会不良现象，进行舆论监督，效果远比公开采访更好，这已经被无数新闻采访的事实所反复证明。通过隐性采访获得的新闻事实比较周详，舆论监督的力度也比较大。同时，周详的新闻事实也可以比较有效地防止新闻侵权行为的发生。

2. 社会参与程度较高

新闻记者眼观六路，耳听八方，可谓神通广大。但这种神通恰恰是全民参与的结果——社会各阶层成员及时全面地向新闻记者提供新闻采访线索，从而使记者能更多地了解社会现实。另外，社会的不良行为虽然是在暗中进行的，记者的能耐再大，其了解这方面的情况也是有限的。因此，隐性采访的线索大多来自社会成员的举报，缺少社会成员的举报，隐性采访将失去最为重要的新闻源。不过，隐性采访也是受众欢迎的一种采访方式，通过这种采访手段采获的新闻，受众有较强的接收兴趣。

3. 隐瞒身份

从社会分工的大系统来考察，记者身份只是一种十分普通的社会工种，记者是社会大系统中的普通一员，不具有特殊性。但是，记者身份就其从事的具体工作而言，具有自身的特殊性。而采访新闻事实，当然是这种特殊性中间最为关键的一条。面对新闻记者的采访，有人愿意侃侃而谈，有人却表示"无可奉告"，而新闻工作的职业要求，使记者们不仅要从"侃侃而谈者"那里采获新闻，还要从"无可奉告者"那里采获新闻。而隐去记者身份去面对"无可奉告者"，无疑是最有利于采获新闻的。所以，在隐性采访活动过程中，记者必须隐瞒身份。只有隐瞒身份，才可能更方便地采获有价值的新闻。

4. 隐藏目的

记者以某种社会角色（不是记者角色）面对不愿意接受采访的对象，他们必须隐藏自己报道新闻的目的，否则，既达不到隐瞒身份的目的，也无法实现自己报道新闻的目的。在具体采访实践中，记者会针对不同的人物和事件，以不同的身份进行实际的采访。但不管身份如何千差万别，隐藏目的的做法是始终如一，不会改变。

5. 隐蔽手段

隐蔽手段需要借助技术设备的精良来保证，同时还包括记者了解新闻事实的方法与显性采访有显著不同，如提问的语气、方法等，都要有意识地隐蔽自己的真实意图。

（三）隐性采访的必备条件

1. 记者隐去了记者身份而出现在新闻事件的现场

记者隐去了记者身份而出现在新闻事件的现场。值得注意的是，这时的"记者隐去了记者的身份"是一种带有主观故意的行为，这和一些记者不期而遇的目击性新闻或者目前新闻界议论较多的体验式采访有所不同。新闻记者了解到某些地方正在发生适宜进行隐性采访的事件或者经常发生适宜隐性采访的事件后，会有意识地进行隐性采访。"我在现场"，这对隐性采访来说是十分重要的，如果记者不在现场，就无法顺利完成隐性采访。当然，这里的"现场"是一个比较宽泛的概念，例如，电话暗访时，记者不一定在"绝对现场"，但也可视作"我在现场"，是一种"相对现场"，记者面对的是隐性采访新闻事件的当事人。

2. 采访是在被采访者未知的情况下进行的

采访是在被采访者未知的情况下进行的，这一点是不言而喻的。如果采访对象知道自己的行为是在新闻记者的注视关心下，他们就会采取一些规避自己错误言行的方法，新闻记者也就无法获知所需要的新闻素材。这样，隐性采访也就不成为隐性采访，而成了公开采访。隐性采访能否顺利完成，与是否能做到让"被采访者未知"密切相关，也是体现记者业务水平高低的关键所在。

3. 采访未事先征得被采访对象的同意

采访未事先征得被采访对象的同意。如果说第一、第二个条件主要涉及采访的技巧方法问题的话，那么第三个条件则较多地涉及新闻职业道德和法律责任问题。事实上，围绕隐性采访的道德和法律争议，也主要集中在这一点上。但是，笔者一直认为，对公共利益和公共道德的尊重是可以对抗隐性采访"非法"及"非道德"的质疑的。许多人对隐性采访质疑的依据是《中国新闻工作者职业道德准则》中关于"通过合法和正当手段获取新闻，尊重被采访对象的声明和正当要求"这条规定，事实上，在隐性采访中，是无法满足这条规定的，一旦满足，隐性采访就变成了公开采访。从另一个角度看，隐性采访的对象一般为从事非法或非道德行为的人。事先征求被采访对象的意见，对他们所谓"声明"（例如，拒绝接受采访）的尊重，实际上是对他们从事非法或非道德行为的尊重，这与公共利益和公共道德的要求是相悖的。

三、同步采访

同步采访也称"现场采访"，能很好地发挥电视优势，适合这种方式的新闻篇幅短、事实新、时效性强，有新闻报道的"轻骑兵"之称。怎样让现场短新闻产生更大的魅力，靠的就是现场采访的本领。在同步采访中，需要掌握：宜短不宜长；开门见山，因势利导；口耳眼手并用；随机应变；氛围和谐。

（一）同步采访的概念

越来越多的主持人节目都把同步采访作为节目的重要内容。不仅新闻类节目、社教类节目，就连综艺娱乐类节目也离不开它。全国各地评选最佳节目主持人都把同步采访作为评判主持人的重要项目。因此，同步采访是主持人的必修课，是衡量主持人优劣的重要标准，也是充分展示主持人个性风采的窗口。

（二）同步采访的要点

同步采访的新闻篇幅短小、内容集中、事实新颖、时效性强，堪称新闻报道的"轻骑兵"，它能迅速反映老百姓的心声和他们最关注的难点、热点和焦点问题。让现场短新闻在老百姓中产生更大的魅力，就要靠新闻记者现场采访的本领。在采访中，记者要架起与采访对象之间的桥梁，并能打开采访对象的心扉，获得人物之真、人物之善、人物之美，记者在采访中需要掌握一定的提问技巧。

1. 宜短不宜长

提问，是记者在采访活动中的主要实施形式，如何从不同的采访对象口中得到记者想要获取的信息，关系到采访活动的成功与否，决定着记者能否得到真实准确的新闻事实。记者在采访时，要突出短新闻的特点，提出的每个问题都应认真推敲，精心设计，宜短不宜长。人的记忆力有限，如果提问拖泥带水、含混不清、笼统抽象，采访对象就会边听边忘、答非所问。

有的记者采访时不分场合、地点、时机，动不动举起话筒就问一些漫无边际、大而不当的问题，这样的提问往往会使采访对象不知如何对答。还有一些记者在采访中，采用简单的问答式甚至逼问式，你问我答的采访使应有的相互交流成为硬邦邦的"答记者问"。而逼问式采访则是采访者出于写作的功利性，企图"引导"采访对象按自己的意图回答问题，这样往往会引起采访对象的反感。

2. 开门见山，因势利导

开门见山式地提问，是记者在采访中进入话题快、采访效率高的一种提问技巧。这种提问简洁、通俗、直截了当，不拐弯抹角，不含糊其词。

有话直说，不讲客套，可以使采访气氛和谐、坦诚，但这不意味着只要记者一提问，对方就能像竹筒里倒豆子一样，把记者所要了解的事实全倒出来。这要看采访对象的具体情况，有些人善于交谈，口若悬河地谈话，会使记者在采访中失去主动性，这就要及时暗示、善于引导，逐渐把谈话引入正题。有些人却不善言谈，不能很好地配合记者的提问，采访中会"冷场"，搞得气氛很僵。要打破僵局，记者就要善于寻找"突破口"，比如，从采访对象的兴趣和爱好上打开突破口，也可以从拉家常开始，激发采访对象的兴趣，话多了，僵局就打破了。这时，记者因势利导，开门见山地提问，就会采访到所需要的素材。

3. 口耳眼手并用

记者采访时，要学会用眼睛和耳朵观察身边的人和事，用眼睛和耳朵采访是配合提问的，记者到现场采访，能否捕捉到丰富的素材，使新闻报道有价值，不仅要看记者的写作水平，还要看记者的采访艺术，比如，提问时能否发挥口、耳、眼、手并用的本领。

"看"是用眼睛采访，这是把握新闻真实性的第一关，"眼见为实"就是强调观察得深、观察得细，看到的东西一般来说是比较可靠和真实的。一些生动的细节往往是记者在现场经仔细观察而取得的。

"听"则是用耳朵采访，是记者通过采访了解和落实他人的"看"，了解新闻线索，"看见的"和"听到的"都有助于记者掌握新闻事实。但"听到的"有时候不一定是新闻事实，人们常说"耳听为虚，眼见为实"，"道听途说"是采访的大忌，容易发生新闻失实。这就要求记者通过现场采访、提问来落实所听到的新闻，反映事物的本质。

同时，在采访中还要用好眼神、表情、手势等体态语言，比如，关注的眼神、倾听的姿态、善意的微笑、恰当的手势，这些无声语言与巧妙的提问相结合，能传达更为丰富的信息，收到满意的效果。所以，只要在这几个方面狠下功夫，就能在写作时避免采访到的素材带有片面性或失实性。

4. 有的放矢

俗话说"一把钥匙开一把锁"，提问要有的放矢，根据不同的人提不同的问题。反过来说，可以根据不同的问题选择不同的采访对象，或者同一类问题根据不同的人采取不同的问法。如果选择平民话题，就要深入社会生活的最底层，体验平民生活，倾听百姓的呼声，反映群众疾苦，敢于触及老百姓特别关心的热点和难点问题，以引起社会的关注，引起有关部门的重视，使之得以解决。

5. 态度和蔼，气氛和谐

记者和采访对象无论是在语言交流上还是在感情交流上都是平等的，决不能有意无意地以一种居高临下的架势提问题，把自己看成是"钦差大臣"，看作是"无冕之王"。记者的言谈、举止、态度，不仅深深影响着采访效果，也会影响到采访对象对记者所代表的新闻媒体的看法。

比如，同一个采访对象，同一个新闻事实，有的记者费了好大力气还是得不到对方的配合，要是换一个记者，采访的态度、语气和方式改变了，也许采访对象就能向记者敞开心扉，使记者获得宝贵的素材。因此，记者在采访时，首先要注意礼貌待人，尊重对方，态度要和蔼。随着人们物质生活水平的普遍提高，个人素质也有很大提高，人们现在特别注重自我价值，对媒体不再有以前那种敬畏感和神秘感，也更懂得在媒体上如何充分发表自己的意见。这就要求记者与采访对象保持人格平等，从而达到心灵的沟通。自以为是、盛气凌人、高高在上的记者往往会让采访对象避而远之，甚至吃闭门羹。

其次，在采访中一定要注意语言艺术，把握分寸。提问要自然得体，千万不能用"审问"的口气，不唐突，不鲁莽，不咄咄逼人，不要不合时宜地提问，让对方难堪。记者在对方回答问题时一定要仔细倾听，不随意打断，也不心不在焉，一定要把自己当作一个普通人，用平常心态和平等意识与采访对象进行交流和沟通。

最后，记者在现场采访时，要选择百姓视角，在电视语言和语境创造上要体现百姓意识。记者是以新闻事件的目击者身份或采访者身份，在事件现场做报道的，这时，记者就是百姓的代言人，如何当好这个代言人？这就要展示记者的看家本领，运用提问的技巧，创造和谐的气氛，通过自然亲切的交流，在短时间内和采访对象一见如故，彼此信任，形成一种和谐的采访气氛。

四、体验采访

"带着泥土味儿的新闻才是好新闻"，体验式采访是记者深入了解基层生活好方法，能够使记者同生活保持紧密的血肉联系。

（一）体验式采访的优点

体验式采访，其实就是要求记者深入生活，这是新闻写作的基础和源泉；深入生活就是要贯彻深入实际、深入群众的采访路线。涉浅水者得鱼虾，潜深水者得蛟龙，就是对体验式采访优点的形象总结。

1. 体验式采访能更真切地了解事物真相

采访是一个认识过程，而通过亲身体验，记者的这个认识过程就会更扎实、更自然、更合情合理。人要认识某个事物，就要和那个事物接触，就要体验那种环境，从感性认识上升到理性认识。记者有时要报道完全陌生的事情———不仅对读者是完全陌生的，而且对记者也是完全陌生的事情，记者只有争取同那个事情直接接触，亲自实践，才能真切了解那个事物。

2. 体验式采访能更方便地获得所需要的材料

体验式采访往往深入采访对象的生活中去，这就便于记者与采访对象打成一片，从他们那里获得更多帮助，了解到更深入的情况。因此，当你在采访中，经过努力仍然不能从采访对象中获得有价值的材料的时候,你不妨先参与到他们的生活中去,在实践活动中同他们打成一片,加深与他们的感情,或许采访会呈现新的局面。

3. 体验式采访能写出更生动的报道

俗话说,听过不如见过,见过不如亲自干过。听过,可以说"知道",见过可以说"了解",亲自干过才能有深切的感受。记者写一般的新闻报道,可以不经过亲身感受,而他如果想写出打动人心的报道,那就一定要有自己强烈的感受,自己没有感受的东西是不可能写出感动别人的报道的。

4. 体验式采访有时能了解到其他采访方法了解不到的情况

对一些批评性"曝光"报道,用一般的采访方法往往很难发现问题,因为被采访对象可以有较充分的"准备",在记者面前有一定的戒备心理,提供的事实有片面的"有利性"。而体验式采访因为被采访对象不知道有人在暗中采访,于是就会像对待常人一样对待记者,使事实的真相完全显露在记者面前,最终达到记者采访的目的。

总之,体验式采访不仅有利于记者正在进行的这次采访,还有利于记者的总的生活体验和生活积累。经常进行体验式采访,能够使记者同生活保持有血有肉的联系,同社会上的人们保持息息相通的联系,避免仅仅从记者角度看问题而产生许多"职业病"。

(二)体验式采访的选题

体验式采访与普通采访一个重要的区别在于,它首先已经知道了采访对象、采访地点甚至采访的主题,是一种策划后的采访。因此,在策划中选择什么样的采访对象、宣传什么样的时代精神、抨击什么样的丑恶现象,对于采访是否成功至关重要。

1. 要做到指导性可读性的统一

这几年来,我国新闻界一些公认为比较成功的体验式采访,其选题几乎都是紧扣时代脉搏,同时涉及那些社会关注的热点、政府工作的难点、群众心中的疑点,并在舆论上有一定突破,在广大读者中产生了正面效应,避免了负面效应。这种情况表明我们的选题只有在党的宏观宣传报道要求和读者喜闻乐见的具体要求之间,找到最佳结合点,才称得上选对了题,选准了题,才有望使体验式采访的目的得以实现。

2. 要做到大主题和小角度的统一

许多事情主题重大,如环境保护、职工再就业、行业风气、假冒伪劣产品生产销售等,每个问题都是十分复杂、十分庞大的系统工程,这种事情的报道,如果一味地笼统全面地讲大道理,是起不到最佳宣传效果的。反映这些问题的最好办法,是采用以小见大的形式。

3. 做到热点和冷点的统一

热点是一个时期内一些人集中关心、议论或热切的渴望与要求,冷点是指一些通常不被注意的事或人,是被遗忘的角落。处理好冷热关系,就要客观地、真实地按新闻规律办事,做到关注热点,不忘冷点。新闻的一个重要功能是告诉人们欲知而未知的事,因此,热点报道固然是新闻采访的一项重要内容,它是人们最需要知晓的事情,而冷点的报道也必然受到一些人的关心和欢迎，有时甚至会得到出人意料的效果。

（三）体验式采访的要点

体验式采访虽然有不少优点，但它只能是众多采访方法中的一种，是一般采访方法的一种补充，我们不能盲目使用体验式采访，以体验式采访为万能。

1. 体验式采访具有很大局限性

体验式采访，要求记者以当事人的身份，直接参与某种活动，记者具有采访者和当事人的双重身份，记者的能力有限，许多事难以体验。

2. 体验式采访要遵守道德规范和法律规范

既要积极主动、千方百计搞好新闻采访，又要途径正确、方法得当、行为规范。

3. 体验式采访要防止片面性

体验式采访，有时因记者素质、经验的关系，容易"钻得进，跳不出来"，使观察和体验产生片面性，从而影响新闻报道的质量。因此，当记者进入某一角色后，不能被一人一事牵着鼻子走，产生片面的同情心和亲和力；而应站得高、看得广，把宏观和微观结合起来。记者平时也要不断加强自身学习，积累素材，锻炼自己的实际工作能力，丰富社会经验，提高自身素质，以便在体验式采访中更好地把握事实。

五、目击采访

目击采访的核心是观察，要了解目击采访的艺术，就要明确观察在新闻报道中尤为重要。

（一）目击式采访的特点

目击式新闻是见闻式报道，不是追述性报道；是再现式报道，不是反映式报道；是纪实性报道，不是解释性报道。它要求作者必须置身于新闻事实发生现场，是新闻事实发生的目击者、见证人。

目击新闻是一种能够让读者"看得见、摸得着"的新闻形式。目击式新闻报道是来自新闻事件发生第一现场的报道，要求遵循新闻事实，兼具鲜活特色，使报道更有力度，也是顺应现代新闻改革的需求。

目击新闻除具有一般新闻所共有的新、真、短、快等特点外，同一般新闻又有许多不同之处。目击新闻的写作是用直观形象反映和报道事实。它吸收了电影、电视的某些特点，尽力使静止的东西动态化，平面的东西立体化，抽象的东西形象化，让人感到如临其境，如闻其声，如见其人。

（二）目击式采访的要点

目击式新闻因为要完整报道新闻事件的过程，所以通常采用时空变换的结构，即根据时间的进展，对不同的场景、细节、人物进行描写。

为了避免单纯的现场描写造成内容的单一与主题的平面化，运用目击式报道方式一般也要加入必要的背景与少量的议论或抒情，以深化主题。不过，为了不打断动态结构，保持读者的阅读兴趣，一般将背景和议论材料分割成几部分，通过化整为零、化长为短，把静态的资料融入动态事件中。

目击式在报道事件性新闻上具有的特点，有时也被用来改善非事件性新闻的报道风格。比如，近年比较流行的亲历式报道、体验式报道，就是在目击式基础上进一步扩展、衍生出来的，它要求记者亲身参与某一行动，并在其中扮演一个角色，用自己的体验弥补近距离采访仍会留下些许遗憾，使记者与采访对象不但在空间上，进而在感情上保持了"零距离"，使关于人物、行业或问题的报道也充满了人情味和感染力。

第二节 采访技巧

一、采访的语言艺术

众所周知，正确的语言表达技巧在新闻采访中的重要性。新闻采访是否合格，不仅影响着采访效果，而且关系着后期的新闻编辑等工作。若新闻采访人员在采访过程中不能准确提问，那么采访效果自然也达不到预期，后期的新闻编辑工作也无法完美进行。由此可见，新闻采访人员的语言表达技巧在新闻采访中的重要性，所以，新闻采访人员也应当与时俱进，提高自身的素养，对语言表达进行创新与改变。

（一）采访的语言要求

1. 语言的正确表达

新闻采访人员在新闻采访中起着至关重要的作用，新闻采访能否顺利进行，能否达到预期的采访效果都取决于采访人员的专业素养是否过硬，一个优秀的新闻采访人员应当熟练掌握语言表达技巧。在新闻采访过程中，新闻采访人员需要严格按照台本要求进行语言表达，但一个真正专业的采访人员在脱稿采访时也应能完全胜任采访工作，在采访过程中能准确表达想要表达的意思。

2. 与被采访者的互动沟通

在实际新闻采访的过程中，新闻采访人员应当注意观察采访对象的情绪。同时，新闻采访人员一定要保证自身的行为规范，采访人员错误的行为和语言都有可能影响被采访人员的情绪，从而影响后期的新闻采访。

3. 采访人员应当具有独特的采访特色

新闻采访人员应当明确自身的采访特色，有自己对新闻事件独特的见解，在采访中准确提问，直击问题本质，不应当随波逐流，盲目应声附和。

4. 采访人员应当具有极强的专业素质

新闻采访的机会是十分难得的，所以，新闻采访人员应当把握采访节奏，在短时间内提出有效的采访问题，尽快完成采访任务。同时，新闻采访时难免会因为被采访人员的言语表达而被带偏采访节奏，所以，新闻采访人员应当有随机应变的能力，及时调整采访策略。

（二）采访的语言艺术

新闻采访人员应当具有专业的采访素质。在采访过程中，应善于即兴发挥，运用自身丰富的文化底蕴对采访主题进行解说，把握采访重点。另外，采访人员还应懂得随机应变，在突发情况时，巧妙化解尴尬。同时，也应当注重与被采访者之间的互动，如言语互动、肢体互动等。在幽默又不失严谨的采访中，调动被采访者表达的积极性，增加被采访者对自己的信任度，使采访气氛更加融洽。那么，新闻采访人员应具有的采访技巧有哪些具体表现呢？

1. 高情商的语言表达

新闻采访人员应当具有专业的语言素养。

第一，在采访中，普通话应达到标准，吐字清晰，能够在言语中表现出真情实感，充分体现新闻的真实性。

第二，在采访中，新闻采访人员的语言表达能力极其重要。高情商的语言表达可以达到更好的采访效果，同时也给采访对象留下良好的印象，为后期访谈的顺利进行奠定坚实的基础。

第三，新闻采访人员好听的音色可以让被采访者的紧张感得到缓解，得到放松，让被采访者更愿意接受采访。

第四，新闻采访人员的言语应当避免过于生硬，适当增加幽默感，活跃采访气氛，让被采访人员更乐于倾诉自己内心的想法，保证后期的采访顺利进行。

2. 亲切的语言表达方法

新闻采访人员应当注重语言的表达方法，让访谈嘉宾处在轻松愉快的交流环境中。通常来说，新闻采访人员亲切的语言表达方法更能让被采访者感到放松，从而消除访谈过程中的紧张感，保证后续采访的顺利进行。

3. 给予被采访者一定的思考空间

虽说有些时候采访时间过于紧张，要提高采访速度，但也要注重采访的质量和被采访者的感受。在采访过程中要给被采访者留足思考空间。在提出一个采访问题后，给被采访者留有一定的回答时间，让被采访者能更加真实更加充分地表达出自己的内心想法。同时，也应该照顾被采访者的感受，在被采访者阐述时认真聆听。

4. 把握采访节奏

新闻采访人员在采访过程中，应当把握好采访节奏，避免采访对象带偏采访节奏，影响采访的整体进展。因为采访时间一般来说都相对短暂，所以在提出采访问题时，采访人员应当把握采访重点，直击问题的关键。

5. 对采访对象进行深入了解

新闻采访要对采访对象进行深入了解，在融媒体形势下也要做好采访准备工作。为了保证播出效果，要做好采访预案设计工作，设计好选题。

二、采访的观察艺术

观察属于一种比较持久、有计划及有目的的知觉感知活动，其是人们通过视觉对客观世界进行了解、认识的主要方法。同时，观察是新闻采访工作人员最基本的能力，其对记者开展新闻采访工作有重要影响，这也是记者必须掌握的一种新闻采访艺术。从新闻采访的某种意义上看，新闻记者的工作主要就是对采访对象进行观察，然后再对信息进行相应的传播，对舆论进行引导，进而起到教育大众及提供娱乐的相应目的。

（一）观察艺术的含义及特点

1. 观察艺术的含义

所谓观察，是指仔细察看某种客观事物或现象，它是一种有目的、有计划的直觉行动，是人对现实感性认识的一种主动形式，它主要是通过人的眼睛来观测和察看。新闻采访中的观察，则是指新闻记者在对新闻采访中，通过感官对现场环境的一种把握并进行思考后，从而在主观上认识到客观实际中发生的事实而采取正确的采访方法。观察之所以是一门艺术，是因为个别人能看到别人看不到的东西，从而为社会揭露真相。在新闻采访中，主要通过对人和周围环境进行观察，从人的眼神、表情、动作、姿势等以及环境的气氛景象等以发现不同之处。

2. 观察艺术的特点

观察从定义上来分析，可分为三个基本特点，即直接性、捕捉性和同步性。所谓直接性，是指记者所看的现象是最初的，并没有经过新闻加工提炼，是最真实的一手资料，保留了新闻事实的原汁原味和完整，在这期间发生的所有细节都能成为新闻记者以后报道的依据。捕捉性是善于观察具有洞察力的发现，观察要想获得比较完整有效的信息，需要寻找捕捉准确信息的角度，以便得到更多有效的资料，所以观察也需要新闻记者善于捕捉的目光，迅速、犀利而独到。同步性是指新闻采访的即时性，新闻采访的新鲜性要求是对正在发生事件的事件快速准确地发布，观察正是目睹当前正在发生的事，因而能同步发布新闻信息，快速发布。

（二）观察艺术在采访中的作用

人们通往世界的窗户主要就是眼睛，只有将这扇窗打开，才有可能捕捉到世界上最真实、最精彩的画面、信息。新闻记者如果想将最具说服力、最真实、最新鲜的新闻采访材料呈现给读者，就必须掌握新闻采访中的一手资料，其就必须充分利用眼睛进行观察。记者观察主要就是在新闻采访过程中从主观认识角度利用客观手法对采访现场的所有细节进行感知、记录。

因此，在开展新闻采访工作时，记者必须对自己的观察能力进行培养，让自己成长为一个环境现场的研究人才，进而才可以使自己在采访中锐利、快速地对相关信息进行捕捉，利用眼睛所观察到的各种信息完成更加优秀的作品。

记者在进行新闻采访时，对采访对象及周边事物进行观察可以使其获取更多一手资料、信息，进而使新闻的真实性、准确性得以保证。因受到社会环境变得较为复杂的影响，致使新闻报道中存在严重的失实现象，进而使新闻报道的可信度大大降低，导致该现象越来越严重的一个主要因素就是新闻记者进行新闻采访、报道时，仅仅是根据采访对象口头的介绍、摘编文字、简报来报道新闻，缺少现场踩点的相关工作，新闻记者没有去采访现场获取一手资料而导致的。因此，记者在进行新闻采访时必须亲自到新闻现场进行观察，这样才可以写出具有较高可信度的报道。另外，新闻采访中记者进行详细的观察还可以使其采访认知过程相应缩短，让新闻报道的可读性增强。在新闻采访的过程中，会遇到一些口问和耳听都无法弄明白、难以叙述及介绍的事物，比如，科技、工程以及经济等一些具有较强专业性的新闻报道，但只要记者亲自去对现场进行观察，就比较容易对其进行理解，记者就可以对这些新闻采访素材进行掌握，产生关于此次采访的形象思维，进而就能编写出一篇较好的、真实的新闻稿件，使新闻报道更加通俗、易懂，使其可读性得以提升。

（三）观察艺术在采访中的运用技巧

观察艺术也即看的艺术，"看的艺术，核心是看个明白、透过现象看本质。"因此，要想成功把握观察艺术，不仅要知道怎样看、看什么，还要善于看、看明白。新闻采访要求新闻记者具有一定的大格局，对新闻事件具有清晰透彻理解的分析，从而打破新闻源的局限性，避免出现平铺直叙甚至是错误的报道，而一旦掌握观察艺术的运用技巧，就能对某一事件有深刻而独特的见解。

观察艺术在新闻采访中的运用技巧简要介绍如下。

1.抢占视角，突出重点

新闻采访是对最佳新闻信息的捕捉，要想在观察中获得最佳信息，必须有一个最佳的观察位置。观察同一件事物，站的位置不一样，那得到的效果也不一样。但是，对观察最有利的位置只有一个，所以记者要想在众人中获得对新闻报道最有价值有意义与众不同的信息，就必须抢占该优势位置。在观察过程中，不能漫无目的毫无选择地看，必须有所侧重，在统揽大局的基础上，分清主次，着重对主要人物或事件进行观察，对人物或事情的细节、特征等进行仔细观察。

2.善于分析，把握新闻挖掘机会

在新闻采访中，要边观察边思考，将众多混杂的感性资料做更加理性的分析和判断。在西方曾流传着一个故事：一个上任不久的记者，曾奉命去采访一名著名演员的演出。他到了剧场，看到剧场空空如也，挂着一块"因故停演"的牌子，他便扫兴而归，回家睡觉去了。次日，各报头条报道了女演员自杀的消息，这个记者大吃一惊。有经验的记者告诉他说："像这样一位名演员，首场演出被取消，本身就是新闻，它的背后可能有更大的新闻，以后你的鼻子可不要再感冒了。"这个记者之所以错过了这个重大新闻，正是源于他的不善于思考，对于相关联的事情不善于分析，才没有把握挖掘新闻的机会。

3.结合其他采访方式

在新闻采访中,观察固然是获得新鲜信息源的最佳方式,但有时眼睛也会受到欺骗,但是,新闻是要求高度的精确性和真实性的,为了确保新闻信息快速准确地发布,在新闻采访时还需借助其他形式的调查证实,才能确保发布信息的真实准确,如向多个方面进行查询证实或者查找相关文献等。

4.审时度势

在进行新闻采访时也要看场合,要学会察言观色,会选择时间说正确的话。比如,在追悼会上,新闻记者完全不顾及遇难者家属的感受,不停地追问,为完成采访而采访,那样不仅会事倍功半,还会留下非常不好的印象,对媒体造成不良影响。

(四)观察艺术在采访的运用中应当注意的问题

当然,在新闻采访中除了熟练运用观察的技巧外,还有其他一些问题也需要特别注意,在一定程度上它决定着新闻采访的成败。一是要明确采访的目的。在新闻采访中,采访目的和任务目标决定着采访者观察的范围以及观察的侧重点。二是作为一个新闻记者要具备强烈的好奇心,热衷观察。新是新闻的一个必备要素,这就要求新闻采访者有一个敏锐的头脑和对周围事物强烈的好奇心。新闻记者这个行业需要永远保持一颗年轻活跃的心,正如有人形容记者的行业是"青春的行业"一样。

三、采访的心理调节

(一)记者的心理素质和自我调节

一则新闻作品的完成,需要记者进行采访、协调与写作。在整个工作的进行中,记者不仅需要具有丰富的知识、良好的沟通和写作能力,而且需具备较强的新闻敏感性,对新闻价值具有一定的判断能力,同时还要具备良好的心理素质。记者较好的心理素质,是完成一篇优秀的新闻报道所不可或缺的。心理学将人的心理因素构成归为智力和非智力因素两类,其中智力因素指的是认识过程中的诸因素,而非智力因素主要包括情感、意志、情绪及个性心理等。

1.新闻记者心理素质的定义

心理素质为人整体素质的重要组成部分,指的是在一定的先天遗传基础上以及后天环境及教育的影响下,经主体实践训练而形成的个人品质、心理状态和心理能力的综合体现,因而是个人先天因素与后天因素的结合。心理素质的好坏可通过以下几方面加以衡量:性格品质的优劣、心理适应能力的强弱、认知潜能的大小、内在动力的指向和大小等。心理素质对内表现为心理健康的状态,对外则表现为主体行为习惯的优劣与社会适应状态。对于新闻记者而言,做好新闻采访工作才能形成优秀的新闻报道。

人们常说的"七分采,三分写",就体现了采访的重要性。在新闻采访工作中,记者良好且稳定的心理素质能使新闻采访活动变得更加顺利,有利于记者与受访者的沟通交流,也有利于了解事件的本质及真相。新闻记者主导采访全过程,除丰富的社科知识外,记者的气质特性、性格品质、采访的情绪、表情、意志等心理素质皆对新闻采访活动具有重大影响。

2. 新闻采访中记者的心理素质分析

记者的心理素质包括才智、勇气、温和的态度、气质、果敢的作风等各个方面，下面对采访情绪、采访表情与采访意志这三类心理因素加以分析。

（1）采访情绪

情绪是个体对客观现实所做出的反应。对于新闻记者而言，由于其个人经历与生活经验不同，对于客观现实会表现为肯定或否定等不同情绪，皆可称为采访情绪。具体而言，包括记者的心境、应急心理和激情。记者的心境会影响其对事件的看法和认识，当记者心境好、情绪高时，往往能积极工作，采访效率高；反之，当记者心境差、心烦意乱时，往往难以处理好各种关系，不利于高效采访。

因而，记者应时刻调整自己的情绪，保持良好的心境，以饱满的热情应对工作。记者的应急心理是其应对突发状况时的情绪态度，若遇事紧张，则难以果断做出反应，亦会影响其身心健康。因而，记者在日常工作中应注重培养自己的应变能力，增强心理承压能力。激情是一种强烈且短暂的情绪，记者在采访时往往容易引发激情，这就需要其对激情有正确的认识，做到有促有控，收放自如，既不能在采访时放任自己的激情，也不能冷若冰霜，缺乏与受访者之间的共鸣。

（2）采访表情

表情是人情绪的外部表现，主要包括面部表情、言语表情和身段表情。记者在采访时要注意采访表情，要表现得体、适度。因为记者的表情有可能对采访对象产生一定的影响，或使采访对象感觉舒适自如，或引起其反感，这对于采访的顺利进行都会存在一定影响。因而，在采访工作中，记者要善于控制和调节自身的表情动作，营造融洽的访谈氛围，促进采访圆满完成，例如，在采访一般群众时，切不可因对方衣着不洁、相貌丑陋、不善表达而显露出鄙视、冷淡等表情，应避免伤害受访者的自尊心。

（3）采访意志

采访意志，即指记者以自身的意志力量来调节或控制自身行为，以克服困难，达到预期采访目的的心理素质，具体包括：自觉，即在采访工作中要自觉主动搜集新闻线索，独立完成工作，具有较强的责任心，如此才能挖掘新闻价值，写出优秀的作品；坚韧，即记者在采访中要不畏困难，坚决完成任务，要有"打破砂锅问到底"的坚持精神；果断，既要有实现目标的决断精神，大胆勇敢、多谋善断，不可在采访中患得患失、优柔寡断，果断能使记者工作时雷厉风行，提高工作效率；自律，既要严于律己，不违背社会道德和职业操守，要勇于克服自身弱点，敢于自我检讨，这也是新闻记者的优秀品质。

（二）调节采访对象心理的技巧

在采访过程中，记者和被采访者是平等的关系，所以采访对象如果不愿意接受采访，记者也不能勉强。但是，记者在这个过程中有很大的能动性，具体体现在记者可以通过揣摩对方心理，看准谈话时机，有进有退，营造融洽的谈话氛围，激发被采访者谈话的兴趣，从而获得更多具有新闻价值的信息。

1. 采访对象的心理类型

在采访实践中，我们往往会遇到两类人：一类是合作者；另一类是不合作者。不同的采访对象其心理素质也是不相同的。

（1）合作者

合作者往往具有以下心理。

需要：有些采访对象乐意接受记者采访，这是因为采访活动符合他们的需要，意识到记者的采访是在支持他们的工作，或者报道本身有利于他们工作的展开。如有的单位或个人有大型活动时，总是邀请各大新闻媒体记者参加，为他们报道新闻。在这种需要心理中，有个别人或单位想利用记者的采访报道为他们自己或单位扬名。对这样的采访对象，记者要防止谈话中有水分。有些数字要核实，以免报道失实。

信任：只有取得采访对象的信任，记者的采访活动才能深入进行。信任心理来自两个方面：一方面可能是出自对新闻机构的信任；另一方面是对记者本人的信任。对记者的信任来自过去交往中的友谊，或者记者的外表、风度、学识修养。记者的谈吐和提问的技巧也可以影响采访对象的信任感。

善谈：由于采访对象的性格、气质、职业不同，在接受采访时心理状态也不同，有的采访对象思维敏捷、思路清晰，善于表达自己的思想；有的因职业的锻炼有较好的口头表达能力。这样的采访对象在接受采访时，不紧张、不胆怯，往往能很好地配合采访，使采访谈话处于良好状态。这类人如教师、演员以及经常讲话的干部、领导等。

情绪：我们都有这样的生活经验，一个人当他情绪好时，找他办事就比较爽快，而且也容易办成。情绪不好时，就容易碰钉子。采访对象的情绪，往往会影响采访谈话的心理。轻松、稳定、愉快的情绪，有利于采访谈话的进行。因此，记者要选择采访对象情绪稳定、心情愉快时去采访，这样双方可以在良好的情绪气氛中打开话匣子，使采访获得成功。

（2）不合作

不合作的采访对象往往有如下心理。

谦虚：有的采访对象，特别是一些先进人物，尽管有许多感人的事迹，但出于谦虚的品德，往往不愿意宣传自己，不积极向记者提供生动的材料。遇到这种情况，记者只有采取"农村包围城市"的办法，先打外围战，先采访他周围的人或熟悉他的人。

紧张：大部分人初次面对摄像机镜头时都会有不同程度的紧张情绪，有的采访对象不善言谈，不善于社交活动，或者性格内向，或者对采访的问题没有思想准备（随机采访）都会产生紧张的心理状态。越紧张，就越谈不成。对于这类采访对象要设法消除他们的紧张情绪，先从轻松的话题谈起，待采访对象消除紧张情绪后，再谈正题。或者提出问题后，让对方有思考的余地，然后开机录像。

反感：有些采访对象对记者的采访有反感的心理情绪，产生反感的原因是多方面的。

一是以前吃过新闻报道的亏，所以见到记者采访就反感；二是记者所在的新闻机构以前有过虚假的报道而导致采访对象对记者并不信任；三是单位风气不正，怕接受采访后，遭受孤立和打击，而不愿出头露面；四是明知自己做错了事，害怕被新闻单位曝光，见到记者就回避；五是对新闻机构有成见，甚至把防新闻单位与防火、防盗相提并论。凡此种种都会造成对采访活动的反感心理。

2. 采访对象的影响因素

影响采访对象心理的有以下一些因素。

（1）社会群体心理影响

每个人都生活在社会的一个阶层、一个环境之内，不能不受到社会环境的熏陶和影响。不同社会地位、不同文化素养、不同生活条件的人，对同一事物的看法和感受是不一样的，这是群体心理对个人的影响所致。

官员、干部：这类人比较难采访，虽然他们都很善谈，善于分析、归纳问题，但他们往往是照本宣科，官话、套话多，很难说出实质性的东西。这是因为他们面对镜头时，顾虑较多，压力较大。

农民：和农民打交道比较容易。他们大多朴素、直爽，没有太多顾虑，容易实话实说，但由于受到文化程度的限制，有时讲话没有条理，有的不善言谈，面对镜头发怵、紧张，有的方言较重，交流困难。记者提问时最好用地方话、口语化，避免交流困难。

专家、学者：这类人学有专长，而且平时都很忙，惜时如金，热爱自己的专业。如果记者在采访中对他们所从事的专业一无所知，对他们的成果、著作缺乏常识，对方就会感到不被重视、不被尊重，和你谈话是浪费时间。俗话说，"酒逢知己千杯少，话不投机半句多"，在人际交往中，人们都有愿同知音者谈话的心理。因此，我们在采访这类人以前，要做认真的准备，通过外围采访，了解采访对象的著作、成就等，做一个合格的对话者。这是成功采访专家、学者的关键。

（2）个性特征的影响

个性特征决定着人的行为。性格外向、开朗，善于交际和言谈。性格内向、沉静，不善交际和言谈。不同个性的采访对象对待采访的态度是不同的。心理素质好、自信心强的采访对象回答问题痛快，直言不讳，积极主动。心理素质差的采访对象回答问题则往往缺乏果断力。记者在采访活动中要对症下药，采取不同的方法。

（3）记者能力的影响

在采访的初级阶段，刚与采访对象接触时，记者的仪表因素所产生的第一印象非常重要。记者要设法在仪表方面给采访对象造成一种吸引力，以激发采访对象在接受采访时具有良好的心理。电视记者还要善于消除采访对象的紧张心理，可用语言、神态等因素使对方放松，在平静的心态下接受采访。如有的采访对象一看到摄像机前面的红灯一亮就紧张，记者则可关掉红灯，在采访对象不知不觉中开机拍摄，往往能取得较好的效果。

3. 采访中的心理调节

（1）尊重采访对象，平等交流

相互尊重，才能平等交流。记者在采访普通群众的时候，要格外注意，站在平等的位置上与对方对话，不要总觉得高人一等，只有让被采访者感觉自己受到尊重，才会配合采访，才会说一些掏心窝子的话，记者也才能获得有价值的新闻线索。换位思考，这些心理学的内容用到任何地方都非常有效，生活中朋友之间可以无话不谈，如果记者和被采访对象成了朋友，交流、沟通起来自然不费力，容易达到事半功倍的效果。

工作中也存在这样一群记者，总觉得自己高高在上、学识渊博，不屑于采访一般群众，采访过程仿佛审问现场、毫无感情交流，一问一答、不问不说，这样采访的效果可想而知。还有一种情况，当自己的采访对象是某个领域的专家、领导等"大人物"时，有些记者见人下菜、仰视他们，畏首畏尾，不敢坦然进行采访。采访中的主动方就变被动了，这样的采访氛围可想而知。面对任何采访对象，记者都要平易近人、平等待人、不卑不亢，这才是记者应有的素养。

（2）寻找共同的话语空间

在新闻采访实践中，记者和采访者之间多多少少会有一些共同点，记者一旦抓住这些共同点，在采访过程中就可以直接拿来拉近彼此之间的距离，从而引出想要采访的话题，气氛活跃了，思路打开了，关系融洽了，采访也就能顺理成章，彼此相互信任的采访才是成功的采访。要做到这一点，记者在进行前期准备的时候，就要特意留心这些点，比如，老家在一个地方、都是一个姓、都有过某种经历、都从事过某种职业、都有某种兴趣爱好等这些平时不太注意的点，都可以拉近与被采访对象的距离。在最短时间内和采访对象成为朋友，从而使双方的谈话氛围轻松、愉快。

（3）感情交流

人与人之间的交流有很多种类型，有应付型、求利型、真心型等，有利可图会给人的内心装上枷锁。记者与采访对象要迅速成为朋友，必须以心换心，让采访对象感受到自己的真挚、坦诚。在这个过程中，记者既要了解对方，也要让对方了解自己。站在对方的角度为对方考虑，而不是只考虑自己，双方情感上交流的是否顺畅直接关系到采访中信息交流的质量。要想让采访者发自肺腑地畅聊，记者首先就要把采访对象当朋友、替他想、听他说，双向的感情交流，心灵上才能产生共鸣。记者把自己已经当成采访对象生活中的一分子，从他们的角度出发想问题、提问题，采访才能达到预期的效果。

（4）把握采访对象的心理，恰当进退

采访对象对访问会表现出不同态度，记者可以通过采访对象的不同态度，分析、掌握其心理。

第一，采访对象乐意接受采访而又善于与记者交谈。这类采访对象性格外向，善于言谈，再加之采访的目的与其利益一致，对记者的提问乐于回答。这样的采访比较容易进行，但记者也不能掉以轻心，记者要注意倾听，使对方保持最佳的心理状态，谈及更有价值的材料。同时，记者不能被采访者带着走，头脑要时刻保持冷静，当对方谈话跑偏时，要赶紧提出疑问，引导对方的谈话向自己采访的主题靠拢。

第二，采访对象乐意接受采访，但不善于与记者交谈。这类采访对象性格相对内向，在理解和表达上比较弱。在采访中，一紧张就很容易语无伦次、越跑越远。这时候记者对采访的掌控能力就派上用场了，不能直接抱怨、呵斥对方，最理想的做法是在尊重对方的前提下，委婉提出其不足之处，调节采访气氛，帮助采访者理清思路，逐渐消除其紧张心理。记者的耐心这时候就很重要了，不要急于求成，要善意地引导对方，同时要特别注意自己说话的语气、措辞，提问时可以尽量具体一点，给对方思考、回忆、表达的空间和时间。

四、采访的提问技巧

（一）恰当的提问方式

由于每个被采访者都不同，每个不同被采访者的差异也有大有小，做现场采访的情形是变化万千。每个被采访个体因其不同的年龄、地位、生活环境、所在地域乃至国度，造就了其不同的才华、脾气、个性、内涵、表达能力、沟通能力。

在采访中，记者提问的高明之处在于如何让别人"说"得精彩，这就要求记者讲究提问方式。记者要在了解基本情况的基础上，灵活运用不同的提问方式，例如，开门见山、单刀直入、启发引导、诱导等，来应对不同的场合。

另外，做好针对"非常"情况的应变策略也是必要的。新闻现场变化无穷，一些深不可测的因素随时都有可能出现在眼前。在新闻采访中记者一定要保持平和的心态，端正提问态度，把握自己的立场和态度。语气方面，既要不卑不亢，又要亲切自然，尽量做到通俗口语化。控制好局面，建立一个融洽的谈话氛围，循序渐进，层层深入，挖掘出有价值的东西，才能达到成功采访的目的。

（二）把握细节

认真分析是把握细节的法宝。不仅要在"课前"阶段分析，实战中——采访现场也应该带有理性分析。首先围绕中心问题。从熟悉的问题，慢慢由浅入深，直奔主题。提问与回答要平衡，不能多于回答内容，必要时刻进行点题。多留意周围的气氛，眼睛是心灵之窗，在同被采访者进行谈话过程中要注意观察其接受访问时眼神的变化以及肢体语言，是稳定、焦虑、自信还是抵触。避免因准备工作未做充分或是能力原因而造成的信息质量较低、画面毫无张力与冲击感。

总之，在采访过程中，记者要将身心紧密结合，不仅要表达出和谐的肢体语言，更要从被采访者的表现中捕风捉影，抓住细节，一举攻破，找到最合适的采访角度，才能找到普通中的异同、生活中的真谛，从而获得有价值的新闻素材，做一次成功的采访。

五、正确运用情感因素

采访中的情感因素，则是指记者和采访对象之间的情感联系。大量实践表明，在采访中，记者和采访对象之间只有达到情感的接近与沟通，才能"一通百通"，不但采访能顺利地进行下去，而且能取得最佳效果。

（一）适当运用情感因素

实际上是两个陌生人面对面的交谈，是与人打交道的工作。记者想要获得有价值的新闻信息，就必须运用情感因素，迅速接近采访对象。打开他的心门，引起他的情感共鸣，才能让采访对象与自己做深入的交流。尽管互联网兴起之后，采访手段越来越多样化，甚至发展到了电话采访，网上采访等形式，但面对面的访谈依旧是最原始却最有效的方式。而情感的运用则是决定双方谈话能否顺利进行下去的关键。"没有流泪，你怎么能写作！"著名记者穆青说过，记者的感情要始终溢于心中，时时流露笔端，只有和主人翁息息相关、水乳交融，甚至掺着血和泪去写他们，才能拨动读者的心弦。采访也是如此，没有情感的采访，收集不到深度的、有价值的信息，最终写出来的报道就会像白开水一样淡然无味。

在采访中，记者要善于营造轻松、随意、亲切、友善的谈话氛围打破被采访者心中的屏障，深入挖掘被采访对象的内心世界，并为深度采访打下情感铺垫。

（二）准确把握情感尺度

情感的运用能推动采访的顺利进行，但新闻贵在真实。因此，记者在采访时，要时刻保持一个客观者的姿态，保持自身的独立性，切忌滥用感情，不要以自己的喜怒哀乐误导对方，也不要被对方的情绪所误导。在采访对象的情绪被调动起来后，记者要时刻保持高度的冷静和理性，准确把握谈话方向，尽可能地挖掘被采访对象本身所固有的内涵，从而维护新闻的客观性与真实性。

（三）提高情绪控制意识

在电视采访中，记者的心理素质健康与否直接影响采访行为乃至节目质量的高低。因此，良好的心理素质和情绪自我控制能力是记者必备的素质。

作为一名电视记者，应该根据国家的法律法规和传统的伦理标准等来正确判断什么是对的，什么是错的，哪些是应该唾弃的，哪些是应该颂扬的。这就要求记者采访中要做到冷静而不冷酷、热情而不狂热。在采访中，采访对象所陈述的事实才是整个采访活动中的主角。记者的职责在于正确引导采访对象道出事实，并客观记录采访笔录而不能带有任何的个人偏见以及个人的情感色彩。

新闻采访的过程实际上也就是一个谈判的过程。新闻记者通过与采访对象进行谈判，从而获取新闻线索。因此谈判学很多理论都能运用到新闻采访当中去。其中，比较突出的就是运用情感武器。情感武器运用得当，能有效减少被采访对象拒绝接受采访的情况出现。注意长远的情感投资，更有助于拓宽记者的人际交往面从而有更多渠道去获取新闻线索。情感是喜、怒、哀、乐等心理状态，具体表现为对待客观事物的态度。在采访中，对同一事物的不同情感，会产生不同的采访效果。如果记者同采访对象情感一致，就会产生心理上的共鸣，从而缩短彼此之间的心理差距，使采访对象在最大限度上与记者合作。反之，情感相左，记者与采访对象就会感到"格格不入"，采访就难以顺利进行。

在这样一个讲求个性的时代，记者的采访对象森罗万象、变化无穷。只有打牢基本功，拥有过硬的记者常识和丰富的专业知识，并耐心地做好充分准备，提前考虑到可能偏离主线所出现的情况并预想出应对方案。临阵不乱，仔细地、理性地观察被采访者的肢体语言、语气以及各个方面的变化，控制好场面的平衡，以求做好每一次的采访。

第三节　融媒体报道采访方式的变革

融媒体传播时代的到来给新闻的采访和报道带来了"暴风雨"般的冲击，融媒体环境下信息的即时生产、移动传播、多元符号转换、实时接收等特性让受众从信息的被接收者一跃成为新闻的发布者和传播者，受众身份角色的转变打了新闻采访者一个措手不及，新闻采访者应该如何定位自身？应该如何引导主动性激增的受众？又应该如何传播信息？这些都是融媒体所带来的考验。不言而喻，融媒体语境给新闻传播以及新闻采访者带来了新的机遇与挑战。面对融媒体语境下人体的极度延伸，信息该如何制作与传播？

一、融媒体相关概述

融媒体作为媒介发展的产物，也是当前媒体发展的最新趋势。因此，厘清融媒体的相关概念，是在融媒体视域下深入研究高校思想政治教育实效性的理论前提。

（一）"融媒体"的演进

"融媒体"概念的衍生是在"全媒体"基础上进一步发展而来的，同样，在学术界没有明确、科学的概念界定。从媒介融合视角来看，"融媒体"其实是传媒界对"媒介融合"有了更深入、更充分认知之后所提出的一个全新概念。有部分学者认为，"融媒体"涵盖了"全媒体"的所有内涵以外，还延伸出了新的含义。所以，他们建议用"融媒体"替换"全媒体"。从"全媒体"发展到"融媒体"，这就是媒介形态演进的历史过程，推动媒介走向融合的动因或是动力支撑包含很多因素。

这主要体现在以下几个方面。

1. 科技创新

数字技术的发展为媒介融合的实现提供了技术平台，技术创新对媒介形态的演进起着决定性的影响。报纸、广播等媒体都建立在数字技术的基础上才能完成信息的传播、接收，数字技术改变了媒体传播的单一形式，为多媒体传播提供了技术支持。可以说，没有科技的发展，就不会产生新兴媒介，更不会出现传统媒体与新兴媒体之间的融合发展了。

2.社会因素

例如，市场因素和受众需求，媒体本身就具有双重属性，即媒体本身的公共事业属性和外在的商业属性。媒体的商业利益是来自它的影响力，而强大的影响力必然引起媒介生态位的激烈竞争，由于新兴媒体的影响力变强和抢占市场，挤占了传统媒体的生存空间，因而在外部形成一种推力，迫使传统媒体不得不向融合方向发展。如此，也就形成了传统媒体与新兴媒体在竞争中谋合作，以进行优势互补、战略重组的新局面。马歇尔·麦克卢汉曾说过："媒介是人体的延伸"，在媒介发展过程中，受众需求也是影响"媒介融合"的重要因素和内驱动力。

（二）融媒体的内涵

目前，融媒体在学术界还没有形成明确统一的定义，大家使用最多的概念来自百度百科的定义，而这一定义来源于学者庄勇所发表的一篇关于探索融媒体发展的文章，该文章从"新型媒体"的视角解释何为融媒体。文章中提出："融媒体是指为了实现信息共享而充分利用媒介载体，把既存在共同点又存在互补性的各类媒体进行全面整合，从而在信息传播过程中出现交融性传播效果的一种新型媒体宣传理念。"

简言之，所谓"融媒体"，就是要通过资源整合达到优势互补的效果，把传统媒体与新媒体的优势发挥到极致，实现"资源通融、内容兼融、宣传互融、利益共融"。由此可见，融媒体不仅仅是一个不同媒介之间相互激发而产生化学反应的新型媒介，还是一个渗透力强、竞争力也强的新型媒介。

对此，中国高等教育学会新闻传播专业委员会理事张成良教授，通过对融媒体定义的历史背景进行梳理分析，总结出前人们在定义融媒体内涵的共同点，从而在这一基础上提出了自己关于融媒体概念的定义，他认为融媒体是一种以形成的场景为核心，并以媒介形态为场景入口的新型媒介形态。融媒体之所以可以成为融合不同媒介形态的核心纽带，主要是因为有网络大数据技术的支持。这一定义从系统研究的视角切入，在理论上有了新的突破，从而提出了"全觉传授"的概念；在研究方法上也有了一定创新，根据复杂系统的熵理论，建构起融媒体传播的新模式，并开展了相关研究。

在《电视台融媒体平台建设技术白皮书》中"融媒体"被定义为："融合媒体是全媒体功能、传播手段乃至组织结构等核心要素的结合、汇聚和融合，是信息传输渠道多元化下的新型运作模式。"

换言之，融媒体不是个体概念，而是集合概念，不是某个具体的媒介，而是一个综合性的媒介平台。王宏在《融媒体实务》中提出，融媒体就是在互联网基础上，融合所有的媒体和媒介，从而实现向人们提供各类信息的新型媒体。

（三）融媒体的特征

1.技术性

融媒体是互联网信息时代技术革新的产物，而技术是促进媒介融合发展的原动力。因此，技术性是融媒体的主要特征，在技术赋能的影响下，延伸出明显的高时效、碎片化、互动性特征。总体而言，这些技术主要包括以下三个部分。

一是支撑融媒体的技术接入，既包括基于大数据、云计算的基础平台接入，又包括提供信息咨询、教育服务、生活资讯等公共服务的各种应用平台之间的连接。

二是提供满足个性化需求以及垂直领域的各项服务，如电商、网上支付、跨境支付、网上银行等。

三是基于网络用户需求的内容生产和信息分布，如数字技术、推荐算法、智能推介等。若要实现上述这些目标，就必须实现各种不同媒介的协同创新、融合发展，同时还要抓好硬件建设，搞好软件开发。

2. 创新性

融媒体的"融"不是简单的媒体联合，也不是单一的技术革新，而是将不同媒介组织和不同社会资源通过整合配置在一起，实现优势互补，使各个要素、各种资源的潜能得到最大限度发挥。融媒体创新发展是建立在技术性的基础上的，张成良教授所提出的"全觉传授"就是融媒体创新性的凸显。全党传授是指在特定自然场景内完成的关于人的信息感知过程，也就是融媒体创造出来的一种拟态环境。这就意味着必须通过不断创新才能适应媒体融合发展的新要求，而其中的制度创新、机制创新、管理创新至关重要；与此同时，还需要抓好顶层设计和体制改革，统筹协调好政府、市场和公众的各方利益。

在促进媒体融合发展过程中既需要遵循一般的市场规律，也要处理好竞争与合作之间的博弈关系，应对好开放与控制的平衡要求。因此，需要对信息传播的载体和媒介进行整合，从而也就赋予了融媒体创新性这一特点。

3. 多样性

融媒体的多样性，也可为融媒体的复杂性。融媒体不是单一性的信息传播媒介，也不仅仅是一种新闻媒体，而是一种多功能性的媒体传播模式。融媒体实现多种媒体的有机融合，但并不意味着是不同媒介形态之间简单的物理性叠加，而是不同媒介形态之间全方位融合所产生的一种化学反应。

融媒体可以汇总当地的各种新闻信息，在提供政务服务的同时，还能为百姓的生活提供综合信息服务，满足人们日常生活中的各种信息咨询。融媒体既需要做内容产品、服务产品、关系产品，又需要与用户之间建立密切联系。只有连接好用户才能进行有效传播，才能更好地发挥融媒体的服务功能。

二、融媒体背景下新闻采访面临的困境

（一）传统媒体无法满足人们获取新闻信息的需求

随着融媒体时代的到来，人们获取信息的途径更加多元化，信息的内容较以往而言也更加丰富，并且随着工作生活节奏的不断加快，人们获取新闻信息的时间也较为零碎，这就使得传统的纸质媒介无法满足人们碎片化时间对新闻信息阅读的需求。

(二)新闻采访从业者对采访途径与形式变化的不适应

在融媒体时代,新闻采访从业者的采访途径与形式发生了极大变化。这一变化对他们的业务素质提出了更高的要求,他们不仅要保证在互联网络的舆论环境中对新闻事件进行有效甄别,还需要在提供新闻信息的同时,提供音声像等素材以便多种媒体融合。不得不说,采访途径与形式的变化使得传统媒介的新闻采访从业者变得茫然而无所适从。

(三)传统媒体管理理念与融媒体时代的发展不相适应

融媒体时代对传统媒体的内部管理带来了一定冲击。我国大部分广播电视台都已经形成了自身的节目制作流程,并且有一套较为固定的管理模式和制度体系,这就使得在融媒体时代在某种程度上限制了新闻采访从业人员的主动学习与积极创新的主观能动性,从而不利于新闻采访水平的提升与人员更好地适应融媒体时代的要求,因此,传统媒体积极探索创新管理理念使之与融媒体时代的发展相适应,就显得迫在眉睫了。

三、融媒体背景下新闻采访的多元化转变

(一)新闻采访信息来源渠道的转变

随着互联网技术的不断发展,一些较为重大的社会问题常常是先在互联网上发酵成为热点问题,然后才能得到传统媒体的采访与报道,传统媒体的劣势凸显。面对融媒体的挑战,新闻采访应当充分利用融媒体的优势,对新闻事件进行实时跟踪报道。

传统媒体的新闻采访从业人员应该积极提升自身的职业素养能力,增强自身对新闻信息的敏感性,关注政府微博与民生论坛等网络平台,并对新闻信息的来源进行有效鉴别,通过对信息渠道的不断拓展,最终实现更好的发展。

(二)新闻采访地点环境的转变

新闻发生的第一现场对于融媒体背景下的新闻采访已经显得不是那么重要,这是因为新闻采访从业人员获取新闻信息的渠道增加了,这就使得新闻采访的环境也随之发生了变化。传统的新闻采访形式是新闻采访从业人员直接到新闻事件发生现场进行采访,接受采访的人员是事件的当事人或相关人员,采访环境就是新闻事件发生的客观环境。

在融媒体时代,新闻采访从业人员可以随时随地利用互联网络寻找与采访主体相关的材料及受访者,采访的环境变成了新闻采访从业人员所在的任何一个地方,并且采访后的相关报道还可以经由互联网络媒体进行网络传播,从而加大新闻信息的影响范围。不过,这也对新闻采访从业人员的专业素养和能力提出了更高要求,并且需要他们具备运用融媒体技术的能力。

(三)新闻采访方式途径的转变

以往的新闻采访方式主要是采访者与受访者之间进行面对面的交流,不过在融媒体时代,网络视频电话采访及电子邮件采访等逐渐成为首要的采访方式,相较以往新闻采访方式来说,融媒体时代的采访方式更凸显多元化的特点。不仅如此,融媒体时代采访方式途

径的改变也使得被采访者可以随时随地反馈信息,并且有效地缩短了采访时间,从而提高了新闻采访效率。

四、融媒体背景下新闻采访多元化的应对

(一)加强对融媒体的认知程度

作为新闻采访从业人员,应该充分意识到融媒体时代已经到来,要主动提升自身的专业素质,不仅能够采访写作,还要会记录与拍摄,同时也要了解并熟练使用多媒体设备,只有这样,才能顺应时代发展的要求。

另外,新闻采访从业人员还需要在全面掌握受众需求的前提下,提供高质量"多元化"的新闻信息。

(二)积极创新工作和管理理念

电视台应该积极创新工作理念,加强与观众之间的互动联系,使观众可以随时将自己的视频资源提供给电视台,从而拓宽新闻信息的来源渠道。

另外,电视台在管理理念上也应顺应融媒体时代的要求,在管理模式和制度体系方面进行创新,从而使新闻采访从业人员在面对融媒体时代挑战时能够更为主动地去提升自身的知识和能力,从而使得新闻采访水平得到进一步提升,更好地适应融媒体时代新闻采访的要求。

(三)打破新闻采访的传统模式

传统的新闻采访模式是采访者与被采访者面对面地进行交流,在这种采访模式下,采访者不仅要付出大量的时间与精力,还有可能会出现采访结果达不到要求而作废的情况。在融媒体的背景下,新闻采访从业人员可以充分利用多种信息渠道,并从中寻找出更为高效的新闻采访模式,从而有效地提高新闻采访的效率。

例如,新闻采访从业人员可以通过网络文章发现重要的新闻线索,经过仔细鉴别后,可以邀约信息发布者进行在线访谈。在这里需要指出的是,从网络上传的文章中发现新闻点并对新闻信息进行真伪鉴别是非常重要的,也是作为一名合格的新闻采访从业人员应当具备的素质和能力。只有在对新闻信息来源进行全面分析的基础上,由现象深入本质,才能全面提高新闻采访的深度和效率。

五、"云采访"的实践

在融媒体时代,新闻记者必须紧跟时代发展的脚步,不断创新新闻采访与写作的方式,积极拥抱这个全新的时代。特别是在移动互联网技术发展影响下,新闻记者运用互联网技术开展的"云采访"日渐增多。

(一)"云采访"产生的时代背景

"云采访"即网络采访、线上采访,是新闻记者以现代通信技术为基础,互联网传播为介质,综合运用文字、图片、音频、视频等手段,对新近发生的具有新闻价值的事实

进行报道的采访活动。随着智能手机、5G网络的日渐普及，随时随地、跨越时空限制的"云采访"在技术上有了实现的基础，通信技术发展和智能手机普及为"云采访"提供了技术支撑。

通信技术的发展，从电缆到光缆，从2G到5G，正是由于传播介质技术的演进，让传播和交流的方式变得更加快捷和多样。社交媒体取代了传统的信件和电话，成为人们互相沟通的手段，包括社交媒体在内的各种新闻资讯平台，也成为人们获取信息的主要渠道。对于普通大众来说，技术意味着生活方式的改变，也意味着如何与这个时代接轨。而对于新闻记者来说，技术的发展提供了一次全新的机会，提供了更多可能性，让新闻线索的获取渠道更加多元，让采访的时效性更进一步。尤其是智能手机功能的日渐强大，已具备照相、摄像、录音、文字编辑、音视频剪辑、资讯发布等诸多功能，手机已俨然成为全新的音视频平台，成为新闻记者发现新闻线索、采访新闻事件、撰写新闻报道和发布新闻信息不可或缺的"全能助手"。

地震、火灾、爆炸等突发事件可能由于时空距离等条件限制，导致新闻记者无法抵达现场进行采访报道。这时通过建立"云采访"的媒体网络联络群，与新闻当事人、现场目击者取得连接，就能远程快速地开展新闻采访与报道。可以说，"云采访"将成为融媒体时代一种不可或缺的新闻采访报道方式，新闻媒体记者也应努力适应并掌握"云采访"的技术手段、报道方式及采编技巧。

（二）新闻专业精神与"四力"原则

虽然新闻采编的技术手段在变化，呈现形式也在改变，但融媒体时代仍然需要新闻专业精神。所谓新闻专业精神，就是要求新闻记者以真实、快速、客观的态度去呈现和报道事实，挖掘事实的真相，引导正确的舆论方向。而处于融媒体时代，对新闻记者践行"四力"也提出了许多新要求。强"脚力"，既要深入新闻现场挖掘内容与线上采访相结合；强"眼力"，既要历练洞察生活，善于发现新闻的"新闻眼"，还要善用新技术发现"新闻点"；强"脑力"，即勤学深思，用各种不同的新闻采访技术工具准确把握新闻时度效；强"笔力"，既要与时代同步，探索以新媒体的文风与手法，讲好新闻故事，创作符合新时代阅读习惯的融媒体新闻作品。

坚守新闻专业精神——真实、快速、客观。真实性一直以来都是新闻的生命，新闻真实要确保新闻素材来源的"真实性"。特别是依赖于互联网技术及社交媒体的网络"云采访"，首先就要确保信息来源的可靠性，比如，权威部门发布、通讯员提供，或向新闻当事人、目击者等多方求证、核实、比对，以避免单一渠道获取信息的局限性和盲目性。随着移动互联网的发展和移动设备的普及，新闻的生产早已从"8小时工作制"模式变成了"24小时在线""全年无休"的模式，快速采写新闻与播发新闻在技术上可以说是"轻而易举"，很多新闻事件通过手机就能实现"同步直播"。即便如此，真实与客观依然是专业媒体新闻与"人人参与"的互联网新闻及"小道消息"之间的主要差别。而客观性是新闻内容对客观现实的反映，即便是"云采访"这种特殊采访也要遵循这一原则，这就要求新闻记者通过直接（现场）或间接（手机视频）的亲眼看、亲耳听来快速准确地获得新闻，并且能够通过不同渠道收集信息，然后做出分析和判断，最终得出客观的结论。

"云采访"也需要记者努力践行"四力"。"云采访"中的强"眼力""脚力"，就是要新闻记者突破"云采访"的一些局限，本着现场挖新闻的专业精神，将新闻事件采真、采实、采深。眼力高低与人们常说的"新闻敏感"关联密切，新闻记者要增强自身的新闻敏感度。同样看到一条消息，普通人看到的是八卦内容，而新闻记者却要从中读出新闻价值，尤其人们同处"信息超载"和"信息茧房"之中，每天浏览到的信息既广泛又有局限。这时候新闻记者对有价值的新闻线索能够"看得见""看得准""看得深"就尤其重要。在疫情期间，大部分采访报道受疫情影响不能前往现场进行实地采访，就需要记者通过微信、微博、抖音等社交媒体发现新闻由头，然后追踪新闻事件，进一步获取新闻报料人、当事人和目击者的现场音视频图文信息，最后进行加工整合，形成融媒体的新闻报道。

（三）"云采访"的特点与利弊

"云采访"的对象和范围更为广阔。面对面采访当然是采访报道的最佳方式，在记者和采访对象的现场互动中，可以挖掘更多新闻事实，并且更具真实感。而"云采访"的一个优势是，在一定程度上拓展了采访对象和范围，有更多机会可以采访到因为空间、时间限制无法面对面采访的新闻事件和新闻当事人。因此，"云采访"的对象和范围更为广阔。

"云采访"对象可以更近距离。"云采访"的另一个特点是"近距离"。如疫情期间，记者根据防疫要求，无法抵达新闻现场（机场、航空公司、班机等），此时，厦航的工作人员就化身记者"云采访"的"通讯员"，成为记者远程的"口、眼、手、脚"。通过他们零距离采访航班的机长、乘务员、乘客，根据新闻记者事先提出的问题，在远端现场获得采访对象的声音或者影像，并通过微信群将采访素材发送给新闻记者。这种远程的"近身采访"，因为采访人的特殊职业身份，他们更能靠近当事人和新闻现场，从而拓宽采访的广度，而他们的职业身份也使得采访有了一定专业水平的深度，这是以往现场采访中新闻记者在采访的广度及深度上难以企及的。

"云采访"的多媒体性。"云采访"所获取的新闻信息形式更为多样。通过"云采访"所采集的信息除了文字、图片外，还有音视频、动画、PPT等形式，可以实现有声有色、声情并茂、全方位地报道新闻事件，使报道内容具有真正的多媒体属性，并适应分发至各种不同的媒体平台发布。

思考题

1. 追踪采访有哪些特点?其实质是什么?

2. 什么是同步采访,同步采访有哪些要点?

3. 采访对语言有哪些要求?

4. 试述采访观察的艺术。

5. 怎样做好采访中的心理调节?

第六章　语言采访

第一节　设计采访提纲

一个合格的记者要学习采访提纲的写作，采访提纲在记者的调查采访活动中发挥着至关重要的作用。如果采访前没有拟定一个相关采访提纲，采访时就很可能会陷入盲目，成为一只"无头苍蝇"。

一、采访提纲的步骤

拟定采访提纲就是要重视采访的前期工作，记者应该善于分析资料，并以此为据写作采访提纲。

首先，通过对社会现实状态和发展变化的研究分析，找准受众普遍关注的热点、难点问题。能否准确、敏锐、富有远见地选择报道题材，直接关系到新闻报道尤其是深度报道的成功与否。这就要求记者对现实生活有敏锐的嗅觉，对社会动态有明智的把握，名记者们正是通过艰苦的调查研究才在凌乱琐碎的线索中找到适宜的报道题材。

其次，要做好背景资料的收集和分析。新闻事件的背景大致包括：补充性的历史资料、展示事物之间相互关系的资料、提供人物必要经历的资料、数据性的事实等，收集并分析这些背景材料对采访的前期准备工作非常重要，对报道的全过程也起着深远的推动作用，包括帮助记者获得采访机会、迅速进入采访角色和取得采访对象的信任。同时，通过对被采访人和采访事件的了解，整理出已经成型的一些观点和看法以及还未成型的观点，寻找本次采访线索，也就是突破口。

再次，采访提纲是记者逻辑思维和思考问题层次的体现，采访提纲的写作要全面、深入、思路清晰，这样才能帮助记者坚定信心，临阵不乱，掌握采访的主动权。美国内华达新闻学教授拉鲁·吉尔兰德曾在拟定采访提纲方面推出了设计问题的辅助公式，有一定的指导意义。他提醒记者在设计提问时应该涉及下列一些具体问题：

目标——你们（或组织）要实现的目标是什么？

障碍——你们遇到过什么难题吗？目前的阻力是什么？

解决——你们是怎样对付这些难题的？是否有解决矛盾的计划？

开始——这一设想是从什么时候开始的？是根据谁的意思提出的？

最后，我们也要考虑其他事情的发生。我们在做好所有采访前的准备工作时，我们也要做好在采访过程中所发生的突发事件。在采访过程中，你会发现有时候你的采访对象并不像你想象得那样沿着你的思路走下去，那怎么办？无所谓就沿着他的思路好了，记者需要把握的是采访主题不发生偏移，同时还要注意在采访过程中发现线索，可能你在采访前期的准备时间并没有发现这条线索，别的报纸也没有提及，而此时你的采访对象说了出来，你就需要紧追不放，在完成新闻采访主题的同时你还拿到了别人之前没有注意到的新闻。

二、采访提纲的写作技巧

当然，采访提纲的写作还和记者本人的采访习惯、交流方式有很大关系，能确保问题的独特、准确、连贯、创意、引人入胜是更为重要的因素，有一个好的采访提纲，还需要记者善于提问，具体的提问技巧包括以下几点。

抓住核心问题，开门见山，切中要害。

这种方法是一开始就提出硬性的、紧扣主题的问题，然后扩展为比较笼统的问题。它适用于采访那些善于言辞、敏于思考、感觉自信的对象。开门见山会让对方觉得你坦率有效率，切中要害则可以使对方觉得你懂行，值得交谈。

由浅入深，追问问题，发掘未知的细节。

一些舆论监督方面的采访提问有时问题尖锐，难免让记者碰壁，采访对象要么支支吾吾，谈不到要害，要么有心拒绝，闪烁其词。这就要求记者具备追问的毅力和技巧。可以先用一些宽泛的话题缓解气氛，逐渐引入正题；或旁敲侧击，追本溯源，引出未知的细节。

引导性的提问，引出生动活泼、论点鲜明的谈话。

记者需要掌握好谈话的节奏，运用语气、声调或措辞来引出对方做出肯定性的回答。诱导性提问会产生什么样的结果，取决于记者和采访对象之间建立融洽关系的程度，融洽关系保持得好，有可能引出意想不到的真话。

适度的沉默。

沉默也是深度报道采访提问中的一个重要技巧，因为深度报道的提问多是要点性、针对性、独家类的提问，需要给采访对象留出思考和阐述问题的时间。聪明的记者一般不会打断采访对象的话，这样可能得到直接询问得不到的细节，故意地不露声色，有时同样有效。

此外，记者还要善于观察与倾听，捕捉采访问答中所不能显现的事实。一些鲜为人知的原因和珍贵的新闻事实，往往都是记者调动所有感官包括心灵去感知到的。

第二节 正面提问法

这种提问开诚布公，干脆利落，无须拐弯抹角，采访对象一般也会畅所欲言。这样，记者的访问就会进行得迅速而顺利。这是记者运用频率最高的提问方法。

一般来说，记者访问领导干部或者健谈的公众人物，诸如，企业家、教师、学者、专家、演员、外宾等，或者是自己熟悉的对象，限定时间或某个特定场合的现场访问以及广播、电视的演播室采访、记者招待会等，都可以直接正面提问。

运用正面提问法，应当把握以下这样几点。

一、注意情感的铺垫

正面提问的开门见山，并非直接生硬地发问，如果在提问前有所铺垫，对方心理上会舒缓一些，也能合作一些。

（一）营造适宜交流的谈话氛围

有时，有一些采访对象脑子里有很多东西，却有点儿像茶壶里煮饺子——倒不出来。碰到这种情况，记者应根据对方的身份、性格、习惯等，引导谈话，打破僵局。以"情"为点，与被采访对象进行情感沟通，营造具有鲜明交流意愿的氛围，从对方感受最深或最感兴趣的方面入手，使对方有感而发，真情流露，从而与采访对象真正产生情感共鸣，达到坦诚交流的效果。需要指出的是，记者去寻找、捕捉情感切入点不能建立在揭示他人隐私、展示他人缺陷和痛楚的基础上来煽动观众情绪。

此外，在采访对象不能或不愿就记者提出的问题做正面回答，而记者又必须深入了解事实真相、获得准确答案时，锲而不舍地反问和追问就显得尤为重要。面对具有较强语言表达能力和丰富知识的采访对象，记者要学会细心聆听，用心交谈，真诚交流，让双方投入一种真实的、从容的交谈环境中，感受心与心的"不设防"的交流。

（二）巧妙消除被采访对象的戒心

在日常采访当中，记者听得最多的话应该就是："不要问我，你去采访他吧！"又或者"暂时我还不能够告诉你"。发生这些情况，是因为被采访对象往往对记者存有戒心，当心把话说出去之后会有什么样的后果。"多一事不如少一事"，这是典型的中国老百姓的性格，这同时也是让记者们感到最头疼的。因此，消除被采访对象的戒心至关重要。

在采访弱势群体的时候，采访对象往往怕惹事而不敢说出他们事情的真相。遇到这种情况，记者一般不能够单刀直入，这样只会引起被采访对象的戒心，而拒绝你的采访。在这时，记者可以先说一些与采访内容关系不太大或者说同情的话来积累感情，或者说说自己也有过类似的经历等，利用这些话来让被采访对象产生心理上的共鸣，然后利用利益诱导法，让被采访对象知道，利用媒体是可以帮助他们的，当事件曝光之后他们会有什么样的好处，会引发什么样的后果。在记者讲清情况之后，一般来说，被采访对象都会接受采访的。

（三）恰如其分地运用情感因素

感受不是灵感，而是思想、认识、情感和观察等内心里的积累与沉淀，感受到一定程度的时候，就会无形中逼着你把感性认识和理性认识聚集，去寻找事物的"亮点"。采访越是深入，感受便越深刻。但是，要达到情感一致和心理上的共鸣，在短时间内并不是一件轻而易举的事。这就要求记者想方设法同采访对象熟悉起来，建立友谊，必须寻找双方的共同特点，即相似性。一些有经验的记者经常会利用某种条件，去寻找打通"心理共鸣"的钥匙，为采访的顺利进行创造条件。

新闻采访实际上是在做人的工作，是与人打交道的工作。要想获得有价值的新闻素材，就需要成功地接近采访对象，能够与其做深入的交流。尽管现在采访的物质手段越来越现代化，但谈话采访不仅不可替代，而且仍然是记者采访成败的关键；在谈话过程中，情感的介入，则起着不可忽视的作用。

二、防止提问过于直白

过于直白的提问，往往显得十分生硬，容易造成采访对象的心理排拒，难以获得有价值的信息和材料，而且会给人一种笨嘴拙舌的感觉。

例如，某市远郊区有个山村的群众吃水很困难。后来，在当地政府的关怀下，村民都用上了自来水。记者采访一位老大娘时问道："大娘，您吃上自来水了，高兴吧？"大娘回答说："高兴！高兴！"这次采访，记者就提出了这样一个问题，大娘也就连着说了两个"高兴"，心里有话却因记者的直白而没能说出来。如果问："大娘，原来您想到过吃自来水吗？"或者"大娘，听说你们过去吃水好困难？"大娘心里的话就能痛快地说出来。

三、善于处理谈话跑题

如果对方谈话跑了题，谈的又是一般性的内容，记者仍要耐心倾听。不可随意打断对方的话，或表现出烦躁情绪，以免伤害对方的自尊心和感情，引起对方的不满，这也是记者缺乏修养的表现。此时，记者可以采取多种方式，自然而又有礼貌地把谈话引到正题上来。如果采访对象一再跑题，而且表现出对另一个话题更有兴趣，记者就要考虑自己的采访提纲是否妥当。

第三节　"开放式"与"闭合式"提问

提问，是记者在采访中获取新闻素材必不可少的一种手段，也是一位记者采访能力高低的具体体现。有效地提问，能让采访对象有针对性地回答记者的问题，让记者达到快速获取有效新闻素材的目的。相反，当记者的提问缺乏针对性时，往往会造成采访对象无所适从，不知应该如何回答记者提问的情况，很可能导致采访失败。新闻采访实践表明，"开放式"与"封闭式"提问的有效结合，能起到事半功倍的效果。

一、"开放式"提问的运用

所谓"开放式"提问，是指记者采访时，给采访对象提出概括性比较强，并且比较宽泛、范围较大的问题，对采访对象回答的内容不做限制，给对方充分的自由发挥空间。这种提问方式比较宽松，不唐突，也较得体。"开放式"提问主要用在记者获取了一定的新闻线索，但对新闻事实或采访对象了解还不太深入，对采访的人或事了解比较模糊，知道采访对象有新闻，但不知道具体的新闻亮点在哪里，希望通过采访对象的讲述，从中获取想要的信息。

在这种情形下，记者必须成为有心人，不只是听对方如何海阔天空地讲述，同时也要让自己的大脑像雷达一样，快速过滤采访对象所提供的信息，迅速捕捉自己想要的信息，然后再进入"封闭式"提问，把采访对象的讲述引入自己想要获取的信息上来。因为记者的采访不同于普通的人际交流，具有极强的目的性，即通过与采访对象的交谈、沟通，从采访对象那里取得翔实、准确、生动、有价值的新闻素材。

而作为采访对象，尽管拥有相当丰富的、记者很想要的新闻素材，但由于他们不是专业的新闻人士，有的甚至从没有和媒体打过交道，不知道哪些素材有新闻价值，哪些素材没有新闻价值。还有记者面对的采访对象形形色色，有的人十分健谈，面对记者的提问往往会滔滔不绝；有的人逻辑较乱，云里雾里讲述一大堆，让人不知所云；有的人性格内向，不善言谈，面对记者的提问，常常是问一句答一句……因此，当记者找到了采访的切入点，进入"封闭式"的提问状态后，新闻记者就应当担负起引导者的工作，帮助被采访者总结、引导出他想表达的意思。对于所准备的问题，记者应该事先琢磨被采访者会如何回答，做到胸中有数，避免采访过程中出现意外，影响新闻采访质量。这样记者才能节省采访时间，快速获得自己想要的新闻素材，提高采访效率。

记者在运用"开放式"提问时，不是在和普通人进行日常生活的人际交流，而是以记者的身份为获取某一新闻素材展开的交流，最终目的是完成采访任务。但在新闻实践中，实际采访情况往往事与愿违，很多记者获得的新闻素材的报道价值都不高，这主要是因为他们采访时未抓住疑点，忽略了一些重要信息，进而没有继续追问这些信息，浪费了一些有价值的信息。

因此，记者必须牢记自己倾听采访对象讲述是有目的性的，而不是一味地听采访对象天南地北地谈一些与采访话题无关的人和事。"开放式"提问的开放是相对的，给采访对象自由发挥的空间也是相对的，记者给采访对象提出的话题必须与要获取的新闻素材的内容有一定关联性。这样记者在采访过程中才有可能通过采访对象的讲述，获得想要的新闻素材。

二、"封闭式"提问的运用

"封闭式"提问，即记者采访时就某一具体的问题向采访对象提问。

在采访过程中，记者采用"封闭式"的提问方式，一种情形是基于记者对采访的人和事有了一定的了解，但对部分新闻素材了解得不够详细、准确、全面，希望采访对象能给自己提供想要补充的内容。另一种情形是记者对采访话题有事先设置，通过采访，让采访对象针对记者所提出的问题给出答案。

与"开放式"提问不同的是，"封闭式"提问是记者对将要采访的人和事有一个大概的了解，并在采访之前做较为充分的准备，目的性、针对性强。

"封闭式"提问一个最大的特点就是主动性。记者对采访内容事先有大致的了解，能在采访前提前设置话题；采访对象在采访过程中，也能有针对性地回答记者提出的具体问题，有利于节省时间成本，提高采访效率。

但"封闭式"提问要求记者无论是事先有准备，还是由"开放式"提问快速切入，所提出的问题都必须准确而具体。在采访中，经常会出现这样的情况，由于记者采访经验不足，提问不到位，要么所提问题十分空泛，要么所提问题不太具体，常常难以获取自己想要的新闻信息。特别是在采访一些政界要员或工作繁忙的企业大咖时，他们给出的采访时间有限，如果记者做不到"封闭式"提问所要求的准确、具体，往往就会错失采访良机。所以，采访者并不能根据自己的想法随便问问题，而是要抓住每个提问的机会，珍惜每一分、每一秒，提一些有价值的问题。同时，还要细化有价值的问题，挖掘出准确且让大家都满意的答案，这样报道出来的新闻才会受到广大观众的关注。

记者在进行"封闭式"的采访提问时，特别要注意学会倾听采访对象的讲述。因为采访对象在回答记者的具体问题时，尽管记者问题提得很具体，但这种具体也只是相对具体，采访对象在回答问题时随时有可能偏离方向。还有采访对象在回答问题时，有可能无意识地给记者提供了新的新闻线索，如果记者认为已做好了提问工作，而忽视了聆听，只是机械地按照自己事先准备的问题提问，很容易造成所获得的信息价值不大，最终导致采访失败。所以，记者在采访时必须学会聆听，能够在采访中随机应变，获取有效信息。

当然，记者在采访过程中提问的方式也是多种多样的，不能拘泥于某种形式。"开放式"提问只是相对的开放，而"封闭式"提问也只是相对的封闭。

在采访过程中，记者只有做到随机应变，灵活运用各种提问方法，才能在采访中处于主导地位，进而获取自己所需要的信息。

第四节　采访中的追问与留白

一、采访中的追问

在关键时刻发出合适的追问可以让新闻记者收获许多有价值的信息，使得采访内容更加丰富饱满。追问技巧既是新闻记者采访的专业技巧，也是打开受访者内心，建立良好沟通基础的钥匙。将从追问技巧的概念、追问技巧在新闻采访中发挥的作用、采访中追问技巧使用的方法三方面分析追问技巧，在分析过程中结合"面对面"的具体节目片段进行论证。

（一）追问的概念

追问是指被设置在一个初级提问或次级提问之后，用来发现其他隐含信息的提问。追问是新闻采访中获得准确详细事实的重要方式，真相往往不是凭借一个回答就能发现的，需要记者发出追问，步步跟进，最终获得答案。追问可以帮助记者获得准确的新闻事实和详细的细节，能够从更多角度深入地展现采访内容。

（二）追问的作用

1. 还原事件，丰富节目内容

追问会在对事件有基本了解的基础上做出补充说明，甚至一些通过追问发掘的细节才是发现真相的关键所在。

在节目"吕保民：离凶手最近"中，为了还原事发时的真实情况，记者不断发出追问，确定细节，在节目中补充了许多事发现场的情况，丰富了节目内容，使观众对吕保民见义勇为的经过在脑海中有了画面感，更加了解这一事件的始末。同时，也使得吕保民的形象更加立体丰满。有时直入主题的提问往往容易引起采访对象的戒备，导致记者得不到有效信息，这时就可以灵活运用追问，巧妙设计问题，根据采访对象的回答一步一步追问，引导采访对象，从而使记者得到想要的事实信息与细节，还原事件。

2. 营造气氛，建立沟通基础

尽管追问有时会给人以压迫和咄咄逼人之感，但不可否认的是，追问在很多情况下也起着营造轻松氛围、建立采访对象与记者之间沟通基础的作用。"轻松和谐的采访氛围能够有效地使采访人员与采访对象建立起良好的互动关系，并且能够有效地缓解采访对象的紧张情绪。"

在节目"王凯：蛰伏与绽放"的开始，记者为了拉近与王凯的距离，奠定良好的交流基础，首先发出"你上过很多次舞台了？""有什么不一样吗？""紧张的表现是什么？"这三个连续且相关的追问问题，与王凯谈到登上春晚舞台的直观感受以及在后台进行准备工作的体验。经过这几个问题的互动，记者打开了话题，营造了和谐的交流氛围，王凯则进入了较为放松、不紧绷的谈话状态，这样的气氛为接下来采访工作的顺利开展发挥了积极作用。

（三）发出追问的方法

1. 发出追问的前提条件

（1）记者的专业素养是发出追问的基础

第一，分析能力。记者在采访前要对事件整体有所把握，根据已经了解到的事实列出采访提纲，并分析重要信息和问题，在采访过程中记者要重点关注这些问题。在采访时，记者要注意听取和分析事件的全貌，这对于其展开追问也是十分必要的。在采访现场获得的信息能让记者将它与采访前对事情的了解情况进行比较，找寻新闻线索，发现可以发出追问的关键点。

第二，临场反应能力。在新闻采访过程中，记者要随时保持思维的快速运转和发现新闻线索的敏感性。"记者的追问就要善于从对方的回答中发现问题，听出弦外之音，从而进行正确的、切中要害的追问。这是记者引导采访不断走向深入的重要手段"。在采访过程中要及时发现和提炼有价值的新的关键要素，迅速发出追问，进一步提升采访价值，体现出新闻采访的深度和质量。

（2）充分的采访准备是发出追问的必要条件

采访准备是新闻工作者的重要工作之一，如果新闻记者在采访前没有做好充足的准备，采访工作就会面临很大困难。记者想要在恰当的时机运用追问这一采访技巧，挖掘出更多有价值的新闻信息，就必须在采访前做好充足的准备工作。采访准备包括知识与政策准备、采访策划、报道背景的准备、了解相关报道、熟悉采访对象以及事务性准备等几大方面。

以节目"赵鹏：冰岛追风"为例，记者在采访前首先要了解"冰岛追风"事件的具体信息和宏观层面的社会背景，梳理了解到的资料，整理出采访提纲和提问方向，例如，为什么要去试飞、试飞过程中有哪些事情要去做、去冰岛试飞的意义何在等采访问题，在得到回复后可以根据回答抛出追问，挖掘细节和更有价值的信息。在节目中有这样一组对话："一般是偏流和侧滑两种"；"对对，很专业"。从这一组对话中可以看出，记者在采访前对事件做过深入了解，采访对象对这种充分的提前准备给予了"很专业"的评价，记者体现出来的专业程度有助于两者进入更好的交流状态中，使受访者愿意多谈一些与采访主题相关的内容，增加采访对象的信任，给记者发出追问留出了更大发挥空间。

提前准备可以帮助记者打开话题，在采访过程中发现关键点，在这些关键问题上，记者可以发出追问，与采访对象有更多讨论和思考。

2. 追问的方向

追问是接近采访目标的过程，追问的设计是接近目标的设计。在采访过程中，追问要沿着一定的方向和依据进行，不能跳跃地、无逻辑地、漫无目的地发问，记者要仔细分析采访对象的回答，探究疑点，把握方向，发出有效的追问。

（1）细节决定采访的成败

一段采访中有能让人印象深刻的记忆点，一定有蕴含其中的出彩的细节问题。有时，由于受访者没有接受过专业训练，或受到紧张情绪的影响，他们给出的回答会十分笼统概括。这时就需要记者进行追问，将概括地回答具体化，将感受变成事实，来挖掘更生动或出人意料的细节。

以节目"雷海为：快递与诗歌"为例，在谈到获奖后的生活变化时，记者就运用了追问的技巧，展现出了许多细节。

雷海为："我的关注度提高了。"

记者："从哪些细节能感觉到？"

雷海为："有许多的媒体采访、活动邀约、企业招聘。"

此处对话记者就运用了追问的技巧，雷海为只是很笼统地说他得到的关注度提高了，记者为了使"关注度"具体化，发出了追问，得到的答案能够让观众更清楚形象地了解到雷海为受到关注的程度。

记者："拿了冠军之后，你的生活没有办法（不可避免）地必须发生一些改变。突然来了这么多关注和荣誉给你，人是很容易发生情绪上的变化，甚至膨胀，但是有可能在一段时间之后，光环褪去，人真的又会恢复到日复一日的平常。"

雷海为："这不是一种很自然的现象吗？"

记者："但人的心理会有很大的落差啊。"

雷海为："我不会有落差，本来就该平淡。"

在这段对话中，记者也用到了追问的技巧。记者就心态变化的问题不断追问雷海为，其发出的一系列追问就好像在代替电视机前的观众发出追问一样，观众最关心的问题也是雷海为在夺冠之后是否会有膨胀的情绪，而当光环褪去他又能否真的接受生活的平淡？这一细节的深度挖掘使雷海为的形象在观众心中更加具体生动，他是一个普通的外卖小哥，也是一位诗词爱好者，他对生活的理解简单又通透，背诵和理解诗词对他来说没有太多功利性意义，这就是他的兴趣，他闲暇时放松自己的一种方式而已。此处的细节追问让观众了解到雷海为参加比赛的心路历程和冠军这一荣誉对他的意义。这几个问题的互动丰富了雷海为的人物形象，使节目内容更具有层次感，他的观点也给观众留下了思考和讨论的空间，是这期节目的亮点所在。

（2）敏感问题展现

追问的深度在采访过程中，有一些敏感问题是采访对象不愿意触及却与主题密切相关的。有时记者想要揭示事件真相，或者深入采访对象的心理世界，很可能会涉及一些敏感的问题。而采访对象对于这些敏感问题往往很防备，会尽力让自己避开谈论这些问题。面对这些问题采访时不能直入直出，而是要善用追问，从其他相关方面的问题入手，积极地引导采访对象，挖掘人物的内在情感，解开观众的谜团。

（3）主题是追问的最终目的

采访问题最终指向的是主题，一切采访提问都是为主题而服务的。追问不能漫无目的地散漫发问，使谈话离题千里，要进行针对主题的追问，达到采访的目的。在追问过程中必须围绕新闻主题有层次、有步骤地开展追问，为了达到预期的采访效果，访谈的提问尤其是深挖主题的追问大有技巧。

以节目"兰会云：骑行到远方"为例，按照事件逻辑，从"开始"———兰会云产生毕业骑行的想法，记者在采访中就运用了追问的技巧。

记者："你是什么时候开始打的主意，带孩子们去骑行？"

兰会云："六七年以前，我的第一届学生我就组织过一次。"

记者："为什么六七年前有这个想法？六七年前你当事人处于什么状态？在做什么？"

兰会云："六七年前大学刚毕业，想带给学生一些真正的东西，不能停留在课本。"

这一部分的对话，记者发出了追问，追溯兰会云发起毕业骑行的初衷，并且在追问过程中获知了兰会云的教育观念，呼应了这期节目的教师职业认知和什么是真正的教育的主题。在节目的结尾，兰会云谈到为什么喜欢做老师的时候，记者同样运用了追问的技巧。

兰会云："我感到快乐，我喜欢投资，精神的也好，物质的也好，日后都是很棒的回报"。

记者："为什么要用投资这个词？"

兰会云："我的投资希望得到情感上的回馈。"

记者："你的回报期待的是什么？"

兰会云："临近暮年，回味这一生每一天都是精彩的，我希望自己是个精神富足的人。"

这一段对话，"投资"和"回报"都是兰会云在回答中提出来的词汇，记者紧抓这一线索，追问兰会云对"投资"和"回报"的理解，他的回答更是体现出兰会云对教师这个职业自己的理解和看法，以及他自己将理解付诸实践的感受，与主题有着紧密的联系，升华了主题，更给观众留下了思考和感悟的空间。

二、采访中的留白

"留白"是一种重要的艺术表现手法，常用于绘画中。电视新闻报道中运用"留白"将会带来此处无声胜有声的效果。让受众少了信息轰炸式的被迫接受，留时间给受众以启迪和思考，从而产生共鸣，使得电视新闻报道的传播效果得到提升。

（一）何为留白

南宋马远的《寒江独钓图》中只见一渔翁、一小舟，整幅画面没有水的痕迹却让人感到烟波浩渺，给人以无限遐想。"静故了群动，空故纳万境"这句诗同样反映了我国古代传统文化中的审美。正所谓：画鱼无水水自在，无中生有美之源。同样在广播电视节目中，"留白"就是去掉烦琐的有声语言堆积，把节目中的闲聊、不必要的解说词去掉，直接用画面或者现场音响呈现，留出足够的空间让受众去思考、想象、回味。

（二）留白的作用

思接千载，视通万里。留白不但是绘画、书法、摄影、雕塑等许多艺术门类中营造"意境"的重要手段，而且在广播电视节目中也有非凡的艺术魅力。解说词、同期声、画面、字幕等都要为主题服务的，而高水平的艺术作品往往留有余地，点而不透，在看似不经意的地方给受众留下一片想象空间，营造一种氛围、一种意境。

"留白"还是对受众的一种尊重、对人格的尊重。我们常说"观众的眼睛是雪亮的，听众的耳朵是最灵敏的"，如果我们把受众当成一无所知的蒙童，那我们才叫真正的无知。著名的电影导演李安曾经说过："我们没有权力给观众留下答案，我们做的是如何刺激观众的想象力，设下一个谜面让观众去猜谜底。"这种"不给观众留下答案"就是"留白"。不仅是电影创作，广播电视节目创作也是如此，"留白"带给观众的是一种如谜一样可以畅想、品味的广阔空间，而这种"猜谜"的过程也是观众获得审美享受的过程。同时，"留白"的质量如何，离不开播音员、主持人深厚的人文功底、广博的知识，离不开他（她）对节目整体的把握能力和审美追求。

思考题

1. 怎么写采访提纲？采访提纲的写作技巧有哪些？

2. 什么是"开放式"提问？

3. "封闭式"提问与"开放式提问"有什么不同？

4. 什么是追问？采访中追问有哪些作用？

5. 什么是留白？采访中留白的作用是什么？

第七章 现场报道采访

第一节 现场采访的特点与作用

现场报道是电视新闻的重要体裁之一。狭义的现场报道专指记者在新闻事件现场进入画面，根据自己的观察，当场口述自己的所见所闻，将新闻事实报道给观众，即现场口头播报；而广义的现场报道包括凡是使用电子新闻采集设备，记者进入现场画面而作的报道，如现场直播、现场采访、现场口头播报等皆是如此。

一、现场采访的特点

（一）具有一定的突发性

电视新闻现场报道由于报道过程与新闻事件的发生、发展是同步的，所以，尽管我们可以在前期根据已知的信息进行一定的准备，但是，未来发生的事情谁都无法完全准确地预测。比如，在（新闻）报道中突然发生大地震后的余震，记者当即对周围的一个老乡进行的采访就具有一定的突发性和随机性。此外，在一些可预测的新闻现场也有诸多变数，都可能导致预期的采访不能顺利进行。最后，在新闻现场，由于新闻的敏感，你会发现一些更典型或更具代表性的被访者，这些因素都会使得现场报道中的现场采访具有一定的突发性。

（二）环境、时间因素的作用更为突出

在新闻事件的现场对被访者进行访问，特定的环境因素将会影响记者和被访者，并将环境信息和特定环境下人物的状态通过访问过程呈现出来，也就是说，更多信息会从他们的说话时的语气、神情、肢体动作、服饰打扮反映出来。

另外，环境因素还对现场采访起到一定的制约和限制作用。在新闻发生的现场，天气情况、地理位置、周围环境都可能对采访形成制约。同样，在特定时间里，也就是新闻发生的第一时间里的现场采访是最具价值、最真实可信的，但也同样给采访形成制约，在现场报道中的现场采访时间非常有限，需要在最短时间里采访更多的信息。

（三）对记者的采访能力提出更高的要求

电视新闻现场报道能使观众产生同步感、现场感、亲信感、参与感的优势，要得以充分发挥，除了选准报道现场与具备必要的摄播器材外，对从事现场报道的前方记者提出了

更高要求。由于在现场报道中时间和环境的制约，很多不确定因素使得这种现场采访比一般的出境采访更具难度。

二、现场采访的作用

在现代媒体的激烈竞争中，谁能在"第一时间"到达新闻现场，记录下正在发生的新闻事件，成为各家媒体抢占先机的重要条件。同时，各家媒体还需要以最快的速度，将真实、全面的信息传播出去才能达到预期的传播效果。在这个过程中，电视媒体拥有得天独厚的优势：传播速度快，信息立体全面等。要想实现这样的优势，现场报道这种方式便成为一种非常必要的选择。在现场报道中，现场直播将事件原貌声画一体地呈现，记者的口头播报将记者在现场了解到的信息直接传递给观众。同样地，现场采访也在其中发挥着重要作用。

（一）第一时间让观众了解无法在现场看到的信息

电视新闻现场报道由于报道过程与新闻事件的发生、发展是同步的，因而记者需要在现场为观众呈现尽量丰富全面的信息。

首先，由于时间等客观条件的限制，记者通过自身的观察和感受等方法而了解到的信息是有限的。

其次，在新闻现场获取信息最快捷和可靠的方式便是采访，所以，现场采访能够第一时间让观众了解无法在电视画面上看到的内容，如事件的起因、事件的细节、当事人的感受、事件的影响以及事件未来可能发展的情形等，这些细节是需要记者在现场向当事人、见证人或知情人询问采访才能得到的。

（二）通过现场采访能更加立体地呈现新闻信息

在新闻现场，只用镜头记录是远远不够的，当事人的情绪、心理状况、内心情感和生理状况等，通过现场的采访能有效地获取这些深层次的内容。在汶川地震发生后，很多人自发赶往灾区救助，在反映这些人的一则新闻中，记者在他们前往灾区的飞机上采访了一位来自唐山的志愿者，尽管他的声音一直保持一种镇定和沉着，但记者的采访却让我们发现了这位唐山的汉子眼里渐渐出现的泪光，他的手也开始微微地在颤动，而这些是在镜头对准他之前所没有表现出来的。另外，在有些时候，被访者没有回答记者的问题而做出的一些反应都是在传递信息，而这些信息正是观众渴望和需要了解的内容。

（三）现场采访提升新闻的可信度

在新闻事件中，谁最有发言权，谁的话最令观众信服，答案当然是当事人、见证人、知情者和权威人士。更为重要的是，对于这些人的采访也只有在现场——当时当地，才能最真实地呈现出来。

（四）现场采访促进新闻的传播效果

在现场报道中，由于记者出现在画面中，他既是事件的目击者，又是事件的参与者，他能从观众的兴趣出发向当事人或见证人提问,他提出的问题正是观众欲知而未知的问题,他根据目击阐述的事实也正是观众期望得到的信息。因此,现场采访能调动观众的积极性,使之处于有意注意的心理状态,形成强烈的参与感,从而扩大观众接收新闻信息的效果。在现场报道中,很多新闻信息只有在新闻现场,事件发生的第一时间里,对当事人、见证人、知情者和权威人士等的采访,即现场采访才能获知。一则全面深入的现场报道里,现场采访则是必不可少的。

三、做好现场采访需要注意的问题

做现场采访的电视记者要在新闻事件发生、进展的现场,迅速准确地选择新闻事实与新闻人物访问有关新闻人物与知情人物(当事人)。

要做好前期预案,熟悉事件和人物的背景,对采访内容和主题有基本把握。只有充分的准备,才能达到内心的理解,采访时才能切中要害。由于时间的限制,现场采访需要在最短时间里完成有效的信息传递,如果不能很快切中要害,直指核心,将会浪费宝贵的采访机会。

现场采访的提问要迅速发生效用。要做到这一点首先是提问要通俗易懂、简单明了。这一方面可以使采访对象及时听懂记者的问题,缩短被访者的思考时间;另一方面对电视观众来说可以迅速领会传播内容,也不要一次性问一个包含多层意思的问题,或者一次问一个以上的问题。电视采访稍纵即逝,提问得句子过长或一次提问两个或两个以上的问题,可能使采访对象一时间反应不过来,往往回答了前边又忘了后边,或回答了后边忘了前边。尤其在一些突发性的报道中,如车祸、火灾以及追捕等,由于气氛紧张,人员忙乱,更需要记者的提问简单明了,让对方可以不假思索地回答。其次,要迅速地与被访者建立和谐的交流氛围,这需要记者以恰当的口吻、可融入环境的着装、适合被访者的提问方式来完成采访,做到这些也需要记者有一个平等交流的心态、遇事镇定的心理素质和丰富的实战经验。

当采访进入实施阶段,记者需要调动全部的精力、经验和潜能,在新闻现场眼观六路、耳听八方,一边观察一边思考,随时调动自己的知识储备,将采访进行下去。在这个过程中,关键的细节需要特别关注,要善于抓住细节。做到这一点,一方面是记者自身的积累,依赖于对事件的了解程度和熟悉程度。另外,就是情感,记者是很用心地做个报道的,比如,在一些体育报道中,如果记者很热爱这项运动或者这位运动员,会看得更仔细,注意很多别人不注意的细节,如运动员、教练员等一些人的表情和细微动作,并以此设计问题。

现场采访需要较强的应变能力。新闻现场不确定性的因素很多,这就需要记者时刻保持高度的注意力和反应能力。有积累才能应变,多观察、多体会采访对象的心理状态以应对自如。当事情的发展出乎意料时,需要及时调整提问方向。

第二节 现场观察与细节刻画

一、采访中现场观察的概述

（一）如何定义新闻采访中的现场观察

在新闻采访中，观察占有极为重要的地位，是记者需要掌握的技术。通常所说的新闻采访的现场观察，是指记者通过大脑及感官同时运作，使主观认识与客观实际达到统一的现场新闻采访形式。

（二）新闻现场需要观察什么

采访现场中着重观察的内容有事件本身的基本信息，也就是新闻五要素，同时还应注意在场的形势和事件的发展趋势。

二、采访中现场观察的要点

记者到新闻现场后，由于受到客观因素制约，不可能观察到全部内容，应有顺序、有选择、有重点地进行观察，建议确定观察的任务和重点，围绕新闻主题重点进行观察。

（一）明确主题

报道内容主题的不同，观察的方向与重点也不同。到现场前，要先思索一番：此次采访，观察需要是什么？哪些是需要重点观察的？观察环境复杂该如何应对？等等，不然，到现场后，观察就会没有条理，也会错过精彩瞬间，甚至出现手忙脚乱的情况。

（二）观察位置选择

"横看成岭侧成峰，远近高低各不同。"这句再熟悉不过的老话，用在这里最合适不过了。对于记者，尤其是摄影记者来说，观察位置的选择，关系到一次采访的成败。

（三）观察顺序

现场观察，考验的不仅是眼力，还有逻辑能力。寻找、发现新闻信息考验的是新闻眼，挖掘客观事物背后的新闻价值考验的是真功夫。建议观察的程序，是先面后点，抓取特点。进行比较采用鉴别，同中求异，共性中找个性，透过现象看本质。

（四）勤于发问

"懂行的看门道，不懂行的看热闹。"财经报道专业术语、新闻现场的典型环境、体育明星的专业动作等，令人目不暇接。记者不是全才，在条件允许的情况下，应尽可能地请采访单位的人、行家陪同观察，多发问，采访有时稍纵即逝，观察事件、事物，不可碍于面子，不受局限，不懂就要问。

三、现场观察中的关系处理

新闻采访现场观察是记者在新闻事件发生地点,依据一定的采访任务,通过眼睛、大脑等感官,对新闻事件和新闻人物的外部现场与联系的综合反映而进行新闻采访的一种活动,也就是记者在新闻现场依靠自身特有的观察力,对所采访的人物、事件及其环境、气氛,进行认真、细致、深入的看和思。正确进行现场观察对新闻报道具有极其重要的理论意义和现实意义。作为新闻记者的观察,必须按照新闻采访的规律和特点,根据新闻报道的任务要求,以特有的新闻敏感性,去猎取现场发生的事件或人物活动中富有新闻价值的东西,以便写出精彩的新闻报道。现场观察过程中主要应处理好以下几个方面的关系。

(一)时机与角度

时间和空间是物质存在的形式。任何新闻事件的发生,必在一定时空进行。时机属于时间的范畴。记者在进行现场观察时,需要根据采访任务的需要选择观察时机和角度。

时机是具有时间性的机会。新闻事件是一个不断发展过程。对新闻现场的观察需要选择最有利于进行观察的时间。根据采访对象(人物和事件)不同特征和采访需要进行选择,选择最易于完成采访任务、最有利于获得具有典型意义内容采访的时机进行观察。观察角度是指记者进行采访的着眼点和侧重点。

选择观察角度的目的,是更好地开掘被采访对象客观存在的新闻价值,有效地实现采访的目的。具体来说,就是指从哪个方向、哪个侧面去观察新闻事件。"横看成岭侧成峰,远近高低各不同。"

不同角度对事物的观感也不同,记者要善于选择在最能体现事物特征的角度进行积极的观察。要注意选择适当的观察角度,依据新闻现场的情况对可重点观察对象进行全面、准确观察。根据采访任务和观察对象的具体情况选择不同角度进行现场观察,一般以全面、准确、清楚为宜。

具体而言,采访宏大的新闻场面,对其进行宏观的观察,需要新闻记者占据制高点,能够俯瞰全场;而对具体的人物和景物,需要进行就近观察,有利于报道中的精雕细刻。特别是在众多新闻工作者采访同一对象时,不同的新闻工作者所处的位置直接关系到采访的结果。

一般而言,在事先安排有固定地点的采访中,记者应该提前进入现场,观察好有关地形、位置、角度及座位的安排。在采访活动开始后,记者应在允许范围内迅速占领有利位置。在临时安排的活动和突发事件的采访中,有利于观察的角度,要依靠记者自己去发现。

同时,在一次具体的采访活动中,记者观察的角度和位置并不是固定不变的,它是随着新闻现场事件的发展变化以及记者的观察需要发生改变的。

(二)特征与细节

特征是事物的特点的征象和标志,有些新闻现场场面很大,内容丰富多彩,令人眼花缭乱。"拣到篮子里就是菜"，对富有特征意义的报道是新闻报道获得成功的重要条件。在观察中进行分析和比较，把握事物的个性特征，它是克服新闻报道雷同、一般化弊端的重要方法。

记者在现场观察中，要善于抓取最有特色的情景，判断什么是最具特色的事实材料，用于说明烘托报道主体。细节是事物表现出来的细枝末节，是细小的具体情节。细节就需要细节材料来体现。不同的人、事、物在一定的环境和条件下，所产生的相互关系就构成了情节。文艺作品的主体是由情节组成，新闻报道也需要情节，使文章生动、感人。

情节中的细节给读者的印象往往非常深刻，我们读书、历事、处人，有的细节会在遗忘主要情节的情况下，还会保留下深刻印象，这就是细节的特殊效应，构成一个完整的新闻事件，往往只是反映事物个性特征的一句话、一个动作、一个表情或者一个场景。孤立地来看，也就是对事物进行深入、细致、具体的观察，就是要在对现场情景有了总体把握之后，有重点地进行观察，就是要抓住最有特点的典型意义细节。

细节也是构成新闻事件的主要内容，在现场观察过程中，不放过任何有意义的细节，要善于从司空见惯的现象中，捕到那些具有重要新闻价值生动感人的细节，使之深深镌刻在人们的头脑里。

（三）视觉与思维

观察不是一种无意识的机械录像，而是在一定的报道思想和新闻主题指导下进行的一种思维活动。新闻记者的观察固然要通过眼睛的视觉功能，但又不可避免受到思维的限制，眼睛的视觉观察与大脑的思维活动相互依存、相互制约。

视觉观察可以引起大脑的思维，而大脑的思维又对视觉的观察产生能动的作用，即大脑的思维活动反过来作用于视觉活动，对视觉活动做必要的调整和指引：一方面，人们借助观察源源不断地向思维提供粮食营养；另一方面，人通过思维活动理解、分析与判断观察的现象，并对其进行整理加工。在此基础上，分析所见事物发展变化的脉络、事物先后的因果联系；分析眼前事物中人物活动的目的、动机以及策略；也包括用对比眼光对事物进行比较。在对事物进行分析时，通过比较对事物进行鉴别很重要。

因此，作为记者，必须掌握比较的方法。比较，一般分为纵向比较和横向比较两种：纵向比较是将某一事物的现在和其过去进行比较，看其是进步了，还是落后了；横向比较就是将某一事物与其周围的同类事物相比较，看谁优谁劣，即将某一事物与其左邻右舍相比较，在孤立的事物中发现它们之间的相同之处和从相似事物中发现它们的相异之点。只有这样我们才可能从事物的现象中看到事物的本质，从局部事物中看到事物的全局所在，从事物的现状中探求事物发展历史和未来趋势。

（四）背景与现场

现场观察是记者在新闻事件发生现场，对新闻事件所做的观看与思考。但一些好的新闻，需要借助记者对相关背景知识了解和掌握。心理学告诉我们，观察总是在过去积累的知识和经验的基础上进行。观察某一对象时，人们常常根据已有的知识和经验来解释它、理解它。

借助已有的知识，产生丰富的联想，从而把感知引向更为广阔的空间，这样写出的报道内容更深刻，更具有吸引力，这有助于增强记者观察的目的性。同时，把相关的背景资料融入观察报道中，有利于受众深刻理解和认识被观察的人物和事件。

（五）记者与受众

现场观察的主体是记者，但记者不是孤立地开展观察活动的。记者代表着受众，需要用受众的眼光进行现场观察，记者观察所得的结果对相关新闻事件报道是否成功最终还要接受受众的检验。

因此，记者观察什么、怎样观察不能仅仅从个人思想、观点、角度出发，还需要倾听观众的意见及见解，了解受众想知道什么、想看到什么等。只有这样，我们通过现场观察所作的新闻报道才可能对受众有吸引力，可以更大程度上满足其对新闻的需求。

记者代表受众，在进行现场观察的过程中需要将受众"带到"新闻现场。与此同时，记者又需要超越受众，观察受众所观察不到的新闻，这需要记者有较强的观察能力。记者的观察能力是一种发现客观事物的特点和变化的能力。观察力是记者一种综合能力的体现，它的提高是一个复杂、渐进的过程。观察能力的培养既要讲究方法，又要注意练眼功和知识积累。

记者要想搞好现场观察必须提高自身素质。作为一名合格的记者，应该具备三种素质：一是政治素质。要热爱新闻事业，有为新闻事业而献身的精神；要有强烈的政治责任感，敢于坚持真理、讲真话；要有坚强的党性，能自觉地按党的方针政策办事；有较高的马列主义修养和理论水平；能全心全意为人民服务。二是文化素质。记者要采写各种各样的事情，接触各种各样的人物，因此必须有广博的知识，才能搞好新闻工作。三是专门素质（新闻业务素质）。记者要懂新闻学；要有新闻敏感性；要有分析、判断问题的能力；要有与群众交朋友的社会活动的能力；要有较强的文字表达能力。

四、新闻采访现场观察实践中的障碍及解决办法

（一）时空的障碍

突发性事件大多数是事发后才赶到现场，记者无法目睹最真实、客观的材料，而目击者或当事人的口述等称为"二手材料"，对真实性、客观性都需要进一步证实。记者在主动采访当事人或熟悉情况的人外，应尽可能多地采访目击者，这样可以统一说法。当前相机、摄影机十分普及，手机等记录功能十分广泛，尽可能向目击者索要影音资料；在主干道及交通部门掌控的地点，可以向交通部门提出请求调取监控录像，查看事件发生经过；与科研机构保持联系，利用新技术克服时空对新闻采访现场观察造成的障碍。

（二）记者知识面和知识结构的障碍

记者的知识面、知识结构情况决定了发现和判断新闻的敏感度，采访前收集和整理新闻事件的相关材料，熟悉和研究采访对象的基本情况，对采访观察会起到一定的作用。博

学多识需要长期的积累，这样的积累要从知识结构、工作经验、社会适应能力等方面着手。动态建立记者的知识结构，不仅能使记者避免盲目地成为所谓的"杂家"和"专家"，而且能够使记者在具体的新闻采访中形成更符合新闻报道需要的知识结构，从而有效地提高记者的观察、采访能力。

（三）个人情感的障碍

新闻现场是个极其复杂多变的环境，在写揭露性、批判性的报道时，由于遇到各种与社会秩序、社会道德背道而驰的事情，出于正义感、责任心，往往容易注入个人情感，因而对客观事物的观察掺入了个人的好恶情绪。改变对事物的认识来调节情绪与情感是记者在现场观察采访时容易做到的，从错综复杂的关系中跳出来，作为第三人去客观地观察、采访，保证新闻的真实与客观。

（四）新闻源的障碍

新闻来源大体分新闻线人、新闻热线、互联网，新闻线人是普通的人民群众，政治素质、职业道德是良莠不齐的。所以，提供信息的客观性、完整性、专业性是无法保证的，因此对观察、采访有一定的障碍。就新闻热线而言，互联网发布的信息一般真实性难以保证，为了提高点击率，不惜利用不属实的内容迎合一些人的低级趣味。这样新闻来源对接下来的观察、采访无形中制造了障碍。有条件的话，新闻媒体帮助线人提高业务水平。定期对他们进行专门培训。从记者本身来讲，要时刻保持对互联网发布信息的警惕，注意核实真伪。

五、新闻采访现场观察的发展趋势

（一）新闻采访现场观察发展的影响因素

首先，转变报道角度，多角度观察，提高常规新闻的可读性。转变报道角度，即在确保内容和主题的前提下，力求报道形式新颖，表现手法要独特。在日常生活中，记者并不是每天都能抓到新鲜的东西，而新闻的性质又要求报道不断给读者以新鲜感。同一事件、同一主题，要转变表现角度，换一种手法表达，可读性就会增强。往往经济新闻范围与金融等有关，还有令人头疼的数字以及专业术语。

其次，采访中的现场观察越发需配合新闻摄影。新闻现场观察要求记者凭借新闻意识，用形象思维和逻辑思维方式来审视事物的新闻价值。我们进入了图像传播时代，文字报道的劣势需要图像弥补。因此，新闻摄影也是影响未来新闻采访现场观察的因素之一。

（二）新闻采访现场观察的发展方向

社会结构的优化，媒体产业环境也发生着深刻的变化。审视我国当前的新闻业的基本情况，借鉴西方发达国家报业发展历程中取得的经验，理性的分析新闻采访现场观察未来的发展。新闻报道形式上的创新和报道角度的创新，是当代新闻人着力探索的问题。近两年来，一些"小"题目、一些尖端性题目得到记者和通讯员的大力支持，越来越受重视。

在关注宏观、中观性报道的同时,"走向微观"也是提倡的。微观报道,特别是微观层面的问题和经验性报道,从风格来说,是对那种大而化之的报道的反对,是对概念化报道的反对。微观报道因为它的实用性、可操作性,更具借鉴价值,未来的新闻报道将会更加广泛,新闻采访中现场观察的内容也将会向微观转移。

第三节 现场采访技巧(包括连线采访)

在采访现场,记者如何把握身份、态度和提问的分寸,因事、因地和因采访对象的不同,选择不同的提问方式、语言和语气?如何与采访对象融洽关系,无拘无束地交谈,达到思想感情和知识上的双向交流,使采访对象谈出心里话和较深刻的见解来?以及如何能在尽可能短的时间内收集大量信息,从而圆满地完成采访任务?这些都是电视记者需要仔细琢磨的一些采访技巧问题。

一、记者现场采访技巧

通过对部分电视新闻节目中采访方式的观察以及多年来在实践工作中的切身感受,对于成功采访的技巧总结归纳为以下几点。

(一)深入采访,提炼主题

记者成功的采访不是只停留在对事物的表象认识阶段,而是进入认识事物的个性和本质的深层。要将深入采访和提炼主题统一起来,在采访过程中形成主题;在形成主题的过程中深入采访,对主题进一步提炼深化。这时的采访,观点具体明确,挖掘的材料扎实典型。这样可以避免在后期编辑制作时又要从提炼主题开始的事倍功半现象出现。

提炼主题时,记者首先要深入事物的内部,形成一个采访"框架",并对已经得到的材料进行综合分析。然后,在此基础上,做认真细致的思考,把报道的事物放在"全局"的天平上衡量,求得两者之间的辩证统一,就能提炼出正确、新颖、深刻,既具有鲜明特点又具有时代精神的主题来。

(二)简洁到位,直取实质

在采访中,经常会使用封闭性的提问,即问题有明确指向,比较具体集中,问题的口子是封闭的,范围有严格的控制。这样就能使一些有意躲闪、拖延扯皮的采访对象进退两难,不得不做出正面回答。这通常是在一些批评性报道中运用的采访技巧。

在中央电视台焦点访谈栏目"惜哉·文化——大火造成吉林省博物馆损失严重"这期节目中,采访刚开始时,有关部门就有意遮掩事实,想淡化损失。面对这样的采访对象,记者用了简洁到位、一针见血的提问:"损失大不大?"答:"损失不大。"记者追问:"损失有多大?"答:"损失不大。"记者再问:"损失有哪些物品?"这时官员不可能不作答:"只有图书馆的一部分藏书,大部分是儿童书籍,很多文物完好无损……"随即,记者又以相同的问题问博物馆的工作人员，工作人员痛惜不已地说："损失太大了，（价值）无法估量，许多珍贵文物被烧，就连保存完好的一具恐龙化石也付之一炬……"最精彩的是，还是同一个问题，保安部门和其他官员口径统一："损失不大"或无可奉告，采访效果一目了然。这种提问单刀直入，无法回避，并且观点明确、到位。

（三）步步深入，层层剥笋

记者在具体采访、报道中，应做到：面对采访对象，不是简单地挖掘事实真相，而是以理性的目光去综合和透视，用更广阔的视野和更高的思维层次去驾驭事实，从宏观的认识上选择微观事实，透过对具体事实材料的深入分析，深入浅出地反映一个涉猎广泛的问题、现象，或阐释一个鲜明有力的观点。这种透析和认识应该是多角度、多侧面、立体式的。

在采访时，要像层层剥笋一样，一个角度地剖析，一个观点地展开，一个层次地递进，着眼于触发观众对问题做深层次的思考，从思想观念上给人以启示。

专题节目"难解的污染纠纷"，报道的是一个由于居住小区一楼门面开多家餐馆引发的油烟污染纠纷事件。记者多角度、多侧面地对具有普遍性的这起典型纠纷进行深入调查，采访了小区居民、餐馆业主、房地产商以及环保局、城市规划局等一些政府职能部门的官员。居民无法在油烟缭绕的小区安居，餐馆业主认为做合法生意没有过错，开发商为了自身利益出租门面开餐馆却无实质性的法律法规约束，环保部门后期介入不能根本解决问题，规划部门在当初规划时没将一楼门面可能要开餐馆的因素考虑进去……节目主题在这些采访中逐步深入、层层递进，阐述全面，使观众对这起纠纷的根源产生深刻思考，引导社会各相关人士、部门对类似问题进行恰当的关注和处理。

（四）投石问路，以情入物

面对封闭情绪或因种种原因不肯敞开心扉谈心声的采访对象，记者应采取"投石问路"或"牵一发而动全身"的技巧来激发对方的兴致，促使对方谈出真情实感或事件真相。

有一些采访对象脑子里有很多东西，却有点儿像茶壶里煮饺子——倒不出来。碰到这种情况，记者应根据对方的身份、性格、习惯等，以适当的口吻从较细小的具体问题引导谈话就可以打破僵局。在"一个农村妇女的大学梦"专题节目中，记者想挖掘到这位农村妇女含辛茹苦将两个弟弟和一对儿女培养上大学的"秘诀"，可是这位农村妇女，面对记者的采访却一直只是高兴地笑，什么也说不出。这时记者换了一种方式，用当地方言拉家常的口吻问："家里出了四个大学生，你高兴吗？""高兴。""家里经济也不太好，他们上学的费用怎么办呢？""我准备再多养一些鸡，再多种一些各种果树。""哦！以前就靠这些补贴他们上学费用？""就是这样。本来我没种过果树，为了让他们上学，我也是想尽办法。我小时也特别想上大学，但上不了。现在我一定要让他们都上大学，圆我的一个梦，再一个也是我作为一个母亲和姐姐的责任。"真情的交流使这位农村妇女终于道出肺腑之言。当然，迂回引导只是手段，应当有分寸，一旦感到时机成熟，就应迅速切入正题。

另外，可以以"情"为点，与被采访对象进行情感沟通，营造具有鲜明交流意愿的氛围，从对方感受最深或最感兴趣的方面入手，使对方有感而发，真情流露，从而与采访对象真正产生情感共鸣，达到坦诚交流的效果。记者在专题节目"梦，圆了；路还长……"中，采访一个历经三年高考最终考取大学的48岁在校女大学生，花了大量时间做工作，这位大龄大学生也不愿接受采访。这时记者想到她作为一名母亲和妻子所应有的人之常情："远离家乡来到这里上大学，想念家人吗？""经常想念我的丈夫和两个儿子，但这对于我来说都不是最大的痛苦，最大的痛苦是我的记忆力不行，无法跟班上其他年轻的同学相比，学习起来有些吃力，必须花比他们多几倍的时间和精力才行。"……具有真情实感的话语，在打动采访对象，使她受到感触、自然道出心声的同时，无疑也会强烈地感染广大的电视观众。

需要指出的是，记者去寻找、捕捉情感切入点不能建立在揭示他人隐私、展示他人缺陷和痛楚的基础上煽动观众情绪，情感的沟通应是充分体现对采访对象的善意理解和关怀的。

（五）单刀直入锲而不舍

在采访对象不能或不愿就记者提出的问题做正面回答，而记者又必须深入了解事实真相、获得准确答案时，单刀直入、锲而不舍地反问和追问就显得尤为重要，这种采访多出现在批评性报道中。

在《惜哉·文化》中，记者就以重复对方答话的方式，追问产生错误的可能性，使采访对象想回避又不得不说。当记者问到歌舞厅是否持有有关消防部门的许可证时，市长回答："当然有。"记者又问："您是否看到过？""我不可能管这么多，局长负责这件事。"记者反问："那就是说，您根本就没有亲眼看到过。"市长无言。言下之意，并没有亲眼所见，却一味坚持，显然是有意庇护。在电话采访消防部门时记者问："该歌舞厅是否领取过消防部门签发的许可证？""没有。"记者重复追问（加重语气）："您是说没有？""从没发过。"记者反问："那是不是就可以说，如果没有消防部门出具的许可证，（歌舞厅）就不能开业呢？"对方回答："是这样的。"歌舞厅在有关部门庇护下无证经营造成大火，酿成事故的原因已相当明确了。

类似的采访，根据被采访人的态度、特点和提问的内容也可采用设问、侧问、诱问、潜问、激将等技巧，令采访圆满、到位。

（六）学会倾听随机提问

面对具有较强语言表达能力和丰富知识的采访对象，记者在既定采访计划的基础上，要学会倾听，以减少对对方的干扰。在聆听过程中从对方回答里再寻找、提取新的问题，这也是最能体现记者采访功力的一步棋。

《东方之子》曾播出记者对作家张贤亮的专访节目。张贤亮是我国第一个"下海"的作家。记者就"你认为艺术创作和经商哪头更重要""如何既能投入地写作又能游弋商界"

等问题，与张贤亮进行了"智者与智者"式的对话和辩论。在淡淡的火药味中人们能感受到心与心的"不设防"的交流，也感受到了记者的智慧、幽默、善意和温情。一个个问题总是源于不断展开的谈话内容，完全激发了被采访对象的交流愿望，看后使人感到对话自然、和谐。

总之，成功地采访会为节目锦上添花。其中，所要用到的一些技巧，是要在长期实践中不断学习和摸索才能掌握的。只有善于总结，勤于积累，根据不同情况灵活应用各种采访技巧，才能出色地完成采访任务。

二、连线采访的技巧

作为直播新闻节目比较常用的一种方式，连线报道是现场记者通过信息设备，与直播间的主持人保持畅通联系，然后第一时间描述、传播新闻现场正在发生的事件，以此带领受众使其对新闻内容有更直观的感受。凭借较强的现场感、可听性以及及时性，这类报道形式与现代新媒体的传播特点相符合，在广播电视新闻中的应用得到了广泛推广。为了将这一报道形式的优势特点充分发挥出来，记者要熟练掌握新颖、多样的方法。

（一）现场连线报道的优势

首先，能够显著提升新闻传播速度。在社会经济、科技高速发展的背景下，获取新闻已经成为我们每天必不可少的一项工作。而针对传统媒体来讲，整个制作过程不仅复杂，且通常都需要耗费大量时间与精力，难以凸显新闻的时效性。所以，现场连线报道的方式才获得了广泛推广与青睐，其既可以满足受众快速获取新闻讯息的需求，基于各类载体其传播速度也能得到大幅度提升。

其次，可以将新闻事件更全面地展现出来。新闻事件有差异性，其所涉及的人群、地域等方面也会存在差别，传统的录制新闻的方式，通常需要对多个人物和地点进行采访，之后再将其改编、整合起来，这样一来，记者的精力、时间等都会得到保障，而就现场连线报道而言，我们可以从多种语言、视角对发生的新闻事件进行报道，这样既可以促进新闻传播速度显著提升，也能帮助受众在最短的时间内了解事件的来龙去脉，以此来将新闻事件更详细、全面地展示出来。

最后，连线报道现场感更强。通过相应的通信设备，现场记者对新闻进行直播，通过周围的环境、声音可以让听众产生身临其境的感受，以此增强现场直播的效果。例如，每年春运期间，主持人可以在车站进行连线，借助汽车鸣笛声或者现场嘈杂的人群，让观众感受现场复杂的情况，以此促进新闻报道真实性的显著提升。

（二）现场记者做好现场连线报道的方法

1.注重选择适宜的连线环境

在新闻连线过程中，背景音能够使受众与新闻现场的距离更近，进而促使受众真正产生身临其境的感受，保障新闻的真实性。对此，在现场连线过程中，一定要提前选择一个更恰当的环境开展相关工作。为了给现场氛围的营造提供良好条件，不能安静到只有采访对象的声音，但同时也不能太过嘈杂，否则会给采访对象、现场记者报道带来不利影响，难以取得理想的连线效果。所以，现场记者一定要选择一个既可以将现场音效恰当凸显出来，又不会给连线报道效果带来不利影响的环境。

比如，针对一些常见的交通事故报道来讲，现场记者通常都会进行连线报道，对当事人、市民以及交警等进行采访，此时周围一定会有车辆、现场救援等方面的声音。对此，记者要选择一个和现场距离比较恰当的地点，这样在确保可以呈现清晰现场同期声的基础上，整个采访过程也不会受到嘈杂声音的影响，确保受众可以实现对事故现场紧急状态的直观体会，为受众收听效果提供有力的保障。

2. 基于细节来反映信息点

在现场连线过程中，可选择的方面一般有很多，是否能够取得理想的报道效果，通常都取决于现场记者怎样选择一系列素材，怎样准确把握报道信息点，能否判断出哪些信息更为重要。若信息点不对，极易导致受众注意力分散。所以，在报道现场，记者要懂得基于受众角度，善于从受众的视角对其现场进行细致观察，然后从细节入手进一步拉近新闻、受众之间的距离。

比如，在某年春运期间，中央人民广播电台就制作了一期"温暖回家路"节目，连线报道各地的春运情况。记者则是以乘客的身份来亲身体验，对具体路线做出详细描述，如转车换乘的标识是怎样的、都会遇到怎样的难题、可以怎样解决，等等。同时，在连线过程中，其记者还对车站工作人员、乘客进行了采访，进一步充实了整个连线报道的各个细节，也使得现场连线报道更有深度。在报道最后，记者又对新闻做了全面总结，在增强其新闻信息服务性的同时，新闻价值也能得到显著增强。

3. 实现对报道节奏的合理把控

在连线报道过程中，要做好受众心理分析，选择那些具有显著关联性、重要性，且比较新鲜的信息来进行报道。同时，对文本进行合理构建，以此实现对报道节奏的合理把控。

一是要懂得通过简略、概要、强调、弱化等叙述手段的灵活引用，通过变速叙事来打破受众的心理预判。现场记者可以通过不同的力度进行背景、细节事件以及核心信息等内容的呈现，可以简约精练，也可以细致刻画，或者是进行现场再现，等等。

二是在实际连线过程中，其现场记者一定要切忌出现一下子将事实说清楚的情况，要结合具体情况恰当地设计逻辑悬念，在连线报道中要尽可能地增加事件的神秘性，也只有这样才能全面获得受众关注，使其能够一直在新闻频率上停留。

三是现场记者与主持人要注重合理互动，从而防止出现整个连线报道成为单纯的记者口播。在新闻实践中，现场记者在播出时忘记与主持人互动是较为突出的一个问题，这样极易陷入自言自语的尴尬境地，而且主持人若不代表受众来向记者提出一些问题，就不会产生新的关注点，进而导致新闻听觉效果、传播价值不断降低，且极易导致受众产生一定的疲劳感。

四是在事件报道过程中，一定要凸显侧重点，要避免出现同时播出几条信息的情况。无论对于哪类新闻，新闻连线一定要注重中心凸显，或者是结合事件发生的时间顺序来进行新闻报道，也可以基于不同角度来报道新闻事件，以此来将新闻事件立体化地呈现给观众，以此凸显新闻策划的主动性、新闻报道的独特性，特别是在报道一些突发事件过程中，这些策划性是不容忽视的。

4. 注重连续性报道

在信息时代高速发展背景下，各个新闻媒体要努力达到理想的"新、快、活"的目标。相比传统的录音报道形式，现场记者一般都可以在现场通过手机开展连线报道，可以给受众带来极为强烈的实效感、现场感。但同时存在的问题也是不容忽视的，如报道不够精准等。所以，在现场连线报道过程中，记者一定要反复强调自己报道的新闻事件，在完成最后一次报道后，要清晰、准确地归纳、梳理本次报道的事件，也只有这样受众才能够实现对整个事件发生过程的全面、准确了解。

5. 整合连接方式与节目类型

通常而言，都是由记者完成现场连线报道工作的，即记者通过口述的方式在现场把相关新闻报道出来。对于类型多样的广播电视节目来讲，选择的连线方式也应该存在一定区别，以此来为连线报道的顺利进行以及报道效果提供有力保障。在描述现场事件过程中，记者应着重以现场口述的方式进行。在进行客观评论过程中，可以通过互动对话的表达方式来进行。但一定要注意，无论引用哪种方式，都必须具备通俗易懂的特征。

6. 完善采访提问技巧

基于现场连线报道，记者在采访中会遇到迷茫的情况，如找不到采访的核心人物。对此，在正式报道开始前，记者必须事先选择好采访对象，从而提升采访的针对性。

首先，记者一定要选择典型的对象展开采访，被采访者必须和新闻事件有直接联系，特别是新闻事件的直接参与者。

其次，在具体提问过程中，提出的问题必须具备一定的针对性，如"此次事件发生的原因是什么""本次事件都造成了哪些影响"等。

最后，基于被采访者的回答再继续追问，一直到将事件的发生原因、处理经过与最终结果弄清为止。

三、现场采访突发新闻的方法

突发新闻现场采访与报道的难度和要求较一般新闻大很多，为了保证突发新闻的播报质量，就需要现场记者不断提升自身的综合能力水平，如能够灵活应变现场突发情况，便能将采访完整地予以落实。在融媒体时代下，广大受众对新闻的时效性和准确性要求极高，因而记者在突发新闻的采访过程中一定要注重新闻信息的准确性，在采访中尽可能收集优质素材进行报道是每位新闻记者应着重思考的问题。

(一）突发新闻的内涵与难点分析

突发新闻是指社会发展中不可预测情况下发生的特殊新闻事件，例如，自然灾害和事故灾难等，这些新闻事件在报道前无法通过人为预测，因而在采访与报道时对新闻记者的临场发挥能力和随机应变能力的要求较高。实际上，在新闻行业中，突发性新闻事件的价值往往比一般的新闻价值要高出许多，其所引发的社会影响也较大，因而是各家媒体争相报道的重点。对于突发新闻记者而言，其自身要不断提升职业敏感度，在接收到突发事件报道的任务时要能保持沉着、冷静，快速赶往事发现场为群众播放第一现场的情况。

突发新闻与一般新闻性质不同，这是由突发性新闻事件不可预测性决定的，由于其事件的发生是在突然间发生，因而新闻记者无法在第一时间赶到事件发生现场，这便对新闻事件的报道完整性形成了一定阻碍。另外，比如，在自然灾害类的突发事件发生后，其后续可能还存在一定的危险，因而当记者赶到现场后也很难对事件第一负责人进行采访，甚至记者自身的安全也无法得到保障。最后，突发新闻的采访准备时间简短，记者很难在现场对突发事件进行准确的信息收集，进而增加了其采访难度。

（二）记者现场采访突发新闻的方法思路

访前做足准备工作，全面了解采访信息。

对于突发新闻而言，记者的采访前准备工作十分必要，其能将所要采集的重要信息问题进行罗列，并能在第一时间将其核心问题传递给受众，让受众了解其突发事件的始末。由于突发新闻不会提前给记者充分的准备时间，因而需要记者在平时采访过程中要培养自身应对突发事件的职业素养，确保在赶往事发现场的过程中准备好所要采访的重要问题，以及面对采访人员如何进行良好的沟通，以此保证采访质量。其次，由于突发事件对接受采访的人员具有不确定性，这也给记者的采访工作带来较大压力。所以，记者在采访的过程中一定要保持高度清晰的头脑思路，对不同的采访人员进行综合判定分析，并最终总结出较为精准的新闻信息，这不仅是广大受众对新闻的了解需求，同时也是新闻事件本身准确性保证的关键。总而言之，在突发新闻事件的报道过程中，记者一定做好事前的准备工作，全面了解采访的信息，这样才能深入新闻事件内部，成功报道新闻。

深入挖掘现场内容，逐步开展细致采访。

在突发新闻事件中，记者要做的是第一时间深入新闻事件现场，并将现场素材和信息通过采访的形式进行搜集，从而将完整的新闻始末呈现给受众，让受众全面了解新闻事件发生的起因和经过。需要注意的是，记者在现场采访工作中一定要注重对新闻事件本质的探究，这样才能发挥新闻的价值。要知道，采访的过程是为了能让受众更清晰地了解新闻事件现场情况，因而记者在采访过程中要注重对采访本质的挖掘，切忌停留在表面的采访环节，要知道受众在观看突发新闻的时候不仅需要明确发生了什么，还要知道为什么发生，即事件因何而起。

例如，在人为恶性突发事件中，其采访过程中还要传递所引发的一系列社会问题，让受众在观看新闻采访的同时还能引发一定的深入思考。对此，在报道中需要记者从多个思考维度进行深入分析，如是否可以报道、怎样报道、报道到什么程度等都需要记者能够在短时间做出明确判断。

总而言之，记者在突发新闻采访现场要逐步开展细致的采访工作，从现场情况进行理性分析，并从多个角度为受众进行剖析事件的新闻价值，从而产生一定的启示作用。

保证提问方式的多样性，注重采访氛围的把控。

突发新闻的现场采访多数是记者与陌生人之间的交流过程，因而其采访质量也会受到一定影响。通常来讲，一般陌生人在接受采访时可能不愿与记者交流过多信息，有的人出于性格特点不愿意接受采访，而有的人则是因为胆怯或害羞而不愿接受现场采访，这都会为记者现场采访工作带来诸多麻烦与困难。然而，现场的目击者对突发事件的信息掌握最为全面、真实，因而记者在采访中若想做好新闻工作就必须想尽办法，做好陌生人的采访工作。对此，记者一定要保证提问方式的合理性，对陌生人进行采访时要注重氛围和语气的把控，尽可能减少被采访人目击者的抵触心理。

例如，在一些突发自然灾害的采访过程中，由于现场的目击者可能是受害者本人，因此，记者在对其进行采访前要先观察其情绪动向，若其情绪不佳而直截了当地问问题不仅容易对其造成二次心理伤害，甚至可能造成被采访人情绪进一步激动。在此情况下，记者可以先对其进行安抚，之后再尝试问一些现场问题，从而完成采访工作。

力求采访过程的客观性，还原真实新闻内容。

客观性和真实性是新闻报道最基本的要求，在突发新闻现场采访与报道过程中，记者一定要遵循记者的本职要求和标准，在采访和报道的过程中切忌加入个人情绪。要知道，记者作为新闻播报人员，其在现场的采访和播报中若过分添加个人情感，那么便会对受众形成一种潜在的误导，这对新闻事件真实性与客观性的展示十分不利。

此外，新闻记者在新闻现场一定要保证公正性，准确地采集新闻素材和新闻信息，尽可能将最真实有效的新闻信息传递给受众，绝对不能做出违背记者职业道德的事情，这样不仅会消耗公众对新闻信息的信任感，同时也会让新闻媒体的公信度下降。

采访手段要具备多变性，保证新闻的品质。

在突发新闻的现场采访过程中，新闻记者一定要保持冷静的心态看待事件始末，在现场采访中要善于运用多变的手段，并能在复杂的环境中进行适当调整。此外，新闻记者要培养自身敏锐的洞察力和反应能力，在采访过程中对被采访人员的情绪和说话方式进行分析。例如，当被采访人员在描述事件始末的过程中出现了紧张不安的状态，记者要及时对其进行安抚，让其逐渐冷静下来，然后继续相应的采访工作。突发新闻对记者的职业素养要求较高，同时也能够对记者综合能力素养进行培养，因而需要记者在每次突发新闻采访和报道后都要不断总结经验，对自己采访的方法和思路不足进行分析，通过一次次完善而保证新闻品质。

思考题

1. 现场采访有哪些特点?
   _____

2. 现场采访的作用是什么?
   _____

3. 如何定义新闻采访中的现场观察?
   _____

4. 新闻现场需要观察什么?
   _____

5. 连线采访的优势有哪些?
   _____

第八章　新闻采访的拍摄与后期制作

第一节　新闻采访中的声画艺术

一、新闻采访与拍摄的关系

众所周知，电视新闻和其他新闻一样，都是反映客观现实的。但是，它除了具有新闻的共性之外，还有其自身特点：声画并茂、视听兼有，并以最快的速度报道新闻事件中的人、事、物和所处环境，使老百姓耳闻目睹，好像身临其境。

一条电视新闻的产生，是记者深入生活，调查研究，根据党和政府的方针路线、政策和中心工作来取材，从中发掘新的主题，进行观察、分析、提炼，及时反映客观现实的结果，应具有强烈的党性、思想性和真实性。在拍摄过程中，应该选择那些具有典型意义的场景、事件、人物和活动过程，运用准确、鲜明、生动的形象，醒目恰当的解说，及地将正在发生和发展着的事件报道出去，这是电视记者的责任，也是新闻的原则。

从这个意义上说，没有新闻采访，就没有电视新闻。重拍摄，轻采访是电视队伍的通病。每一位新上班的电视记者，首先注重学习摄像机的操作使用和注意事项，而对如何深入采访、写好文字解说并不是高度重视。仿佛只要会使摄像机，能拍出影像，就可以当好电视记者了。从花费的时间来看，由于时间和环境等客观原因，用在拍摄的时间往往多于采访时间。在采访中，听听基本概况，记几个数字就算完事。

从做法上看，首先不是采访拍摄，而是组织拍摄，主观拟定拍摄镜头，让画面去适应现成的结论；其次是先拍摄，没采访，根据画面去表现主题思想，去写文字解说；还有的新闻记者是半路出家或是改行从事新闻事业的，有的怕吃苦，不深入采访，从报纸或广播里寻找新闻线索，甘愿吃"剩饭"，也不自己写稿；有的单纯追求条数，而不注重质量等等。这样一来，电视新闻的主题就缺乏深度、内容平淡、结构松散，解说词空洞无物、套话连篇，电视新闻的质量自然不高。

目前，电视新闻中画面和文字解说的关系基本可以分为以下两种情况。

画面是新闻的主导部分，解说词是画面的补充。

例如，拍摄市领导走访慰问贫困户的新闻时，贫困户满眼泪水，手握领导的手不松开时的感人画面，这时一切情景的描述、旁白、解说都是多余的。俗话说："百闻不如一见"，电视新闻的画面，让观众直接看到新闻事实，这是任何文字和语言都无法表达出来的。因此，凡是画面能反映新闻主题的报道，都应当以画面为主。

以文字解说为主、以画面为辅的电视新闻。

画面在表达新闻主题时有它的局限性。A是抽象的理论、政策等东西难以表达；B是除了事前有安排的事件，如党和政府中心工作、工程建设等，可以报道它的发生、发展及最后情景以外，在一般情况下，只能报道事件的结果。因此，当画面不能反映新闻的主题时，文字解说就应占据主导地位了。

如某市一季度外经贸工作或是市政府坚持改革取得成效等新闻，都不是最新最近发生的新闻事件。这时，就要由文字解说为主来传达成果和成就。但是，这时画面也不是可有可无的陪衬，而是新闻的一部分，既不能让不相干的画面干扰文字解说对新闻主题的报道，也不能让观众打开电视机"听"新闻。视听结合、互为依存是保障电视新闻报道质量的基础，但采访则是电视新闻报道的前提。电视新闻题材的选择，必须从生活中去发现、挖掘和提炼，而不是依赖二手或三手材料来拟定。

从顺序上看，先有新闻采访，没有新闻拍摄；从内在来讲，新闻采访决定新闻拍摄；从新闻属性解释，事实是第一性，反映事实的电视新闻是第二性的。这里包括文字解说的写作、图像的拍摄和制作等环节。采访包括发现新闻线索，明确主题思想，详细了解材料，选择新闻角度，片子结构的设想、情节、细节、画面、角度等的大致设想与安排，题材内容的思想性与艺术性的处理等。经过深入采访，才能确定报道题材、内容、主题、表现手法，才会拍到最能体现主题思想内容的情节和形象。电视新闻画面的选择，必须是新闻事实自身形象的记录，而不是组织加工、导演摆布的形象。

电视新闻主要是靠形象报道的，镜头是新闻语言组成部分。拍摄不同事物，表现不同情节，要用不同景别、不同角度、不同方法，表现出新的立意、新的结构。这里的关键是抓住那些丰富的、有典型意义的生活场景，抓住那些有代表性的细节，更好地反映出时代的特征和人物的精神面貌。电视新闻文字的写作，必须精练鲜明。

文字解说是表达电视新闻主题思想的重要手段，又有配合画面、依附画面而存在的特殊特征。它不能脱离画面去单独构思，又不是一篇独立成章的报道，只能与画面结合起来，形成浑然一体，结构严谨的电视新闻，达到引人入胜、吸引观众的目的。其实，用画面语言说话，善于捕捉最有新闻价值的镜头，可以大大提高新闻的价值，发挥电视新闻的优势。声画的有机结合，既增添了整条新闻的可视性、可信性，又具有很强的说服力。

从电视新闻的实际情况来看，其优势还没有得到充分发挥。大量稿件似乎总是受到一种模式的限制，使人感到千条新闻，一副面孔。表现在画面和文字解说的关系上尤为突出，很多电视新闻把画面当作文字解说的填充物，看不到文字解说与画面之间有多少内在联系，在一些电视新闻中经常出现画面不清、环境不明、镜头语言不完整，画面解说"两层皮"的现象。另外，电视新闻还受时间空间等条件的限制，有许多新闻事件的历史背景、观点、理论和政策等观念上的东西，是很难用画面来表达的。这样，就要靠文字解说，对画面进行补充、提高、烘托、渲染和深化。但是，如果记者没有处理好采访和拍摄的关系，新闻稿件的质量就可想而知。

综上所述，电视新闻的题材、画面的选择，文字解说写作得好坏，都决定于记者对生活认识的深度，靠记者采访时对事物的了解程度。

采访是电视新闻的基础，只有深入采访，精心拍摄，电视新闻才有生命力，才会受观众欢迎。我们一定要树立采访是拍摄的基础的观念。正确处理采访和拍摄的关系，把电视新闻的质量提升到一个新水平。

二、采访的摄像技巧及基本功训练

电视新闻的现场采访对于摄像水平具有很高的要求，采访人员需要在最短时间内完成摄像准备，在保证内容真实可靠的前提下，有效地把握采访重点，将新闻内容全面呈现于观众面前，这是新闻采访记者必须具备的基本素养之一。在全新的社会环境下，电视新闻采访工作者的任务与工作变得更加发展，这就要求相关从业者必须展开更加有效的研究，全面提升拍摄效果，确保电视新闻采访的效果得到进一步凸显。

（一）电视新闻采访的摄像特点

近年来随着社会生活节奏的加快，媒体发生的新闻数量也在不断提升，电视新闻记者在采访过程中经常会面临着更加复杂的局面，这也对记者的能力提出了更高的要求。一名优秀电视新闻采访工作者首先要具有足够的耐心，很多时候采访者需要经过长时间的等待才能获取最有价值的新闻元素，因此采访者一定要保持耐心，选择最合适的时机进行拍摄。其次，采访者要能够有效把握整个新闻事件中最具价值的核心环节，确保自己拍摄的内容能够向观众传递最为准确的信息。最后，电视新闻采访者要能合理运用周围环境进行拍摄和节目制作，更加有效地呈现新闻画面，同时还要能够抓住一些新闻要素，有效把握突发新闻的重点。

（二）电视新闻采访的摄像技巧

电视新闻采访的摄像水平直接决定最终的采访效果，因此，电视新闻采访者要利用自己的专业能力来呈现电视新闻采访的重点，有效把握重点内容，带给观众更加有效的新闻收看体验。

1. 数量掌握拍摄移动技巧

电视新闻采访所进行的拍摄是一种移动拍摄，采访者需要不停地变化采访角度和采访位置，同时也要通过拍摄过程的变化来展现不同的图像内容，这就要求电视新闻拍摄人员必须掌握基本的移动技巧，这才能通过自己的镜头展示更加稳定的画面。电视新闻采访者必须要使用摄像机移动下的景物拍摄，打破定点拍摄的局限性，有效通过多个角度进行更加全面的拍摄。

2. 确保新闻画面稳定

摄像机在运动过程中很容易出现画面不稳定，这就会影响新闻拍摄的效果，因此，电视新闻采访者需要通过摄像机镜头的调整与拍摄主体的调整来实现拍摄目的。采访人员在拍摄过程中要牢牢把握新闻采访的重点内容，确保新闻重心能够始终处于画面中心位置，同时根据新闻采访的具体需求控制镜头移动速度，在移动调整过程中要尽量保持画面的稳定性，带给观众更理想的收看效果。

3. 有效利用构图技巧

构图技巧的运用能够帮助新闻采访者更加有效地分配画面内的景物，同时也能够选择最为有效的拍摄位置与切入点，这也是摄像技术发展过程中美学元素的有效引入，观众也将获得更加真实的收视体验。电视新闻摄像人员必须在拍摄和制作过程中更加有效地利用构图技巧，更好地利用电视画面展示新闻，使得新闻画面的说服力与观赏性都得到有效提升。

（三）电视新闻采访的摄像技巧与基本功训练

电视新闻采访者必须要在实践过程中不断提升自己的摄影能力，将新闻内容通过画面更好地呈现在观众面前。为了实现这个目标，采访者应该不断提升自己的设想技巧与基本功，其主要策略主要表现在以下几个方面。

1. 有效把握新闻主题

新闻拍摄通常会围绕某个具体主题展开，同时采访者需要围绕这个主题展开构思，确保新闻拍摄能够有效涵盖新闻发展的不同阶段，将整个新闻直观而生动地呈现于观众面前。为了实现这个目标，采访人员必须要有效地把握新闻主题，同时在工作过程中不断提升自己的拍摄水平，积极推动新闻采访能力的持续提升。

2. 锻炼自身观察能力

新闻现场的情况通常比较复杂，而且随时可能会发生变化，因此，新闻工作者必须具备敏锐的观察力，这才能及时发现新闻的重点内容，同时要在实际工作过程中不断锻炼自己，在采访过程中合理运用采访技巧寻找新闻重点，确保自己能将观察得到的内容呈现出来，深度挖掘新闻重点。

3. 提升画面构图能力

观众在收看新闻内容时希望能够获得具有更强美感的画面，这就要求新闻采访者在摄像过程中能够更加有效地将画面以具有美学特点的方式呈现在观众面前，这不但要求采访者拍摄的画面稳定、清晰，更要求具有良好的构图意识，确保观众能够从整体角度把握美感，拍摄更多具有艺术效果的新闻画面。

（四）新闻采访中高清拍摄技巧

1. 何为高清

电视节目已经走入人们的视野，而人们对节目的需求也有所提高。"高清"一词被越来越多的人所关注。它既是社会人群对电视新闻节目的新要求，也是我国不断推进电视数字化工程的必然趋势。高清电视节目的制作，是先进的制作技术和环境的有机融合，那么，究竟何为高清？

高清的电视节目，其清晰度、画面的显示比例、色彩的覆盖率等方面，都是有严格的标准要求的。高清、高度清晰，这是很多人的认识，却也不无道理。而对于电视的具体要求则是在 1280×720 以上，而 CRT 则必须在 600 线以上。

至于电视的画面比例，和很多人所说的电视尺寸的大小，有着异曲同工之处。电视机屏幕大点的，它的画面感当然就会更强些，也更符合高清的标准。比如，24 寸的电视，其呈现的画面肯定没有 42 寸的大，清晰度当然也是后者高些。

再说色彩，电视的色彩是吸引大众观看的重要原因，也是高清节目制作的一个重点因素。自然、舒畅的色彩，不仅会给电视本身加分，也会在一定程度上提高相应节目的收视率。试想一下，面对色彩比例不均，而呈现或浓或淡的色彩，这样的电视节目本身就算再好，也不会吸引很多人耐心观看的。这也给广大电视工作者在制作高清节目时，提出一个重要建议。当然，此外，高清电视的要求还包括声音、对比度等方面，这些也是在制作节目时重要的参考因素。

2.高清拍摄技巧

调整好高清拍摄的高度和方向，让观众有身临其境之感。

在电视新闻采访中，要做到高清的效果，首先就要注意拍摄的角度问题。所谓角度，也就是拍摄的高度和方向问题。如何做到逼真，让大众有身临其境之感，是高清拍摄中必须慎重考虑的问题。随着人物采访的问题转换，记者和受访人之间的情绪变化以及当时现场的采访氛围等的影响，拍摄的位置肯定要随之发生改变。

比如，受访者在发表他的言论时，摄像机就可以给他来一个特写镜头，感觉他就在观众的眼前讲话一样，增加真实感，而且在拍摄角度改变的时候，受访者的情绪、举止等，都能有强调的体现。全方位、立体性的突出，正在于此。

抓取受访者真实的声音，能加强采访新闻的感染力。

无论是现场报道还是录音采访，受访者的声音和图像都是最能深入人心的要素。电视观众打开电视看新闻采访，除了受到画面的视觉冲击以外，还被采访情境中的声音所吸引。如果知识主持人或者记者在那里解说某一事件，大众肯定会有视觉疲劳，而且感觉不是很真实。但如果是由受访者自身传导出来的声音，观众就会觉得既自然又真实，而且可以从受访者的语气中获知他个人对于整件事情的态度，或支持或批判。

总之，真实是新闻采访中最为夺人眼球的东西。既然受访者真实的声音如此重要，那在从事高清拍摄应该如何操作？其实很简单，除了注意拍摄画面的角度外，还要拍摄完成一些用来转换的短小画面。如此一来，在受访者声音传来的时候，画面得到及时更新，有效地结合了视觉和听觉效果，更能吸引观众的眼球。

三、新闻采访中的声音录制

新闻记者外出采回的素材，画面很好，但声音录制经常会出现一些问题，有时没声音，有时声音过小，有时声音过大造成声音失真等，采访的内容往往因声音不合格而影响整个节目的效果。因此，在采访现场，采访人员要特别注意声音的采录。外出采访，根据采访内容不同，通常情况下，摄像师、声音、照明各一人，也有声音兼照明为一人的情形。由于新闻现场的状况时时刻刻都在改变，无法事先了解现场状况的情况也时有发生。经常要以一次定胜负来面对采访，瞬间的判断决定了采访的合格与否，很少有可以再重新录制的机会。面对采访的不同情形应当采用不同的录制方法。

（一）外出采访

新闻采访对音质的要求较高，就是我们通常说的声音必须不失真，并且要有悦耳的声音，就是说话者在自然状态下发出真实音色的声音，被采访者说话的内容有着悦耳的声音，观众听了很舒服。

在新闻现场，记者站在摄像机前进行报道。这时候，周围若是一个很安静的场所，可以使用无线麦克风，但新闻现场非常安静的情形很少，很多场合应使用手持麦克风，采录的声音要比无线麦克风效果好很多。

新闻采访的范围也相当广，不仅有全县大型活动现场，而且有各种灾害现场等，新闻报道要传达整个事件和事故的现场，现场的声音变化很多，而对于外围的采访，也就是对于事件和事故的始末、周边状况的采访、对于社会的影响等，声音都起到了关键作用，从画面上观众看到了现场发生的事情经过，通过真切的现场声音，让观众有身临其境的感觉，考虑到整体节目的平衡，声音的收录就显得尤为重要。

譬如，在一个节目中，有直接在现场采访的场面，也有离开现场对事件加以查证的场面。现场进行采访时，以手持式麦克风录音，现场效果好，既可显出紧迫感来，也会强烈引起被采访者的感觉。现场以外则以枪型麦克风或夹式麦克风加以收录，对广播而言，依据场面不同，最好使用手持式麦克风。

（二）室内采访

室内面对面采访，系设定照明、摄像机架设于三脚架上，记者与采访对象佩戴领夹式麦克风收录声音。这时，必须注意以下几点。

两支领夹式麦克风混合使用，收录声音的时候，会有回音的情形。原因就是说话者这一方的声音进入听者这一方的夹式麦克风里，混合的时候所产生的回音现象，为了防止这种现象，唯有放低听者这一方的音量。通常，听者这一方的音量放低后，开始说话时再提高音量，并放低终止说话者的音量。如此，重复操作而加以收录的声音，可防止回音，效果很好。

另外，选用两支麦克风，也有背景噪声的问题。空调以及车辆通过的声音等，无论在什么场所，总是有现场的声音，访问当中无法去除的这种声音被称为背景噪声，经常干扰到声音的收录。

采访现场的状况，不进入现场是无法了解的。譬如，在对方的正上方有空调的吹气口，且又无法制止，改变现场的这种情形是非常困难的。像这样，对方那一边杂音很多，记者这一边却很沉静的话，一般混合情况下，对方讲话的时候背景噪声变得较高，记者询问时则变得较低了。如此一来，不仅感到对方的声音很难听清楚，而且询问时听起来就像事后录音一般，与报道节目并不相符。这种情形，较静的一方说话的时候，杂音较多的一方麦克风音量不要放得太高。双方平衡后的背景噪声可得到良好的效果。

新闻采访，对于发言者应考虑如何能录下展现当场状况的声音，将本身所感受到的情形以声音表现出来，观众看了以后就很逼真。为了不破坏现场的气氛，也有不能靠近麦克风的场面，即使多少有些难以听懂的声音，但为了收录自然的声音，有时也必须牺牲音质。

（三）街头采访

在街头听听一般人的意见谓之"街头采访"，通常拿手持式麦克风来收录声音。在人潮中采访，为了避免危险而不使用麦克风导线。对于重要人物的采访，有时会等待其出入办公室而加以访问，将此谓之当街访问，这种情况要特别注意，做好各种准备工作，手持话筒、录音笔等，多准备几样，万一有一个出问题还有其他的备份。

如果有风，再好的声音也因风吹袭而无法使用，录音的人每个人都会有这种经验。如果不想在风势强劲的情形下收音，就尽可能不要在室外采访。在一般情形下，电动式麦克风在风中较为好用。

使用领夹式麦克风或枪型麦克风在室外采访时，会收录到鸟叫声或小孩游戏声等现场的背景声音，这些都不太影响整体效果。

面对面地采访，多将领夹式麦克风装在衣服里面，这样，在画面上看不到麦克风，同时也能使收录的声音取得好的效果。装设的方法因人而异，有各种不同方式，将胶带粘面做于外侧，折数次呈三角形，做两个，将附有风屏的领夹式麦克风紧紧包夹住，再装入衣服里面，这种方法既简单又不易失败。必须注意不要录到摩擦衣服的声音。这时候，若选错麦克风的话，声音会不清楚，因此要加以注意。

声音收录的方法有很多，只要声音优美不失真就是好声音，观众就能接受。县级台受条件限制，没有更好的设备，就要靠平时的经验积累，相信自己的感觉，不要怕失败，尝试各种录音方法，就能录制更好更美的声音，来满足采访需求。

四、新闻采访中的画面剪辑

媒介传播，是社会信息传播的主要窗口，它在社会信息传播中占有不可忽视的地位。随着社会信息传播技术的逐步发展，电视新闻采访技术，也正在逐步更新。而新闻采访与画面剪辑的有机结合，作为数字媒介体系建立的主要方法，是确保社会信息高质量传播的直接体现。

（一）电视新闻采访与画面剪辑

1. 电视新闻采访

电视新闻采访，是指主持人通过现场信息采集、人物信息沟通以及新闻信息快速整理的方法，实现社会信息的传播。一般而言，电视新闻采访主要包括：采访前做好准备工作、采访素材合理收集与报道、选择合适的切入点以及良好的工作态度四方面，电视新闻采访质量的高低，将直接决定新闻传播的社会传播效果的好坏。

2. 画面剪辑

画面剪辑，是影视传媒后期制作的主要技术手段之一，它能利用某种技术处理方法，对新闻采访现场录制资源，进行视频、音频的处理，实现新闻采访内容连贯性、美观性播放。

3. 电视新闻采访与画面剪辑有机结合的必要性

（1）丰富电视新闻节目内容

随着社会媒介传播体系逐步发展，电视新闻采访工作开展的质量要求也在不断提升，大众对信息传播的要求，不再局限于单纯的音频、视频资料，而是要寻求视听有机结合的审美需求。由此，将电视新闻采访，与画面剪辑有机结合，可满足大众多元的视听审美需求，如新闻采访信息为城市交通状况，若直接播放新闻采访画面，内容较单调，且画面感较差，而运用画面剪辑后，可将主持人的信息播报与城市交通图结合起来，大众在听主持人解读实况交通的情况下，也能够看到具体的画面，新闻传播效果更好。由此，电视新闻采访与画面剪辑的有机结合，可以丰富电视新闻节目内容。

（2）优化传播信息资源

电视新闻采访，与画面剪辑的有机结合，可充分利用两者的优势，取长补短，加强电视新闻整体传播效果。例如，电视新闻采访录制过程中，整体画面录制效果较好，但由于新闻录制期间，需不断切换录制场景，原视频影像的连贯性较差，若直接进行播放，会影响新闻内容传播的整体效果。运用后期剪辑方法，按照新闻采访校本的设置需求，重新进行视频顺序、结构调整，且剪切掉影像中视频效果较差的部分，这样在播放影像资料时，新闻采访的视频影像播放效果就较好。由此，电视新闻采访，与后期剪辑的有机结合，可以弥补新闻传播中的缺失，优化传播信息资源。

（二）电视新闻采访与画面剪辑的有机结合要点

1. 充足的前期准备

确保电视新闻采访与画面剪辑的有机结合，需要操作人员做好全面准备。

从新闻采访的视角而言，采访人员应结合本次采访主题，准备好新闻采访校本。如本次新闻采访主题是关于"二十大精神"，采访前，主持人就应把握党的二十大召开中，民众最关心的问题，同时本次大会召开中又有哪些创新点等，即采访人员要在采访前，做好充足的功课，确保采访过程中突发性问题的合理应对。从画面剪辑的视角而言，为确保后期画面剪辑效果，应依据节目需求，做好后期剪辑计划，找准后期剪辑的重点部分，前期进行影像录制准备时，按照要求准备录制影带即可。新闻采访后期剪辑时，要着重突出新闻播报的现场情况，且后期会有较大部分的画外音，摄影人员准备材料时，可准备两份录制影带，一部分为画面采集，另一部分为人物声音采集。

2.新闻采访与画面剪辑要合理、真实

新闻采访与画面剪辑的有机结合,是美化社会信息传播资源的有效方法,实际操作时,工作人员应确保新闻采访与画面剪辑内容的真实性和合理性。

(1)新闻报道根本价值的体现

新闻采访过程,是对社会信息内容的整合、跟踪传播过程,新闻采访注重的是信息传播的时效性和真实性,它主要为大众对社会发展中的信息内容进行归纳整合。由此,新闻采访期间,为确保其基本价值,就必须确保前期新闻采访内容与后期剪辑内容的准确对接,而不能为了突出某一个新闻采访要点,随意进行后期画面拼接、剪切。如果新闻报道的内容,主要是关于社会高校教育实践新闻,则后期画面剪辑时,应利用本次新闻采访收集到的素材进行新闻画面剪辑,而不能进行新闻采访信息造假,这就是确保新闻采访与画面剪辑合理、真实性结合的一个方面。

(2)后期剪辑价值的体现

画面剪辑与新闻采访的有机结合真实性的把握,也体现为后期剪辑过程价值性的探究。画面剪辑过程,必须按照新闻采访校本设计,有序进行画面处理,彰显新闻采访中的主体部分。同时,画面剪辑,要尽量做到完整、自然,但这些要求都是在保障"还原"新闻素材本身意义的前提下开展的;否则,画面剪辑在电视新闻采访后期处理中的应用就失去了意义。

如某次新闻采访内容的人物专访,采访人物依据事先准备好的新闻校本准备问题,与采访人员进行沟通。后期进行画面剪辑时,应将"主持人提问—嘉宾回答问题"的过程,看作一组剪辑画面,而不能为了新闻播出效果,在后期剪辑过程中,"重新"进行新闻采访内容搭配,这也是电视新闻采访与后期剪辑有机结合的体现。

3.剪辑方法的灵活应用

电视新闻采访,与画面剪辑的有机结合,能够丰富新闻采访信息,达到增加电视节目播出画面立体感的效果。由此,剪辑人员巧妙地利用画面剪辑技术,也是发挥两者结合的要点之一。

(1)人物画面剪辑

在电视新闻采访过程中,主持人、采访嘉宾,均会出现多种情绪的变化,人物表情可以在一定程度上,反馈新闻主体的心理变化,这是新闻采访依靠语言无法体现出来的,从而增加了新闻采访的整体效果。

如某档新闻节目要采访一位山村志愿教师。后期画面剪辑技术,在针对前期新闻采访素材进行整合期间,可以在采访嘉宾情绪变化时,通过面部表情特写、肢体动作特写等,传达嘉宾当前心理活动,这种后期画面剪辑处理方法,可达到清晰分辨电视信息节目,拉近新闻采访节目与受众之间的距离。

(2)新闻画面剪辑技术

新闻采访与画面剪辑技术的有机结合,也充分利用了画面剪辑补充与整合的技术手法，增加电视新闻节目的影视效果。画面剪辑技术，可以从新闻节目的整体需求入手，将较长的新闻采访录制资源进行"切分"，保留新闻采访的主要部分。

如某地方领导干部下基层视察工作采访视频，现场录制时，为了保障视频的完整性，多次录制了采访内容之外的资源，后期进行画面剪辑时，就可以只保留新闻采访的主体，而将"多余"剪掉即可。新闻剪辑时，可在新闻采访中，适当地插入现场收集影像资料，将音频信息保留，这种音频与视频资料相互结合的方法，可完善电视新闻采访的局部环节，优化新闻采访节目信息。

此外，电视新闻采访与画面剪辑的有机结合，也可以借助后期画面剪辑技术，调整新闻采访信息的播放速率。如调整新闻播放的剪切点、新闻播放时长，将电视新闻采访中相互重复的部分以及与采访主题不相关的内容删除等。值得注意的是，画面剪辑中的播放速率调节，必须注意采访内容之间的连接恰当性，尽量避免电视新闻采访资源处理影响节目效果的情况。

五、电视新闻声画剪辑方式与技巧

电视新闻具有"声画合一"特性，没有画面就无所成为电视新闻，画面在电视新闻中是与解说词一样重要的表现元素。

"声"与"画"如何"合一"呢？这里面有许多方法与技巧。

（一）认真阅读解说词

如果是"采、编分离"运作机制的媒体，画面编辑要事前认真阅读解说词，了解新闻的主题思想并掌握新闻结构与长度，以便在剪辑画面时做到有的放矢，合理匹配有关画面。

（二）仔细浏览素材画面

在认真阅读解说词后，还要仔细浏览记者拍摄的相关素材画面，了解画面的拍摄方式、景别、构图以及画面语言等基本情况，以便在剪辑时做到胸中有数。

（三）蒙太奇手法的运用

蒙太奇（montage），作为影视作品结构手段和叙述方法，包含两层意思：一是作为镜头组接的方法和依据；二是作为编导者的思维手段。它贯穿从构思、选材、采访、拍摄、制作的全过程，涵盖了影视创作的总和，它也是影视编辑所共同遵循的规律。

1.蒙太奇的功能

（1）构成情节

就是通过镜头、场面、段落的分切与组接，将分散的镜头组合结构成完整的视听形象，共同完成一个主题的表达。

夏衍先生曾说：所谓蒙太奇，就是依照着情节的发展和观众注意力及关心的程度，使观众得到一个明确、生动的形象或感觉，从而使他们正确地了解一件事情发展的技巧。

简单地说，蒙太奇就是编导讲故事的一种方法，观众借助编导提供的视听形象，了解事件情节的发展，并从中领悟作品的内涵思想。

（2）创造时空

运用蒙太奇方法，编导可以根据构思或省略或重组时空，创造出不同于现实时空的独特的影视时空。

影视时空是指编导把在不同地点拍摄的镜头经过巧妙组接，创造仅存于主观幻觉中的心理时间。

但在新闻中禁止虚构时空，蒙太奇创造时空的作用仅限于对现实时空的省略和浓缩。

（3）表达寓意

运用镜头的分切和组合，声画的有机组合、相互作用，产生新的含义，形象地表达抽象的理念，表达编导的寓意，创造特定的艺术意境，造成一种情感冲击力。如将一幅高空飞鸟的画面剪辑在大学生走出校门的画面之后，寓意着大学生前程无量。

（4）形成节奏

电视的节奏是调动情绪的手段，使观众能更深地感受整个作品。

蒙太奇组接是形成电视节奏的重要的、主要的手段。

蒙太奇组接可以通过控制镜头的长度，形成节奏变化。例如，表现一个比赛的场面，用了一个长镜头，把比赛过程拍了下来。但是假如镜头画面的内容和空间范围变化不大，观众就会感到节奏太慢。这时，采用蒙太奇组接，将镜头分切开来，不时地插入一些比赛现场观众的反应镜头。这样，由于画面镜头切换频率加快，观众感觉到的节奏也加快了。

电视节奏，不仅是指镜头的长短及运动速度的快慢，而且包括对观众心理冲击力的强弱。因此，蒙太奇组接还可以通过控制镜头的幅度形成节奏的变化。

例如，一个本来由全景/中景/近景/特写组成的推镜头，节奏显得比较慢。如果通过分切/组接，去掉中间的过程，从全景直接切到特写，节奏就加快了。因为观众会从众多视像上一下子集中到某一局部。这样不仅突出主题，而且震撼观众情绪。

2. 蒙太奇的分类

一类是叙事蒙太奇，就是将镜头按逻辑或者时间顺序地组接，完成对事件的叙述和表达，它是蒙太奇最简单、最直接的表现。

叙事蒙太奇着重于动作、形态、造型上的延续性，通过一系列不同景别、不同角度、不同动作形成的镜头组接，构成完整的动作形态和事件脉络。它表达过程连贯，给人以清晰、流畅的感觉。

叙事蒙太奇是画面组接的基础和主体，是电视新闻的重要结构方式。好的电视新闻都是运用叙事蒙太奇手法，达到画面剪辑流畅、形象说话的良好效果的。

另一类是表现蒙太奇，也叫对列蒙太奇。它不注重事件的连贯、时间的连续，而是以加强艺术表现力和情绪感染力为主要目的。它以镜头的对列为基础，通过前后镜头在形式上或内容上的相互对照、冲撞，从而产生一种单一镜头本身不具有的、更为丰富的含义，并用它表达某种感情、情绪、心理或思想、观点，给观众造成强烈的印象，两个结合的镜头并列并不是简单的一加一,也是一个新的创造。

3. 蒙太奇组接方式

无论是叙事蒙太奇还是表现蒙太奇,在画面组接上的具体运用方式有四种:平行式、平行交叉式、对比式和比喻式。

(1)平行式组接

就是将两条或两条以上的情节线索并列表现,强调的是同时性。

(2)平行交叉式组接

它是由平行式组接发展而来,平行式组接注重情节的统一、主题的统一,注重事件的内在联系及事件的平行发展;而平行交叉式组接则强调它所表现的两条或数条线索严格的同时性以及密切的因果、呼应关系。

它采用频繁的交替表现形式,其中一条线索的发展,往往影响、决定着另一条或数条线索的发展。它们相互依存、交叉组接,形成强烈的戏剧冲突,造成戏剧性的悬念,在电影、电视中,追逐场面就是这种结构的典型形式。

(3)对比式组接

它是通过镜头、场面或段落之间在内容和形式上的强烈反差,产生既相互加强,又相互冲突的作用,以对比组接表达寓意或强化所表现的内容、思想和情绪。

对比的内容可以是画面表现的内容,如贫与富、苦与乐、强与弱、高尚与卑下、文明与野蛮;也可以是画面的形式,如景别的大小、角度的俯仰、光线的明暗、色彩的冷暖、声音的强弱等。

(4)积累式组接

积累式组接,只有几个主体形象或内容相似的镜头组接在一起,造成一种效果的积累。它可以渲染气氛,加强气势,烘托情绪。例如,将数个表现惊涛拍岸的镜头重叠组接在一起,就比单个镜头更有气势。再如,将一组商店柜台、橱窗陈列摆设和购买商品的镜头并列组接,表示节日市场繁荣的景象。

(5)比喻式组接

比喻式组接,是通过前后不同主体形象的画面组接,使观众产生某种联想,造成心理上的冲击,从而使观众更加深刻理解画面所表达的思想内涵。

不过这种组接方式适合纪录片、电视剧、电影中使用。

4. 蒙太奇句型

我们通常说画面语言,既然有"语言",就有句型。

镜头是构成电视片的基本单位。蒙太奇思维如用新闻造句,根据内容表达的需要,将几个不同景别的镜头组接起来,形成有一定意义的段落。这样一组表达完整的镜头,就被称为"蒙太奇"句子。

蒙太奇句型大致可分为以下三种。

(1)前进式(递进)

就是远景直接过渡到特写的组接,使观众视线由整体引向细部,按顺序展示某一动作或事件的进程，表现日益高涨的情绪和逐渐强烈的气氛。

（2）后退式（扩展）

就是从特写逐渐过渡到远景的组接，使观众视线由细部引向主体，目的是先声夺人，引发观众的兴趣，或表现渐趋平静的情绪和逐渐减弱的气氛。

（3）环形式（复合）

就是前进式和后退式的复合体，它可以使前进式加后退式，也可以是后退式加前进式，两者谁在前谁在后，视主题需要而定。

5.镜头内部蒙太奇

（1）长镜头理论

长镜头理论就是主张运用不间断的拍摄方法保持逼真的记录事实，保持生活的原有面貌，让观众自由选择它自己对物象或事件的解释，主要是指戏剧电影拍摄的方式。

长镜头理论与蒙太奇理论的区别在于前者强调事实，后者强调思维；前者重在叙述，后者重在表现。因此，长镜头理论对于纪实性节目的创作具有很大借鉴价值。

（2）长镜头技巧

所谓长镜头，是与短镜头相对而言的，是指在一个连续时间较长的镜头内，用推、拉、摇、移等方法，多层次、多景别地对某一事件过程或场景进行拍摄，从而形成一个比较完整的镜头段落，以保持被摄对象时空的延续性、完整性和真实性。它是拍摄者有目的通过场面调度和镜头的运用（内部切换）造成角度和景别的变化来完成镜头内部蒙太奇。

所谓段落镜头，就指在一个镜头中有景别和角度的变化，并能完整、清楚地表现一段内容。

"段落镜头"在影视编辑角度讲，也称为"镜头内部蒙太奇"。

6.镜头组接

这里所说的镜头组接是指画面与画面的组接，而镜头组接一定遵循一定的原则。

这些包括符合逻辑规律、遵循轴线规律、准确掌握剪接点保持影调和色调的统一。

（1）符合逻辑规律

符合逻辑规律是指镜头组接的顺序及内容的表达要合乎逻辑性，即符合现实生活的逻辑和观众的思维逻辑。

符合生活逻辑。

例如，在一条报道某国领导人访华的电视新闻。画面组接应是欢迎仪式、会见（会谈）、参观、告别、离开，这样按照事件发生、发展、结束的时间顺序的规律进行组接。

符合观众的思维逻辑。

例如，一条报道领导实地视察的电视新闻，其中的一个镜头是领导手指前方说话，那么接下来的镜头应是领导所指的景物。这样，符合观众所需要了解的领导指的是什么。

再如，报道跳水运动员的电视新闻，一个在跳台上跳下的镜头，接下来应是记分牌的镜头。

（2）遵循轴线规律

所谓轴线，实际上是一条虚线，被摄主体的运动方向、运动轨迹形成运动轴线；两个相对静止物体之间的交流线构成关系轴；人物的视像以及静止的单一主体到其对面点的连线确立方向轴线。如果记者所拍的镜头出现轴线方向不统一的情况，后期编辑应设想在两个"跳轴"镜头中间插入特写镜头或者中性镜头进行过渡。

所谓中性镜头，就是指在运动轴或方向上拍摄的无方向特征的镜头。

例如，镜头之一：汽车往前开；

镜头之二：（中性镜头）驾驶员开车的近景；

镜头之三：车往回开。

这组镜头由于插进了中性镜头，观众会以为在某处转了弯，所以再往回开就不足为奇了。而且，当观众把注意力集中在中性镜头时对前一个镜头运动方向的印象会渐渐淡漠，再接一个反方向镜头就不会产生一种明显的跳轴感觉。此外，插入空镜头也可缓减跳轴的感觉。

（3）准确掌握剪接点

镜头的剪接点，就是指运用剪接转换镜头时，镜头与镜头衔接处、连接点。

剪接点的内涵是指记者、编辑掌握镜头有机连接的一种原则。

准确掌握剪接点，可以达到每个镜头在相连时，各个剪接点都选择得十分合适，在恰当位置剪断，在恰当位置连接上，那么镜头之间的不断转换就能保证动作连贯、节奏鲜明流畅，事件的叙述清晰明了。

要准确掌握连接点，就必须根据镜头的长度、主体动作及其镜头运动状态。

A. 镜头长度要恰当

镜头长度可分为以下三类。

a. 叙述长度

在叙述性镜头中，镜头长度首先要保证内容表述完整，让观众既能看明白，又能留下深刻的印象。如果镜头过短让观众无法满足，镜头过长就让人生厌。在观众领悟全部含义的时刻及时切换，是恰当的叙事长度。叙述镜头具体长度应考虑到景别因素、亮度因素和动静因素的具体情况而定。

景别因素：画面景别不同，包含在画面中的内容不同。远景、全景等景别大的画面，所包含的内容多，观众需较长时间才能看清。所以，远景、全景的镜头可稍长些；近景、特写等景别小的画面，所包含的内容可简单明了，所以，镜头长度可稍短些。

通常情况下，特写1~2秒；近景2~3秒；中景约5秒；全景约8秒。

亮度因素：在画面中，亮的部分比暗的部分更容易引起观众的注意。所以，以表现亮的部分为主时，长度可短些，相反，则长些。

动静因素：在画面中，动的部分比静的部分更容易引发观众的注意，所以，动的部分画面稍短些，静的部分画面稍长些。

b. 情绪长度

当镜头内容是为了营造气氛、表现某种主观情绪时，选择剪接点要根据情绪、气氛烘托得需要，在情绪、气氛对观众感染力最强烈时切换。描写性镜头大多用近景、特写来表现内在的情绪，剪接点要以表达感情、情绪的需要，以人物在不同情境中喜、怒、哀、乐的表情为依据，镜头长度可以对"叙述长度"做适当延长，剪接点拖后，以便宣泄、抒发未尽的情绪，以完整地表现情节含义。情绪、气氛镜头之后，应留下适当的"空白"。如果马上开始新的解说或音乐，观众的情感可能被打断，从而削弱了感染力。

c. 节奏长度

一部电视片的总体节奏，由内部节奏和外部节奏构成。

内部节奏也叫叙事节奏，是指在事件展开与情节发展中，画面本身形成的节奏。外部节奏也较蒙太奇节奏，是指镜头转换、面组接所产生的节奏。影响外部节奏的因素主要是镜头长、短。

节奏缓慢的内容，镜头稍长些；节奏强烈的内容，镜头要短。

B. 要做"动接动""静接静"

动接动，静接静是画面剪接的基本规律。它规定在确定剪接点时，要保证前后镜头中的主体在剪接点上的运动状态（包括运动的或静止的）一致或是拍摄手法（固定拍摄与运动拍摄）的运动状态上的一致。

a. 动接动

动接动是指视觉上有明显动态的镜头应该和有同样明显动态的其他镜头相组接。

例如，上一个镜头是行进中的汽车，下一个镜头则可组接流动的街景，两个镜头画面结果都是动的，都有明显的动感，组接在一起，画面转换的视觉效果平滑、自然、流畅。

人物的起坐、握手、走路、推门、抬头等动作姿势的变化以及运动主体动作的速度、方向突然转换等，都可以形成动作剪接点，如果主体有许多动作，一般选择其中动作变化最为明显、动作幅度最大的瞬间作为剪接点。

依据动接动原则，可以去除运动镜头的起幅和落幅，从而有一气呵成的感觉，组接流畅。反之，如果主体不同，运动形式相同，但运动方向相反的镜头相连，一般应使镜头相接触的起幅和落幅保持短暂的停留，形成静接静的效果。

b. 静接静

静接静是指视觉上没有明显动感的镜头应和同样没有明显动感的其他镜头相组接。

这里所说的"静"并不是指镜头画面的绝对静止，只是要求在镜头切换的前后，画面没有明显的动感就可以，因而静接静包含静止物体间和静止动作间的组接两层意思。

第一层意思：静止物体间的组接，主要是寻找相似相关的因素为连贯条件进行切换。如相似的构图、相似背景或相关的物件等。例如，会议新闻中，不同与会者聆听报告的几组镜头相接。此外，静止物体间组接，还可以寻求镜头长度的一致性，能产生明显的节奏效果和韵律感。例如，（一组街景镜头连接组接，造成风格不同的建筑物或建筑物局部）

连接组接，只要镜头长度一致，都能创造出明显的节奏感。

第二层意思：静止动作的组接，是指当两个镜头相接时，其中一个镜头是运动的（主体运动或摄像机运动），另一个镜头则是静止的，就要选在运动主体的停歇点（运动开始或停止的瞬间）或运动摄影的起幅、落幅处切换，使两个相邻画面都处于静止状态。

例如：

镜头一：（远景）一个人正在行走；

镜头二：（中景）这个人站住在观望什么。这两个镜头的相接，就应抓住这个人刚停止行走的瞬间切换组接，而不应在这个人行走过程中切换组接。

再如：

镜头一：（全景、摇摄）市场上琳琅满目的商品；

镜头二：（近景、固定）一袭美丽的婚纱。

这两个镜头的组接，就应在前一个镜头摇停（落幅）之后，再作切换组接，从动到静的过渡舒展流畅。

组接还有特殊的切换技法："动接静"和"静接动"，运用这种特殊切换技法时，应设法找准内部逻辑关系，力求连贯、流畅。

7. 场面过渡手段

电视新闻作品，在叙述事件发展进程、表达主题思想时，都是分段落、分层次的。

这种"段落""层次"是一组互相连续着的镜头序列，它可分为四类：自然段落、时间变化、地点转换和节奏段落。"段落""层次"是电视片最基本的结构形式。

"段落"之间、"层次"之间如果采用硬切的方法衔接，会使新闻报道转折唐突，有生硬阻涩之感。只有选择合适的转折方式，借助某种转场手段，使其既分隔又连贯，保证作品结构的顺畅、和谐、统一、完整，转场手段主要有四类：技巧画面转场、无技巧转场。

（1）技巧画面转场就是利用电子特技来分隔转换镜头

通常有以下几种方式。

淡入淡出（或称渐隐渐显）：上一段落最后一个镜头逐渐隐去，下一段落的第一个镜头逐渐显现。这种方式通常用来表示一个比较完整的段落的结束。

化出化入（或称溶出融入）：上一段落最后一个镜头渐隐的同时，下一段落的第一个镜头渐显。通常用于不完整段落的时间转移上，还可用于连接"倒叙""插叙"段落处。

划（或称扫）：前一画面以某种图形从某方向退出，下一画面随之出现，开始另一段落的叙述。"划"可用来表现地点、场合的变化，由于其速度较快，令人感觉节奏轻快紧凑，是一种快速转场的手法。电子编辑机上又称"扫划特技"，能创造出不同的划扫图案。

翻页：上一个画面像翻书一样翻过去，下一个画面随之出现，适用于连接对比内容的两组镜头。

停顿（定格）：每个段落均以画面定格结束，转入下一场，适用于不同主题段落之间的转换。

（2）无技巧转场

就是运用镜头切换自然过渡转场。运用这种方式，其段落转换处的画面必须具有合理过渡的因素，或形式上相似或内容上有因果关系。使段落间有紧密的联系，起到承上启下的作用。无技巧转场，通常有以下几种方式。

特写转场：用特写画面来结束一个场面，由特写画面拉出展开新的场面，就是特写转场。其主要目的是在观众注意力集中于某一人物表情或某一景物时，在不知不觉中转换场景和叙述内容，不至于产生视觉"跳动感"。由于特写镜头容易吸收观众的视觉注意力，同时又没有明显的方向感，使它在场面过渡中的作用特别重要，被称为"万能镜头"，常被用作过渡和间隔的镜头。

同体转场：用同一主体或同类物体来串联上下两个镜头，使场面转场。在电视新闻节目中，镜头常跟随相同主体（如记者、主持人）由这一场景到另一场景，转换极为自然顺畅。

相似体转场：利用上下两个镜头中主体具有相同或相似的外观形象使场面转换。

例如，前一场景的最后一个镜头是车间生产流水线的彩色电视机，下一场景的第一个镜头是商店门口的电视机销售广告牌特写并由特写拉开，然后转移到商场电视机。

挡黑镜头转场：在上一个镜头中，主体移近直至完成，挡着了摄像机镜头，在下一个镜头中，主体又从摄像机前移开，这种方法一般用于时间、地点的转换。

出画入画转场：前一个场景主体出画，接下一个场景主体入画，以动作与方向的连贯来顺利的过渡场面。

主观镜头转场借助人物视觉方向的主观镜头，下接与之存在的某种逻辑关系的场景即为主观镜头转场。比如，上一个镜头时人物在看，下一个镜头可接他看到的景物。

承接转场：利用两个镜头情节上的承接关系，即两个镜头之间内容上的某些一致性、逻辑性（如因果、呼应、暗喻）来达到顺利转场的目的。

例如，上一个镜头是 A 在甲处打电话，下接一个镜头就是 B 在乙处接听电话。

运动镜头转场利用摄像机的运动所造成的视线、视角的变化，来完成地点转换。摄像机作升、降、摇、移、推、拉、跟、甩等运动拍摄，都可以被利用作为转场手段。

声音转场是一种运用声画结合来达到转场的常用方法。

如敲门声、门铃声、电话声、由声音产生了观众注意力的转移，从而给画面阻接提供了可供选择的时机，成为重新安排场面调度的转折点。

景物转场借助景物镜头（空镜头）在两个场面之间作为间隔手段实现场景转换。这种情况常用于情绪发展到高潮的顶点以后，需要一个间歇，或者做情绪的延伸，为下一段落情节的展开做好心理准备，或让观众情绪舒缓情绪，回味作品的情节和意境。

第二节 新闻后期制作的注意事项

一、注重新闻内容的真实性

新闻的三要素是真实性、新奇性和时效性。其中，真实性是新闻内容的第一要义，也是新闻能够长久存在与发展的重要依据。这不仅需要体现在前期的采访工作中，更是后期编辑工作需要遵循的首要原则。通常素材的真实与新闻内容的真实是无法百分之百同步的。后期编辑人员在拿到采访素材后，对素材内容进行删减、声音加工、镜头顺序的调换等特殊处理，都会使原本的素材内容有所改变，从而影响新闻内容的真实性。在当前的社会环境中，有的新闻媒体从业者为了博得眼球，冲击收视率与销量，刻要注重核心内容的调查工作，在核心内容调查过程中需要结合自身优势，深入研究民生问题，让会议报道的内容生活化，贴近人们生活，从而保证会议的报道质量，提高电视台会议报道的收视效果。

（一）进行深入采访，核实新闻内容

新闻讲究用事实说话，在新闻采访中不能脱离新闻事实，而且要杜绝加入自己的主观意见，为了更好地保障新闻的真实性，记者在进行新闻采访时，要进行深入调查研究，坚持用事实说话，并向大众还原真实的新闻事件。记者在采访过程中，必须保持认真负责的态度，不能为了博受众眼球而恶意夸大新闻内容，甚至在没有调查整个新闻事实的情况下随意根据自己的主观臆想猜测新闻的结果。很多虚假新闻都是由于记者在没有对新闻事件进行深入调查的情况下道听途说、随意猜测而成。长期下去，不仅会产生不良的社会影响，新闻媒体的公信力也会显著降低。记者作为新闻事实的采编人员，对待任何新闻事件都要进行深入调查，无论新闻信息来源于什么途径，都需要核实内容的真实性。目前，网络信息繁杂，记者在写稿时如果援引网络信息，一定要仔细辨别，认真核实信息源，不能嫌麻烦，拿来就用。记者要将真实、客观、公正放在首位。

（二）把握好新闻的客观尺度，提升新闻真实性

新闻的真实性是基于客观事实之上的，记者在进行新闻采访时，要充分把握新闻的客观尺度，不得随意添加自己的主观看法。有些新闻报道之所以失实，就是因为记者的主观性过于强烈，而公众在不了解事实真相的情况下很容易信以为真。尤其是对一些弱势群体的采访，记者在面对弱势群体时通常都会具有较强的同情心，在采访中很容易带有自己的主观偏见，从而影响新闻报道的真实性。有许多失实新闻就是这样产生的，在目前的网络时代，这类失实新闻在网络上传播，很容易引发网民的同情，给当事者造成不可估量的负面影响，甚至会引起网络争议与社会问题。

此外，在一些法治新闻的采写中，记者也有可能因家庭、教育程度、成长环境等外界因素而影响对新闻当事人的客观判断，认为家庭背景较好、受教育程度较高的人明显犯错误的概率要比学历水平低、成长环境较为复杂的人低。主观意识和判断往往会在很大程度上影响新闻事件的真实性。因此，记者在进行新闻采访的过程中要把握新闻的客观尺度，对新闻事实要做到不夸大、不遗漏，并且在字里行间还要表达出积极向上的价值观，这样才能在提升新闻真实性的同时，使新闻媒体保持经久不衰的公信力。

（三）做好采访前准备工作，避免认知武断

新闻报道产生失实的一部分原因是记者的知识储备不足，在采访前没有做好充分的准备工作，尽管当前的记者基本上都是本科以上学历，接受过专业系统的教育，但是在采访过程中不会让一个人只关注一个领域，通常情况下，记者所采访的领域都是多元化的，今天有可能采访体育新闻，明天可能采访法治新闻，带有很大不确定性和随机性。而如果记者的知识储备不足，对于自己不熟悉领域内的一些专业词汇可能会听不懂，在撰稿过程中可能会望文生义，从而曲解新闻事实，进而影响新闻报道的真实性。

因此，记者需要不断丰富自己的知识储备，尽量使自己的知识多元化、全面化，这样在面对各种不同的新闻事件时，才能尽可能地减少错误的发生。此外，在每次采访之前，记者都需要做好充分的准备工作，对所要报道的领域有基本的了解，这样在报道过程中才可以更加顺利，避免因认知错误而影响新闻内容的真实性。因记者自身知识储备不足造成的新闻失实，通过记者自身的改进可以得到有效解决。

（四）提升记者的职业道德素养，杜绝不实新闻

记者职业道德素养的提升在一定程度上能改善新闻失实的情况，因此，提升记者的职业道德素养是非常有必要的。为了保障新闻的真实性，记者在新闻采访中有时候还需要同损害新闻真实性的行为作斗争，如果记者的责任心不强、职业道德素养较低，面对恶势力总是妥协，这就很难保证新闻的真实性。

此外，社会和媒体还需要为记者构建良好的外部环境，有时候记者难免遇到一些阻碍新闻采访的行为，在这种情况下，如果没有外部手段来遏制这种行为，就会在一定程度上打消记者追求真实性的积极性，从而对新闻真实产生一定的影响。

二、以受众需求下为导向

随着社会和时代的发展以及科学技术的日新月异，电视新闻编辑工作也面临诸多机遇和挑战，电视新闻编辑工作也要与时俱进地进行创新，创新新闻编辑形式与技巧，提升新闻的信息性和时效性、真实性以及新意性等，以最大限度地满足不断变化和提高的受众需求，促进电视新闻事业的良好发展。

（一）电视新闻受众的需求分析

1. 信息性

随着社会和时代的发展，受众对于电视新闻的需求也越来越高，单一的国内时政与国

际大事已经逐渐不能满足受众的需求,他们更加渴望通过电视新闻能够开阔视野、增长见识,对现实社会和外部世界有更清晰、更深入的了解和认识,不断满足自己的好奇心。所以,对新知识、新见闻的需求是当前受众除了国家与国际大事之外的新需求。

2. 时效性

时效性是新闻永恒的追求,也是影响新闻节目关注度的重要因素。随着社会和经济的发展,人们的生活方式发生了极大变化,生活节奏日益加快,在这样的时代发展背景下,受众对于未知新闻事件的了解有着特殊的需求,先睹为快是大部分受众的希望和期待,这就为电视新闻的时效性提出了更高要求。

3. 真实性

在信息化时代下信息的传播渠道更为广泛、传播速度也更加快速。在这样的状况之下,受众对于电视新闻信息的真实性也有了更高的要求。与此同时,信息的真实性也受到了越来越多受众的关注,甚至受众对信息真实性怀疑的态度逐渐增强,迫切需要公信力度较高的机构来确定信息的真实性。电视新闻作为政府和人民群众之间联系的纽带,是公信力较强的信息传播方,是公众可以信赖的信息来源。随着受众需求的不断提高,公众希望电视新闻在传递真实信息的同时也能进一步提高信息的时效性。

4. 新意性

在当今的信息化时代下,信息的表现形式也更加多样化,而受众对于套路相同的电视新闻甚至可以闻先知后,这样单调的表现形自然会让受众产生严重的审美疲劳,长此以往,受众对于电视新闻的兴趣会逐渐地降低,电视新闻所具有的影响力也会受到一定的影响。所以,新意象也是当前受众对于电视新闻表现形式的新需求。

(二)受众需求下电视新闻编辑工作的创新路径

1. 注重对电视新闻内容的创新选择与整合

新时期电视编辑工作的创新的目的之一,就是在对电视新闻内容的创新选择和整合中,尽可能满足受众多元化的新闻需求,所以,新时期电视新闻编辑工作创新的关键就是要注重对新闻内容的创新选择与整合。在新闻内容选择中要充分把握新闻传播的"软硬"度,要选择具有社会影响力、价值较高的新闻内容,合理搭配"软""硬"新闻的数量,使新闻节目能够呈现出一个较好的整体效果。同时新闻的"软硬"搭配既要保证新闻内容的重要性,又要具有一定的趣味性,通俗易懂的新闻内容更容易提升大众的兴趣。

另外,在新闻播报中,新闻编辑人员要追求大众化、平民化,尽可能地使用生活化的语言,在迎合大众审美的同时,拉近与大众之间的距离,进而提升受众对于新闻信息传播的接受度。但是,如何在保证信息真实性的同时,避免新闻信息太过普通化而不被大众所关注,也是新闻编辑人员需要高度重视的问题,新闻编辑人员要注重对新闻内容进行有亮点、有重点地选择,对于那些具有较强吸引力与"劣质信息"进行有效的区分、筛选,挖掘有亮点、有特色、有价值和意义以及具有社会影响力的新闻信息。同时,编辑人员在语言整理过程中,还要充分考虑所引发的新闻舆论效应,注意敏感语句的使用,以正确的舆论导向为前提进行相关的新闻播报。

2.注重新闻编辑方式的突破和改变

在新时期的电视新闻编辑工作中要树立受众在信息传播中的主体地位，尽可能地满足受众需求。所以，电视新闻编辑工作的创新就要注重新闻编辑方式的突破和改变，摒弃过去重复单调的表现形式，重视声音、文字以及视频等信息载体的有效融合。与此同时，电视新闻编辑工作要充分合理地将信息化技术应用到电视新闻编辑工作中去，利用科技的力量实现电视编辑工作的创新。

例如，可以利用互联网信息技术搭建网络平台，在与大众的沟通和交流中更好地了解其需求，并积极听取大众对于电视新闻的反馈和评价，进而在以后的电视新闻编辑工作中能够及时改进和完善，在创新中不断向前发展。另外，为了满足受众对于电视新闻表现形式新意性的需求，在电视新闻编辑中要注重在优化新闻画面的同时对屏幕文字进行创新设计，从视觉效果上给受众感官带来冲击，从而提升吸引力，提升新闻编辑质量和新闻节目的影响力、竞争力。

3.革新新闻报道方式，突出新闻现场

新闻编辑工作在新时期的创新发展要注重新闻报道方式的转变和更新，要注重现场报道、突出新闻现场。现场报道这种方式可以使受众更加准确、及时地了解新闻事件发展的全过程，在声、画同步的新闻报道中可以进一步凸显新闻信息的真实性，同时也可以给受众带来强烈的感官刺激，提升新闻编辑的整体效果。

另外，一些电视画面无法体现的新闻信息也可以在主持人的解说和报道中较好地传达出来，体现出现场报道所具有的灵活性，在深化新闻报道内容的同时也传达了更多有价值、有意义的新闻信息。

三、记者需要增强思维能力

电视台记者在新闻节目采访工作中都养成了属于自己的采访套路，但是这个采访套路在媒介融合背景下却不一定适用，导致新闻采访过程中即使能够捕捉到完美的画面信息，新闻节目播出效果也并不好，且在新闻事件采访过程中缺乏主观思维能力，一些新闻事件的深层次内容无法被及时挖掘。面对这种情况，在媒介融合背景下，电视台记者就需要加强采访形式的创新，注重培养自身的主观思维能力，具体可以从以下两个方面展开。一方面，电视台新闻记者在采访过程中需要始终找准自身位置，在新闻事件采访过程中有一个主观思维，针对所采访新闻事件的内容合理选择采访方式，保证采访方式的适用性。另一方面，电视台新闻记者在采访过程中需要加强对新闻事件深层次内容的挖掘，具备正义感、使命感及责任感，将新闻事件背后的真实面目呈现在观众面前，让广大观众全面了解新闻，从根本上保证电视新闻节目的采访效果。

（一）稳固的逻辑思维技能是新闻记者必备的专业素质

在新媒体环境下，信息传播速度大大加快，传播面也大大扩展。对于一些重大新闻、突发事件等，社会上通过互联网的各种平台和各种渠道，迅速传播，往往是鱼龙混杂、良莠不齐，有时会造成受众的选择困难和认知困惑。在这种情况下，新闻记者在新闻角度的选择、新闻价值的判断上，就显得十分重要。

在新媒体环境下，"叙议结合"的节目方式十分重要，可以及时对一条新闻做出相关评价。新闻记者要经常深入基层，奔赴突发事件现场，介入不同类型的采访实践当中，争取在其中细致化解析不同类型信息，彰显出细密的逻辑思维和灵活性的应变实力，而这一切的前提，就是完善的学识支持。好的报道和新闻稿件，可以瞬时间发挥出对受众群体理想化的引导效果，确保令社会大众在第一时间内了解党的最新政策内容，随后形成强烈的责任意识和政治素养，并且更加积极乐观地面对日后更加深刻的生活、工作、学习挑战，达成所谓正能量的传播效果。因此，新闻工作人员必须注重平时写作和口头表达能力的训练，养成逻辑思维的习惯。在采访和写作中，勤于对新闻事件要素之间进行思考，对新闻人物进行分析，做到新闻语言的协调性搭配、逻辑结构的完整性呈现以及新闻事实的精准性映射，长此以往，使新闻报道做到真实、可信、及时、严谨、准确，有说服力和感染力。

（二）提高逻辑思维能力靠的是学习和积累

新闻逻辑思维能力就是指人有条理地总结概括事物的能力，它主要分为认知、判断、推理几个板块。通过逻辑思维我们可以更好地了解和认识我们肉眼直接看到的事物，也可以对我们并未直接看到的事物予以客观性推理，如若说其间没有良好的逻辑思维能力，即使拥有再多知识也是无用的。但这种逻辑思维能力也不是每个人天生就具备的，它也需要长期地学习、培养和积累。归结来讲，处于新媒体背景下的新闻工作人员，尤其是记者，切不可拘泥传统的播报习惯，单纯地论述某些事件的起因和结果，相应地需要在其中融入更多个人创新的思维内容，令一系列有价值的信息得以全方位地整合以及适当性的取舍；之后依次抓住风暴眼和价值点，对新闻事件加以拓展，达到引导舆论的效果。

新闻记者的理解能力、分析能力和现场发挥能力，是至关重要的，往往决定报道的成败。因此，新闻记者的学习和积累就显得尤为重要，他的逻辑思维能力和眼界与他的文化背景是密切相关的。读书学习是必不可少的课目，要学习政治理论，多读哲学和逻辑学之类的书籍，从入门到慢慢摸清规律。在阅读过程中不仅要阅读自己比较感兴趣的科类，还要广泛地阅读其他方面的知识，并且大量补习自己的弱项，只有这样，才会更加快速、更加准确地描述各领域的新闻信息。

此外，要学会采用多种方法积累知识，例如读书、看报纸、微博关注、看新闻、听广播等，多种方式相互结合，从而大大拓宽了知识面，提高知识积累的效率。换句话说，新闻记者平常要涉猎较为宽泛的知识领域，唯独如此，才能有更多的依据完成思维拓展任务。毕竟，单纯叙述事实是不当的，为了令整个新闻播报的同时，反映出记者更加宏观的视野，换取愈加立体的表达效果，记者抑或是主播要联合一系列知识背景进行眼前新闻事件延展，最后令社会大众成功获取与其相关联的复合类信息。

实践和社会生活永远都是知识的富矿，也是培养逻辑思维的大课堂。随着社会的飞速发展，信息的更新日新月异，新闻记者要想有足够的能力胜任这份工作，就必须善于挖掘生活中每天出现的新鲜事物，并细心地分析其与以往事物的不同，时刻给自己充电，紧跟时代的步伐。因此，新闻工作者应该积极深入生活中去，及时把握生活中的新事物，只有这样才能积累更多新闻素材，才能发现新题材，掌握新角度，更加快速、更加准确地描述各领域的新闻信息，采写或播报出生动、形象、鲜明的新闻报道。

（三）加强实践和训练，养成良好的逻辑思维习惯

互联网大数据时代的新媒体传播，拥有较强的信息碎片化特征，主要原因就是大数据下提供的数据分析结果通常都没有规则可言，无法做到全面和客观地反映事实。特别是经过不同类型的创新媒体技术衍生之后，民众生活中越来越多的碎片化内容被再一次地切分，加上平常信息接受和消费形式的变化影响，使得个体阅读和思维习惯也发生了根本性转变。表现为在信息获取方面变得更加快捷便利之余，也同步出现阅读浅层和思想表面化等状况。面对这一新局面和新问题，作为新闻传播媒介的新闻记者而言，不断加强文字、语言基本功的实践和训练，养成良好的逻辑思维习惯显得尤为重要。新闻作品是记者逻辑思维的产物。

因此，记者的采访、写作和播报过程便是一个重要的逻辑思维过程，有了一定的专业基础和知识储备，就有了攀登高峰的本领。但是，最终还要靠成果来检验和说话。所以，新闻记者要投入火热的生活中去，到新闻发生的第一线去，到基层和群众中去，通过自己的专业新闻知识和水平，推出高质量的新闻报道。新闻记者在正式开展手头工作时，有必要针对当下要采访的对象和事件等进行客观性的价值评定，即基于批量化数据，估计新闻的实际价值，这可以说是强化记者逻辑思维技能的最佳途径。毕竟在现实生活环境下，许多突发性的事件都有着明显的新闻价值，至于一些层次较深的新闻抑或是全新的事物等，它们的新闻价值往往则须额外配合逻辑抽象思维予以鉴定。一个好的新闻是通过新闻记者的敏锐眼光和专业的逻辑思维能力来发现、判断的，也就是说，只有保证记者预先精准化提炼最热的新闻时事，并经历深刻的推理和抽象的思维分析后，才能形成更加优质性的新闻报道内容。由此可以判定，任何新闻的价值和信息量，都需要借助记者独特的形象和逻辑思维技巧加以表现，一旦这部分思维存在漏洞，也就无法自然地融入记者的主观思想，更不能揭露事实。特别是新闻舆论监督力度持续加大之后，因为许多新闻涉及的角色和范畴相对广阔，便要求记者更加谨慎地归纳事件的起因和发展动态，争取完全还原事实真相之后，形成对整个报道更加可靠的舆论监督功效。

新闻记者要养成良好的逻辑思维习惯，进一步准确性地观察了解整个世界形势，就必须先塑造一双敏锐的眼睛，并树立足够严谨的逻辑思维体系，随后则将平时学习的政策、理论、法规准确加以运用，不断提高自己的逻辑思维能力，在新闻实践活动中发现问题，找出症结，解决问题，使新闻报道更有针对性和战斗力。经过时间的不断推移，许多创新技术项目、名词、行为方式开始衍生，并快速替换传统的部分，使得人类社会得以飞跃性

地发展。而在此期间,新闻媒体作为社会信息传播的主要途径,保留着鲜明的不可替代性,为了确保更加灵活性地迎合社会发展趋势,新闻记者必须竭尽全力健全个人的专业文化素养,提升自身的新闻信息传播水平。

与传统媒体相比,新媒体传播在针对性、互动性和规模性方面都具有无可比拟的优势。现场即时播报也成为最为常见的新闻形式,新闻记者的文字和语言能力至关重要。新闻记者的逻辑思维能力强不强,还具体表现在语言驾驭能力和写作能力上。新闻报道的语言需要有严密的逻辑性,新闻的语言是传播新闻内容的介质,语言的表述和判断,逻辑性很强,具有广泛性和严谨性。新闻报道中使用语言搭配不恰当,会造成新闻报道的虚假和混乱,直接影响报道的质量。所以,新闻记者在语言播报和新闻稿件写作中,应注意新闻语言的规范性和具体搭配,准确地反映新闻事实,逻辑清晰地进行新闻论述,采写出人民群众喜闻乐见的高质量的新闻报道。

四、记者采访中需要合理应用非语言性符合

电视台记者采访工作内容复杂多样、不固定,在新闻采访过程中经常会出现信息发布不及时、信息数据实时性不高等问题,导致新闻事件无法真实地呈现在观众面前。针对此种情况,电视台记者在新闻事件采访过程中就可以适当使用非语言性符号,如手势、心态、神态、肢体动作等,通过手势、心态、神态、肢体动作等非语言性符号准确把握电视台新闻事件采访进度,并对新闻事件中存在的深层次内容进行挖掘,做到与被采访者和谐沟通交流,让被采访者可以从容面对采访。与此同时,电视台新闻记者还需要在日常生活中加强采访技巧、采访知识、思维理念等方面的学习,始终紧跟媒介融合发展趋势,准确掌握时代发展动向和观众所关注的重点内容、民生问题,然后有针对性地进行新闻内容采访,并做好跟踪报道,从而保证所报道的新闻内容是最新颖的,提高采访工作质量。

(一)造型语言技巧

在电视新闻现场报道中,出镜记者的衣着、装饰等外在造型因素是电视画面中十分重要的组成部分,并以非语言符号的形式传播信息。外观符号构成记者的"第一印象",是现场人物和观众对电视记者认知的接口。外在造型可分为可控和不可控两大部分,可控部分包括出镜记者的发型、服装、装饰品等可以调控的方面,不可控部分包括身高、容貌等天生的、不易改变方面,现就可控部分做出分析。

1. 简单大方,不宜常变

出镜记者的装扮要以简洁大方为基本要求,服装款式尽量简单,不戴夸张的饰物。因为在电视画面中,出镜人员过多或夸张的装饰会吸引观众眼球,从而使观众不能够集中注意力于新闻报道中。经常出镜被观众熟知的记者,其发型或其他装扮不宜常变,因为出镜记者的外表会在大众传播中形成某种相对固定的符号,随意打破原有的符号会引发受众的困扰。

2.适宜场合，有礼有节

在电视采访中，由于出镜记者的外表不合适而造成误会的场面并不少见。有的女记者到农村采访穿着入时、化妆浓艳；在政府记者招待会等重大场合，本应正装出席的记者却着装过于随意，这些都会在电视画面里形成反差，从而影响整个节目和采访的整体效果。电视记者合时宜的着装，也体现他本人以及他所代表媒体的素质和礼节。

3.代表媒体，树立品牌

出镜记者的形象不仅代表个人，还代表着他所在的媒体，他所发表的观点也代表着媒体的观点。我们经常看到出镜记者手持的麦克风或者身穿的衣服上都带有记者所在媒体的台标。在出镜记者报道时，台标以非语言符号的形式传播了某种信息：一是标明出镜记者所在的媒体，以媒体对言论负责的态度报道新闻；二是为媒体树立品牌意识，在新闻报道中树立媒体的良好形象。

（二）身体语言技巧

体态语通常被称为身体动作或身体语言，较典型的包括面部表情（特别是眉毛、前额、眼睛和嘴的表情），姿势和手势等是为了补充口头语言在交际中不足。因此，体态语在电视采访中的存在意义在于配合记者的语言表达，对语言传播中出现得不够严谨或不够完整的部分进行形象化补充。在出镜记者的现场报道中，体态语可以具体分为表情语、体姿语和手势语等。

1.表情语

表情语是指人们通过面部表情传递出的信息，表情语是体态语言中的重要部分。

一个人的脸庞由上至下可以大体被分为三部分：第一部分，眉毛和前额；第二部分，眼睛；第三部分，嘴。在这三部分中，使用最广泛、表现力最丰富的就是目光。在电视采访中，目光的交流是出镜记者非语言符号中最常用的手段，无论是现场观察，还是与采访对象交谈，或是面对镜头评述播报，记者的目光都传达着丰富而又真诚的信息。

因为表情语的直观性，电视记者必须懂得控制自己的面部表情，尤其在一些情绪起伏比较大的场合，出镜记者更要善于控制自我情绪，做到不露声色、得体表达。

2.体姿语、手势语

体姿语是人的身体姿态所传递的信息，如记者在采访时采取的坐姿、站姿、走姿等，都会向观众和采访对象传递一定的信息。手势语是指人体上肢所传递的交际信息，其中出镜记者用得较多的有握手、鼓掌等。这两种体态语的使用经常是同时进行，因此把它们放到一起论述。这两种身体语言，在出镜记者现场报道中一般能够起到以下几个作用。

（1）表达态度

在人际交往中人们会利用身体姿态表达态度，比如，交谈时紧抱双臂表示与对方保持距离，身体前倾表示尊重等，这些非语言符号在出镜记者采访时也会遇到。

（2）情感交流

出镜记者在与被采访对象交流时，适当的体态语可以帮助记者表达情感，拉近双方的心理距离，使采访进行得更加顺利。

（3）以动作强调语言信息

体态语还可以用来强调记者希望引起采访对象注意的问题和细节。在提问中，出镜记者可以利用手势等动作来加强提问的语气；在现场播报评论中，出镜记者也可以利用动作加强评述的力度，使观众注意到记者播报内容的重点。这是利用副语言中的重音、语气技巧外的另一种方式。

（三）环境语言技巧

人与人交流的过程中，要在某种环境下进行，而特定的环境也会影响传播的效果。在出镜记者现场报道中，环境语言可分为两种关系：一是人与环境，即出镜记者与被采访者与所处自然环境的关系；二是人与人，即出镜记者与被采访者所之间形成的小环境。

1. 人与环境

出镜记者报道行为必须依托演播室之外的现场背景，出镜背景的选择意味着将提供何种背景信息以非语言的形式传播给受众。合理的出镜背景选择，能起到以下作用。

（1）"我在现场"的有力证明

如果说出镜记者所处的"位置"的重要性直接关系到记者为什么要身在新闻现场的话，那么，出镜背景便是"位置"的有形证明。

（2）出镜背景以非语言符号充实新闻信息

出镜背景是记者在现场活动的画面表示，信息含量丰富的新闻背景现场会起到衬托、强化的作用，更重要的是可以向观众展示实时发生的现场画面，使背景成为传达"映像信息"的载体。出镜记者的现场报道分为静态报道和动态报道，在背景不断转换的动态报道中，这种作用表现得更为强烈。所以，在记者出镜前，要精心选择出镜活动区域，并提前"走场"，以保证顺利完成报道任务。

2. 记者与被采访对象形成的环境关系

出镜记者现场报道打破了传统的单纯大众传播模式，成为大众传播与人际传播交融的传播，而出镜记者与被采访对象的交流就是其中不折不扣的人际传播部分。人际传播双方存在人际距离关系。对于出镜记者的采访来说，记者与被采访者之间的关系属于个人距离关系范畴，一般两者之间保持还可以再容纳一到两人的距离，这样的距离不像朋友般亲密，也不至于像一种利益关系，略显形式也不拘泥于形式。由于拍摄的关系，记者和被采访者之间的位置应是一个大钝角的角度，在镜头中呈现出来记者的后侧面和被采访者的侧前面，以获取被采访对象的语言信息或非语言信息为主。

在现场报道中，出镜记者重视非语言符号的传播功能，娴熟掌握非语言符号传播技巧，才能更加人性化、具象化、体验化地处理现场事实信息，从而达到新闻事件信息的有效传播。

思考题

1. 新闻采访的摄像特点是什么？有哪些技巧？
   _____

2. 什么是高清拍摄？新闻采访中高清拍摄的技巧有哪些？
   _____

3. 新闻采访与画面剪辑的结合要点有哪些？
   _____

4. 记者怎么提高思维能力？
   _____

5. 记者采访中怎么应用造型语言？
   _____

参考文献

[1] 卢莹. 数字化时代报纸新闻编辑工作的特点及创新[J]. 传媒论坛, 2020（5）: 95-96.

[2] 李健. 数字化时代报纸新闻编辑工作的特点及策略[J]. 新闻研究导刊, 2018（9）: 165-166.

[3] 王潇悦. 数字化时代报纸新闻编辑工作的特点分析[J]. 新闻研究导刊, 2017（10）: 199.

[4] 郭立武. 探析数字化时代背景下报纸新闻编辑工作特点[J]. 中国有线电视, 2020（1）: 114-115.

[5] 昝雅文. 数字化新时代下如何做好报纸新闻编辑工作[J]. 记者摇篮, 2020（8）: 16-17.

[6] 杨亚楠, 陈超, 刘丹, 于建颖. 浅谈新媒体时代电视新闻记者的采访技巧[J]. 西部广播电视, 2018（7）: 130-131.

[7] 牟薇. 新媒体时代电视新闻记者采访技巧研究[J]. 新闻传播, 2016（15）: 63-64.

[8] 丁晨. 新媒体时代高效电视新闻采访的实现对策探讨[J]. 新媒体研究, 2015（7）: 129-130.

[9] 赵雪峰. 体验式报道的珍贵实践——从"脱贫攻坚记者蹲点"采访活动说起[J]. 中国地市报人, 2017（9）: 69-70.

[10] 崔磊磊, 刘朝霞. 自媒体环境下体验式采访的现实意义[J]. 新闻前哨, 2017（10）: 16-19.

[11] 李敏. 体验式报道中呈现的内容生产和记者角色冲突[J]. 新闻研究导刊, 2018, 9（2）: 82.

[12] 张金华. 论新闻记者的心理素质与写作思维[J]. 新闻传播, 2018（9）: 101, 103.

[13] 杜龙凤. 浅谈新闻记者的职业素养[J]. 新闻传播, 2019（5）: 167.

[14] 纪殿禄. 新闻记者要具备良好的心理素质[J]. 记者摇篮, 2017（4）: 47.

[15] 何凤华. 谈电视新闻记者的心理素质修养[J]. 记者摇篮, 2018（2）: 42-44, 93.

[16] 尚谦. 探析现场记者如何做好连线报道[J]. 传媒论坛, 2019（18）: 66.

[17] 王蕾. 浅谈广播记者做好现场连线报道的几个关键点[J]. 传播力研究, 2018（27）: 192, 194.

[18] 侯莹. 广播记者连线在现场报道中的作用[J]. 传播力研究, 2018（16）: 209.

[19] 张延江. 现场连线报道"快、稳、准"视域下广播记者的素质培养[J]. 西部广播电视, 2017（21）: 186-187.

[20] 沈娅洁. 广播记者如何做好现场连线报道[J]. 新闻研究导刊, 2016（12）: 122.

[21] 彭鸽.如何发挥广播记者连线报道的优势作用[J].西部广播电视,2014(5):86,88.

[22] 栾月琳.记者现场采访突发新闻的方法思路分析[J].新闻研究导刊,2019,10(22):173.

[23] 富东燕.记者现场采访突发新闻的方法思路分析[J].新闻研究导刊,2019,10(19):151-152.

[24] 衣茜.记者现场采访突发新闻的方法思路分析[J].科技传播,2019,11(18):18-19.

[25] 杨韵霖.电视新闻采访与画面剪辑有机结合的实践分析[J].传播力研究,2017,1(3):100.

[26] 何凤彩.关于电视新闻采访与画面剪辑有机结合的实践思考[J].西部广播电视,2017(1):178-179.

[27] 高岚霞.浅论电视新闻采访与画面剪辑的有机结合[J].新闻研究导刊,2016(23):235.

[28] 王旻.浅谈电视新闻采访与后期画面剪辑的有机结合[J].时代报告:学术版,2015(4):345-345.

[29] 张秀振.浅析电视新闻采访与画面剪辑的有机结合[J].西部广播电视,2017(19):185-186.

[30] 徐方.新闻记者如何提升采访应变能力[J].中国报业,2020(10):84-85.

[31] 王长辉.提升新闻工作采访质量的方法研究[J].新闻传播,2020(4):62-63.

[32] 刘刚.如何从时政新闻采访中获得更多有价值的线索[J].新闻传播,2020(13):91-92.

[33] 杨柳.浅谈采访准备工作的重要性[J].新闻传播,2020(14):71-72.

[34] 张海旭.广播电视新闻采访的选题和准备工作探讨[J].记者摇篮,2019(4):59-60.

[35] 李景旭.电视新闻采访技巧与情感因素研究[J].新闻研究导刊,2019(13):150-151.

[36] 李韩金.融媒体下记者新闻采访创新模式分析[J].文渊(中学版),2018(11):517.

[37] 王永.广播电视记者采访形式在融媒体形势下的革新[J].魅力中国,2019(9):344-345.

[38] 张远霖.分析融媒体时代记者新闻采访创新模式[J].传媒论坛,2019,2(12):47.

[39] 刘旸.论融媒体时代记者新闻采访创新模式[J].传媒论坛,2018,1(5):5,7.

[40] 陈姝.融媒体时代记者新闻采访创新模式分析[J].科技传播,2019,11(6):37-38.

[41] 王钰.对新闻生产方式变革的感悟和思考[J].新闻战线,2020(12):71-72.

[42] 刘红明.融合时代电视新闻记者践行野四力冶路径探析[J].中国广播电视学刊,2021(11):92-95.

[43] 黄晓娜.新媒体时代新闻记者采访写作方式改革创新研究[J].理论观察,2020(11):107-109.

[44] 袁丰雪,仇玲,周海宁,张成良.融媒体时代新闻采访与写作[M].北京:新华出版

社，2020.

[45] 王祎楠. 新闻记者如何面对融媒体环境中的挑战[J]. 青年记者，2019（5）：57-58.

[46] 杨宏. 融媒体时代新闻记者应具备的业务素质[J]. 新闻研究导刊，2019，10（01）：138，220.

[47] 张安玲. 新媒体时代记者采访技巧探析[J]. 新闻研究导刊，2017（810）：225-226.

[48] 夏英杰. 浅谈音乐在电视节目中的重要性[J]. 科技传播，2019，11（20）：51-52.

[49] 吴爱芳. 电视音乐访谈节目的创作策略[J]. 中国广播电视学刊，2019（3）：110-112.

[50] 金香淑. 新媒体背景下电视音乐节目的创新[J]. 发现，2018（3）：124.